Lothar Seehaus

DMITRIJ SCHOSTAKOWITSCH

LOTHAR SEEHAUS

Dmitrij Schostakowitsch

Leben und Werk

FLORIAN NOETZEL VERLAG

»HEINRICHSHOFEN-BÜCHER« · WILHELMSHAVEN

CIP-Kurztitelaufnahme der Deutschen Bibliothek

Seehaus, Lothar:
Dmitrij Schostakowitsch: Leben und Werk / Lothar Seehaus. – Wilhelmshaven: Heinrichshofen; Wilhelmshaven: Noetzel 1986.
ISBN 3-7959-0409-0

Druck und Bindung: Heinrichshofen's Druck, Wilhelmshaven
Printed in Germany
ISBN 3-7959-0409-9

Inhaltsverzeichnis

Einleitung

Es sollte eigentlich nicht so schwierig sein, so nimmt man an, das Leben eines weltbekannten Musikers wie Dmitrij Schostakowitsch, der 1906 geboren wurde und 1975 gestorben ist, authentisch, d.h. dokumentarisch belegbar zu schildern. Schließlich lebte er, ein Künstler unseres Jahrhunderts, im Zeitalter des Films, und es dürfte noch eine genügend große Zahl von Augenzeugen geben, die einzelne Stationen aus dem Leben des größten russischen Komponisten der letzten 50 Jahre glaubwürdig zu schildern vermögen.

Insbesondere jüngere Leser werden kaum verstehen, daß es noch immer Grenzen gibt, die man zwar mit einem Touristenvisum passieren kann, die aber – in übertragenem Sinne – unüberschreitbar werden, will man das Leben zum Beispiel eines politisch zwielichtigen Menschen in einer sogenannten Volksdemokratie, vor allem in der Sowjetunion, nacherzählen und die Vorbedingung hierfür erfüllen, nämlich intensiv zu recherchieren: Am Geburtsort, an den Stätten seines Schaffens, bei Familienangehörigen, Freunden, Kollegen, in Archiven und Bibliotheken.

Wer das Leben Schostakowitschs beschreiben will, merkt aber sehr bald bei seinen Nachforschungen, daß die Quellen fast ausnahmslos im sowjetischen Machtbereich liegen und nicht jedem, schon gar nicht jedem Journalisten aus dem westlichen Ausland zugänglich gemacht werden. Oder – was genau so hemmend wirkt – so eindeutig, vorgeformt, kanalisiert anzapfbar sind, daß, verdeckt durch Zweckpropaganda, Geschichtsklitterung oder nur »besondere Umstände«, der tatsächliche Lebenslauf nicht mehr transparent wird.

Die Stalin-Ära zum Beispiel vermittelt andere Einsichten in Schostakowitschs Leben als die Regierungszeit von Chruschtschow. Die zwanziger Jahre unterscheiden sich im Blick auf die »Liberalität des Musikwesens« ganz wesentlich von den Jahren nach 1936 oder 1955.

Verläßliche Augenzeugen in der Sowjetunion sind nicht bereit, einem ihnen unbekannten Ausländer gegenüber ungeschminkt die wahren Fakten zu schildern. Ins westliche Ausland emigrierte oder ausgebürgerte Dissidenten schweigen oft aus Rücksicht auf ihre in der Sowjetunion verbliebenen Verwandten und Freunde, und die relativ wenigen westlichen Besucher, die Schostakowitsch in seinen verschiedenen Lebens- und Schaffensperioden in Moskau oder anderswo erlebt haben, oft nur für Stunden, haben – je nach der politischen Konstellation des betreffenden Tages – sehr unterschiedliche Eindrücke erfahren.

So ist es schwierig für den Autor einer Biographie, ein einigermaßen zutreffendes Bild eines Menschen zu zeichnen, dessen musikalisches Oeuvre erfreulicherweise jetzt immer häufiger in den Konzertprogrammen Westeuropas und Amerikas zu finden ist.

Die Biographie aus der Feder eines westlichen, eines nicht dem kommunistischen Machtblock angehörenden Autors fehlte bisher. Die in der Sowjetunion, in Polen oder in der DDR herausgebrachten Lebensbeschreibungen sind einseitig, voller politischer Phrasen oder hierzulande gar nicht erhältlich.

Ich bin dankbar für Gespräche mit Maxim Schostakowitsch, dem einzigen Sohn Dmitrijs (er verließ im April 1981 die Sowjetunion für immer) und mit Prof. Krzysztof Meyer, dem polnischen Musikwissenschaftler und Komponisten, der 1981 ein einjähriges Stipendium in Hamburg annehmen durfte und im letzten Lebensjahrzehnt Schostakowitschs häufiger Gast in Moskau war. Ich freute mich über ein sehr zufällig in München zustandesgekommenes Gespräch mit dem Dirigenten und Schostakowitsch-Freund Kyrill Kondraschin (nur wenige Wochen vor seinem Tod) und über ein Gespräch mit Yehudi Menuhin, der als Präsident des Internationalen Musikrates auch Schostakowitsch mehrfach persönlich begegnet ist.

Die Antworten dieser kompetenten Augenzeugen füllten manche Lücke im Mosaik. Ferner erlaubte mir das sowjetische Fernsehen einige Schostakowitsch-Filme anzusehen und vermittelte mir dadurch die Originalstimme des Künstlers in Interviews. Den Menschen Schostakowitsch freilich zeigten diese Filme nicht. Er saß zwar ungeschminkt, aber sichtlich unbehaglich vor der Kamera, ließ sich durch Scheinwerfer blenden – aber selbstverständlich nicht hinter die Maske leuchten.

Daß Schostakowitsch oft eine Maske trug, wird nicht zuletzt deutlich durch die von dem jungen Musikredakteur Solomon Volkow heimlich in die USA geschmuggelten Memoiren, die – so Schostakowitschs Bedingung – erst nach seinem Tode publiziert werden durften – und bis heute in der Echtheit der Details umstritten sind.

Nicht bestritten wird dagegen die Tatsache, daß sowjetische Staatsbürger relativ »erinnerungslos« leben, daß sie Briefe, Fotografien selten aufbewahren oder zumindest in den schweren Jahren der Stalin-Ära schnell vernichtet haben, weil derartige Dokumente für sie selbst (oder für den Absender bzw. den Fotografierten) belastend, lebensgefährlich werden konnten. (Und gerade Briefe stellen noch immer eine wertvolle und aufschlußreiche Quelle für Biografien dar!)

Solomon Volkow hat diesen Zustand im Vorwort der von ihm herausgegebenen Memoiren Schostakowitschs so beschrieben: »...in der Sowjetunion ist das Allerseltenste und Wertvollste – ein Gedächtnis. Jahrzehntelang hat man es aus den Menschen herausgeprügelt, hat sie gelehrt, nicht Tagebuch zu führen, keine Briefe aufzubewahren. Als in den dreißiger Jahren der 'große Terror' begann, vernichteten die tödlich verängstigten Bürger ihre persönlichen Aufzeichnungen, ihre privaten Archive und damit zugleich ihr Gedächtnis. Was man jetzt 'Memoiren' nennt, entspricht genau dem, was in der heutigen Tageszeitung steht. Die Geschichte wurde in schwindelerregender Geschwindigkeit wieder und wieder umgeschrieben. Ein Mensch ohne Gedächtnis ist ein lebender Leichnam. Unendlich viele lebende Leichname sind mir begegnet, die sich nur an solche Ereignisse und nur so erinnern, wie es offiziell gestattet ist.«

Genau an dem Tag, an dem ich durch die Vermittlung eines kundigen Kollegen in Moskau Kontakt zur Familie Schostakowitsch aufnehmen wollte, im November 1979, distanzierten sich die Angehörigen Schostakowitschs öffentlich in der »Literaturnaja Gaseta« von eben diesen Memoiren, die Volkow in den USA herausgebracht hatte – sie mußten es wohl tun, um unbehelligt zu bleiben. So mußte ich damals auf Gespräche mit der Witwe und zunächst auch mit dem Sohn verzichten.

Dieser Biographie liegt eine Matinee zugrunde, die ich 1981 für das ZDF produziert habe als Autor und Regisseur. Die Ergebnisse langwieriger Recherchen und die Interviews mit Augenzeugen konnte ich für dieses Buch verwenden.

Ich habe mich bemüht, nur Fakten wiederzugeben und auf Vermutungen nach Möglichkeit zu verzichten. Unumgänglich erschien mir, das Leben Schostakowitschs vor dem dramatischen Hintergrund der sowjetischen Geschichte zu schildern, ohne deren Einfluß das Leben des Komponisten völlig anders verlaufen wäre. Und ohne Kenntnis der Verhältnisse in der Sowjetunion, besonders im Musikleben, begreift man schwer den Lebenslauf des Künstlers. Es war meine Absicht, ein wenig die Maske zu lüften, den Menschen dahinter zu finden, die Tragik des Künstlers aufzuzeigen, der hin- und hergerissen wurde zwischen schöpferischem Impetus und staatsbürgerlichen Anforderungen, zwischen Anpassungszwang an das bolschewistische System und eigenwilligem Musikantentum – ein faszinierender Mensch, der nur wenige hinter seine Maske blicken ließ und der es dem schwermacht, der aus diesen »Blitzlichtern« das Porträt eines Menschen unserer Zeit zeichnen will.

I. Die Revolution hat Schostakowitsch zum Komponisten gemacht (1906–1926)

1. St. Petersburg – Petrograd – Leningrad

An einem trüben, bitterkalten Februartag des Jahres 1917 steht in St. Petersburg, nahe der Nikolajewskajastraße, in einem Torbogen ein zehnjähriger Junge. Mit weit aufgerissenen Augen starrt der schmächtige kleine Kerl auf einen Mann, der mitten auf dem Straßenpflaster liegt. Dunkelrotes Blut sickert aus einer Wunde am Hals, dicht über dem Mantelkragen. Der Junge ist fassungslos. Niemand eilt dem Verwundeten zur Hilfe. Der Zehnjährige zuckt zusammen. Schüsse fallen.

So war es auch vor wenigen Augenblicken gewesen. Der Junge war von der elterlichen Wohnung im 5. Stock der Nikolajewskajastraße Nr. 9 zum Brotladen in der übernächsten Straße gelaufen, um seine Schwester abzulösen, die dort seit dem frühen Morgen in einer ständig wachsenden Schlange von Menschen stand und auf die Öffnung des Brotladens wartete. Da knallte es plötzlich mehrmals. Die Menschen rannten, so schnell sie konnten, in irgendeinen Hauseingang. Einige warfen sich voller Angst flach auf die Straße. Den Jungen hatte eine Frau mit einem grünen Schal um den Kopf resolut am Arm gegriffen, als die ersten Schüsse fielen, und sie hatte ihn in einen schützenden Hauseingang gestoßen. Er hatte sich ängstlich zu Boden gehockt. Nun war es still geworden. Die Frau mit dem grünen Schal war nicht mehr bei ihm. Er wollte schnell zum Bäckerladen laufen – aber er fürchtete sich vor dem Mann, der jetzt reglos auf der Straße lag. Unschlüssig trat der Zehnjährige von einem Fuß auf den anderen. War der Mann tot? Noch niemals hatte er einen Toten gesehen. Er seufzte.

Wann endlich würde wieder Ruhe sein in Petersburg? Er holt noch einmal tief Luft, dann läuft er, so schnell er kann, in einem weiten Bogen um den Toten herum auf die andere Straßenseite. Vor dem Brotladen drängt er sich hastig durch die Schlange der Wartenden. Endlich findet er seine Schwester Maria und erzählt ihr atemlos, was er gerade erleben mußte. Die Dreizehnjährige drückt ihn an sich. Er fühlt, wie die Angst endlich weicht. Maria bleibt bei ihm.

»Wir wollen Brot!« schallt es aus vielen tausend Kehlen über Straßen und Plätze in St. Petersburg, der russischen Hauptstadt und Zarenresidenz.[1] Die rhythmischen Sprechchöre werden immer lauter, drohender. »Wir wollen Brot!« Tausende hungriger Bürger der Millionenstadt an der Newa demonstrieren. Sie sind auf der Suche nach etwas Eßbarem, sind empört über die unfähige Regierung und voller Haß auf Zar Nikolaus II.

Man schreibt Freitag, den 24. Februar 1917.[2] Im winterlichen Petrograd frieren die Menschen, sie hungern, demonstrieren, rotten sich zusammen, stürmen Bäckerläden. Mehr noch: Arbeiter und Soldaten zünden den Justizpalast und das Untersuchungsgefängnis an, sie stürmen in den Taurischen Palast, der nun zur Zentrale der Revolution wird, und die Aufständischen erzwingen schließlich am 15. März 1917 die Abdankung des Zaren.

Zarentreue Truppen kämpfen tagelang gegen bewaffnete Revolutionäre. Generalstreik wird ausgerufen. In den Straßen liegen Tote, gefallen im Kampf oder zufällig getroffen, vielleicht bei der Suche nach Nahrung.

Erst drei Wochen später, als die Frühlingssonne den tiefgefrorenen Boden langsam auftaut, werden die Toten des Februaraufstandes in einem nie zuvor gesehenen Trauerzug zu Grabe geleitet: 15 Stunden lang ziehen ein paar hunderttausend Menschen – man sagt, es sei ein Drittel der Petrograder Bevölkerung gewesen – in 18er-Reihen, meist schweigend, durch Petrograd. Mitunter erklingen Choräle, werden Gebete gemurmelt, häufig ist die »Marseillaise« zu hören. Erst abends, im Schein tausender von Fackeln, werden auf dem Marsfeld die Opfer bestattet. Es sind 184. Wieder steht der zehnjährige Junge am Straßenrand. Mit großen, erstaunten, erschrockenen Augen ist er Zeuge dieses gigantischen Trauermarsches, wie er drei Wochen zuvor auch Augenzeuge gewesen war, als wenige Schritte von ihm entfernt ein Arbeiter tödlich getroffen wurde.

Unauslöschlich haben sich die Bilder des Revolutionsjahres 1917 in sein Gedächtnis eingegraben.

Der Junge ist Dmitrij Schostakowitsch,[3] den man später einen der bedeutendsten Komponisten der Sowjetunion nennen wird.

Auch am 16. April 1917 war er Zeuge eines historischen Augenblicks: er stand spätabends, zusammen mit Schulkameraden und mit vielen tausend anderen Menschen, auf dem Platz vor dem Finnländischen Bahnhof. Im Licht eines schnell herbeigeschafften Scheinwerfers konnte er den Mann erkennen, dem der Empfang der Menschenmenge galt: Wladimir Iljitsch Uljanow, der sich später Lenin nannte. Er war, mitten im 1. Weltkrieg, in einem Sonderzug quer durch das feindliche Deutschland aus dem fernen Exil in der Schweiz heimgekehrt. In der Hoffnung, er werde durch revolutionäre Aktionen die russische Front zusammenbrechen lassen, hatte die deutsche Regierung diese Durchfahrt Lenins nach Rußland gestattet. Begeistert begrüßt hielt Lenin Einzug in Petrograd. Auf einem Panzerauto stehend fuhr er durch die kaum zurückweichende Menschenmenge, wurde immer wieder gestoppt, mußte immer erneut zu den Menschen sprechen. Der kleine Dmitrij stand zu weit entfernt, um die Worte zu verstehen, aber vergessen hat er jenen Abend im April 1917 nie. Viele Jahre später, als er die 12. Sinfonie schrieb, die der Erinnerung an das Jahr 1917 gewidmet ist, erinnerte er sich noch sehr genau an die Heimkehr Lenins und an den begeisterten Jubel der Menschen in Petrograd.

Der junge Dmitrij hatte auch den mißglückten Juli-Aufstand der Bolschewiki mit fast 200 Toten erlebt und am 2. November 1917 die weithin über Petrograd hallende Salve des auf der Newa vor Anker liegenden Kreuzers »Aurora« vernommen, das Signal zum Sturm auf den Winterpalast, den Sitz der provisorischen Regierung. Schüsse, Schreie, Menschen, die sich in Todesangst auf das Straßenpflaster werfen, um nicht getroffen zu werden, heranstürmende Männer mit Waffen – Angst, Angst vor der Geheimpolizei des Zaren oder vor Anarchisten, Bolschewiki, Plünderern, Deserteuren, zarentreuen Soldaten, ratlosen Offizieren, Angst vor Gewehren, vor Rache, vor dem Sterben. 1917 – ein Jahr prall gefüllt mit Dramatik, Tragik, Hunger und Elend, in Petrograd, in Moskau, in ganz Rußland, ja fast überall in Europa. Es ist das dritte Jahr des Weltkrieges, der 1914 begonnen hatte. 1917 – ein Jahr, das die Welt veränderte.

Atemlos, aufgewühlt bis ins Innerste war der sensible kleine Dimitrij im Oktober 1917 nach Hause gestürzt und hatte versucht, das soeben Erlebte, mit eigenen Augen Gesehene in Töne zu fassen, festzuhalten als Klangbild – die Gejagten, die Stürmenden, die Schießenden, die Erschossenen. Er komponierte sein erstes ernstzunehmendes Klavierstück, »Der Soldat«, mit sehr genauen Hinweisen, zum Beispiel »an dieser Stelle schoß der Soldat« oder »hier starb der Soldat«.

Nach der unvergeßlichen Begräbnisfeier für die Opfer der Revolution komponierte er einen »Trauermarsch« und schließlich eine »Hymne der Freiheit«.

50 Jahre später hat Schostakowitsch vor einer sowjetischen Kamera in Moskau bekannt: »Daß mich die Revolution zum Komponisten gemacht hat, das mag vielleicht überspitzt klingen – von da an jedenfalls fühlte ich mich zum Komponieren berufen.« Wie sonst kein Abschnitt seines Lebens haben die 10 Monate von Februar bis November 1917 ihn geprägt und auch noch Jahrzehnte danach sein musikalisches Werk bestimmt.

2. Kein Wunderkind – aber schon mit 13 Jahren Student

Dmitrij Schostakowitsch war kein musikalisches Wunderkind. Erst als er 9 Jahre alt war, begann seine Mutter, ihm Klavierunterricht zu geben. Bis dahin hatte der Kleine keinerlei Anzeichen besonderen Musikinteresses gezeigt. Gewiß, er hatte dann und wann zugehört, wenn seine drei Jahre ältere Schwester Maria Klavier spielte, er hatte auch zuweilen abends sein Ohr an die Tür gedrückt, wenn die Eltern mit Freunden musizierten, wenn die Mutter den Vater, der eine schöne Baritonstimme besaß, am Klavier begleitete. Es hatte einfach schön geklungen, er hatte gern, aber passiv Musik gehört. Er erinnerte sich viele Jahre später: »Solange ich die Musik noch nicht zu erlernen begonnen hatte, hatte ich keine Lust, mich ihrem Studium zu widmen, obwohl sie meine Aufmerksamkeit auf sich zog. Wenn bei den Nachbarn ein Quartett zusammenkam, legte ich oft das Ohr an die Wand, um die Klänge in mich aufzunehmen..«[4]

Schon bald stellte sich heraus, daß der Neunjährige ein fast absolutes Gehör und ein ungewöhnliches Gedächtnis für Töne, Klänge und Tonfolgen besaß.

Nun, 1917, mit 11 Jahren, begann er, die Erlebnisse jener aufregenden Tage der Revolution in Tönen auszudrücken, die meist schrecklichen, ängstigenden Bilder zu verarbeiten. Die Geborgenheit in der Familie – außer seiner älteren Schwester Maria hatte er noch eine vier Jahre jüngere Schwester – half ihm dabei. Er liebte seine Eltern, seine Geschwister.

Vater und Mutter waren in Sibirien geboren. Väterlicherseits waren Dmitrijs Vorfahren gebürtige Polen. Wegen der Teilnahme am »Januaraufstand« war Dmitrijs Großvater 1866 zu lebenslanger Zwangsarbeit verurteilt und nach Sibirien verbannt worden – eine für politische Vergehen damals übliche Strafe. In der kleinen Stadt Narym bei Tomsk verbrachte der Großvater den Rest seines Lebens. Die Verbannung schloß jedoch nicht aus, daß sein Sohn, also Dmitrijs Vater, als junger Mann nach Petersburg gehen durfte, um dort Ingenieurwesen zu studieren. Nach Abschluß seines Studiums fand er eine Anstellung im »Amt für Maße und Gewichte« in Petersburg und heiratete 1902 eine ebenfalls in Sibirien geborene junge Pianistin, Sofja Wassiljewna Kokoulin. Als Studentin hatte sie noch Konzerte besucht, bei denen Rachmaninow und Skrjabin aufgetreten waren, gefeierte Pianisten und Komponisten.

Am 25. September 1906 wurde Dmitrij als 2. Kind geboren. Über die politische Einstellung der polnisch-russischen Eltern Dmitrijs ist nichts überliefert. Es scheint die gut-bürgerliche, durch gemeinsame Liebe zur Musik angereicherte Atmosphäre einer Petrograder Mittelstandsfamilie geherrscht zu haben – wenngleich dies nur für die ersten 15 Ehejahre zutreffen dürfte. Das Jahr 1917 veränderte auch das Leben der Schostakowitschs tiefgreifend.

John Reed,[5] ein amerikanischer Journalist, hat einen hervorragenden Augenzeugenbericht über die Oktoberrevolution von 1917 verfaßt und darin auch die Alltagsatmosphäre in der Millionenstadt beschrieben. Wie die Menschen vom frühen Morgen an in bitterer Kälte Schlange standen, 5 Stunden, 10 Stunden, für ein halbes Brot oder etwas Zucker oder ein Viertel Liter Milch für einen Säugling. In anderen Publikationen zeigen Fotos erschütternd die Not jener Zeit: Entkräftete Pferde, die auf der Straße zusammenbrechen und sogleich geschlachtet werden, halb verhunderte Bauern, lange Schlangen vor einem Verkaufsladen, zerlumpte, ausgemergelte, heimatlose Elendsgestalten. Aber auch dies war – zumindest noch im Februar 1917 – der Alltag in Petrograd: Pferdedroschken und Automobile, aus denen elegant gekleidete Damen steigen, um ins Theater zu gehen, ein Konzert oder eine Opern- oder Ballettaufführung zu besuchen. Alle Theater, berichtete John Reed über den Oktober 1917, hätten »Abend für Abend Hochbetrieb« gehabt. »Die« Karsawina, ein Star des russischen Balletts, tanzte, »der« Schaljapin sang. Im Alexandra-Theater wurde Tolstois »Der Tod Iwans des Schrecklichen« gegeben und im Kriwoje-Serkulo-Theater Schnitzlers »Reigen«, um nur ein paar Beispiele aus dem reichhaltigen Bühnenangebot zu nennen.

Die Preise für Lebensmittel freilich und für die nötigsten Dinge des täglichen Bedarfs stiegen von Tag zu Tag. Und im gleichen Tempo ging das Warenangebot zurück. Die Menschewiki, dann die Bolschewiki, konferierten und beschlossen und verwarfen – und von vielen fast vergessen die russischen Armeen, die an der ein paar tausend Kilometer langen Front gegen Deutsche und Österreicher, später dann gegen aufständische eigene Truppen, gegen Russen und Kosaken und viele andere Völkerschaften aus allen Gebieten des zerstörten Zarenreiches kämpften, ums Überleben.

Der Friedensvertrag von Brest-Litowsk, als Separatfrieden zwischen Deutschen und Russen am 3. März 1918 geschlossen, bringt Rußland keinen Frieden. Im Gegenteil: ein blutiger Bürgerkrieg stürzt das ausgelaugte Land für weitere Jahre in Not und Elend unvorstellbaren Ausmaßes.

Dies ist, kurz beschrieben, der Hintergrund der Jugendjahre des Dmitrij Schostakowitsch.

3. Gelernt, gearbeitet, geschuftet, und mit 17 Jahren bereits genial

Schon mit 13 Jahren darf der fast scheue Dmitrij am Konservatorium seiner Heimatstdt mit dem Studium beginnen. Alexander Glasunow, damals schon eine Autorität und berühmt, hatte die ersten Kompositionsversuche des Jungen geprüft, hatte ihn vorspielen lassen und dann den überraschten Eltern erklärt, daß es höchste Zeit sei, den Sohn ins Konservatorium zu schicken – ein Urteil, das der strenge Direktor wohl selten über einen erst 13jährigen Schüler (Dmitrij besuchte damals die Handelsschule) gesprochen hatte. Professor Petrow bereitete den Jungen auf die Aufnahmeprüfung vor. Vier Wochen später, im Herbst 1919, war er Student am Petrograder Konservatorium, das auch den Grundstein für das Können eines Glasunow, Strawinsky oder Prokofjew gelegt hatte. Der damals sehr bekannte Alexander Steinberg (Schüler und später auch Schwiegersohn von Rimsky-Korsakow) unterrichtete Dmitrij nun in Kompositionslehre. 1956 schrieb Schostakowitsch darüber: »Ich lernte mit Leidenschaft und Enthusiasmus. Wissensdurstig eignete ich mir alles an, was mir Steinberg beizubringen versuchte. Wie ein Schwamm saugte ich seine Ratschläge und Bemerkungen auf. Steinberg verstand es ausgezeichnet, den musikalischen Geschmack zu entwickeln und zu formen. Ich bin ihm vor allem dafür dankbar, daß er mich lehrte, gute Musik zu schätzen und zu lieben. Er hat in mir die Vorliebe für gute Musik, sowohl russische als auch fremde, zu wecken gewußt.«[6]

Er arbeitete wie ein Besessener. Neben den theoretischen Studien erhielt Schostakowitsch eine intensive Ausbildung als Pianist. Von 1920 an war Leonid Wladimirowitsch Nikolajew sein Klavierlehrer, nachdem ihn drei Jahre lang Alexandra Rosanowa unterrichtet hatte.

Alexander Glasunow war sein Gönner, aber er erteilte ihm keinerlei Unterricht. Doch ließ er sich häufig von Dmitrij vorspielen, sah seine Arbeiten durch, später half er ihm auch mehrfach finanziell. Er schätzte den bescheidenen, ernsten, überaus fließigen und immer hungrigen Studenten, der wohl einer der jüngsten am Konservatorium war. Der Schriftsteller Konstantin Fedin hat den jungen Schostakowitsch trefflich beschrieben, wie er in einer privaten Gesellschaft im Beisein von Glasunow am Flügel saß: »Lustig war dieser junge Bursche anzusehen. Mager, mit zusammengekniffenen schmalen Lippen, mit einer kleinen, leicht gebogenen Nase und seltsamen Augen, die hinter altmodisch eingefaßten Brillengläsern hervorguckten. Schweigsam, düster durchquerte er den Salon und setzte sich an den Flügel. Seine Füße erreichten kaum den Boden. Aber welch Wunder, kaum saß er am Flügel, erwies sich dieser Bursche plötzlich als ein kühner Musiker, mit starkem, rhythmischem Anschlag. Er spielte eigene Kompositionen. Seine Musik erzählte. Manchmal belustigte, manchmal provozierte sie auch, doch der empfindsame Zuhörer konnte bereits den ganzen zukünftigen Dmitrij Schostakowitsch in ihr erkennen. Unter uns saß auch Glasunow. Jemand fragte ihn: »Was meinen Sie, ob aus diesem jungen Mann nicht ein ausgezeichneter Pianist werden wird?« Glasunow antwortete sehr leise, nachdenklich und nach jedem Wort Pausen einlegend 'Ich meine, daß er Musiker werden kann.' Dann fügte er hinzu: 'Etwas trocken, aber die Technik ist natürlich nicht zu leugnen'.[7]

Im ersten Studienjahr komponiert Schostakowitsch das

Scherzo Nr. 1 in f-moll für Orchester, es erhält die opus-Nummer 1 und wird dem verehrten Lehrer Steinberg gewidmet. Es zeigt, daß der Dreizehnjährige nun ernsthaft seinen beruflichen Weg sieht. Er schreibt bald danach die »8 Préludes für Klavier«, dann als opus Nr. 3 »Variationen in B-Dur für Klavier«, vertont zwei Fabeln von Krylow für Singstimme und Orchester (opus Nr. 4) und komponiert als opus Nr. 5 »Drei phantastische Tänze« für Klavier.

Kurz zuvor war ein Ereignis eingetreten, das den fleißig Studierenden tief erschütterte: sein Vater, noch nicht 50 Jahre alt, starb im Februar 1922 ganz überraschend. Nun trat zur äußeren Not des Hungerns und Frierens nicht nur Trauer um den so früh Verstorbenen, sondern auch Geldknappheit. Zwar ergriff Dmitrijs Mutter sofort die Initiative und begann, Schüler zu suchen, die gewillt und auch finanziell imstande waren, bei ihr Klavierunterricht zu nehmen. Auch die Schwester Maria, die inzwischen ihre Klavierausbildung abgeschlossen hatte, erteilte Klavierunterricht, aber die Familie konnte, ohne daß auch Dmitrij Geld zum Lebensunterhalt beisteuerte, nicht mehr auskommen. Er fand im Kino »Selekt« eine Tätigkeit als Klavierspieler für die damals noch üblichen Stummfilme. Er machte schon bald von sich reden, als er bei einem Brand unerschrocken weiterspielte und damit eine Panik unter den Zuschauern verhinderte.

Alexander Glasunow erfuhr vom Tod des Vaters von Dmitrij und von der Kino-Arbeit am Abend. Er konnte schließlich durchsetzen, daß Dmitrij eines der in jenen Jahren besonders begehrten Stipendien (aus der Borodin-Stiftung) erhielt. Auch Maxim Gorki soll sich für Dmitrij eingesetzt haben. Aus einem Brief vom August 1921, den Glasunow geschrieben hat, ist darüber hinaus ersichtlich, daß man dem so hart arbeitenden Studenten eine zusätzliche Lebensmittelration gewährte.

Doch der ausgemergelte Körper des überanstrengten Jungen rebelliert. Im Winter 1922/23 erkrankt der Sechzehnjährige schwer an Tuberkulose. Er muß schließlich operiert werden. Man schickt ihn dann für ein paar Monate zur Erholung auf die Halbinsel Krim ans Schwarze Meer. Die Krankheit kostet viel Geld, die Mutter gerät in Schwierigkeiten, sie muß Schulden machen. Glasunow scheint auch hier helfend eingegriffen zu haben.

Fast ein Jahr lang muß Schostakowitsch wegen der schweren Erkrankung pausieren. Ende 1923 ist er wieder in Petrograd und versucht mit unglaublicher Energie, die verlorene Zeit einzuholen. Studiert, übt Klavier, spielt abends wieder regelmäßig im Kino – und legt dann erfolgreich sein Diplom als Pianist ab. Ein paar Wochen später debütiert er öffentlich zunächst mit einem Klavierabend, dann mit dem Klavierkonzert a-moll von Robert Schumann. Man horcht in Fachkreisen auf, er wird nun häufiger als Pianist gebeten, besonders vom »Freundeskreis der Kammermusik«. Endlich kann er die anstrengende Abend-Arbeit im Kino aufgeben. Verloren jedoch war die Konzentration des Klavierspielers auf die Filmbilder, war die Erfahrung mit den »zappelnden Bildern« nicht gewesen. In den nächsten 50 Jahren wird Schostakowitsch zu mehr als 40 Filmen die Musik schreiben!

Der knapp 17jährige war in wenigen Monaten in Leningrad, wie seine Heimatstadt nun hieß, zum bekannten Pianisten avanciert, den der Kritiker W. Walter in der Zeitschrift »Teatr« sogar als »Genie« betitelte.[8] Besonders wurden sein leidenschaftlicher Ernst, seine bescheidene Hingabe an die Musik und die sichtbare Freude gelobt, mit der der junge Schostakowitsch am Flügel saß.

Das Komponieren gab Dmitrij keinesfalls auf. Zum Gedenken an den verstorbenen Vater schrieb er eine Suite für zwei Klaviere, danach Sonaten, Trios und als opus Nr. 9

»Drei Stücke für Violincello und Klavier«. Die Diplomarbeit für Kompositionslehre aber stand noch aus.

4. Die erste Sinfonie und die Zweifel

Zielstrebig schrieb Dmitrij Schostakowitsch nun sein erstes größeres Werk, die Sinfonie Nr. 1 in f-moll. Vermutlich hatte er schon in der Ruhe des Krim-Sanatoriums erste Skizzen angefertigt. Im Herbst 1924 beginnt er intensiv mit der Ausarbeitung und im Mai 1925 schreibt er die letzten Takte. Wenn man am Werkeverzeichnis abliest, daß er fast zur gleichen Zeit auch noch zwei Sätze für ein Streicher-Oktett schrieb, erhält die Leistung des 18jährigen, ein Werk in 4 Sätzen für großes Orchester zu komponieren, noch stärkeres Gewicht. Im Dezember 1925 reicht Schostakowitsch seine 1. Sinfonie als Abschlußarbeit seines Studiums der Kompositionslehre bei seinem Lehrer Steinberg ein, der sie als »höchsten Ausdruck des Talents« bezeichnet. Direktor Glasunow beurteilt die Sinfonie als Werk eines »offenbaren und frappierenden Talents«. Er gibt ihm eine hervorragende Note.

Am 12. Mai 1926 wurde Schostakowitschs 1. Sinfonie im großen Saal der Leningrader Philharmonie öffentlich aufgeführt, unter Leitung von Nikolai Malko. Das Publikum war begeistert, auch die Kritik sehr wohlwollend. »Licht in den Stimmungen«, hieß es, oder »funkelnd, jugendlich, frühlingshaft, besticht durch Innigkeit, aromatische Frische, Talentiertheit, untadelige Meisterschaft«.[9]

Einen sehr anschaulichen Bericht hat Dmitrijs Mutter in einem Brief an eine polnische Freundin, die Kinderbuchautorin Claudia Lukaszewicz, gegeben:

»Den ganzen Winter lebten wir in Erwartung dieses glücklichen Tages ... Mitja (Koseform für Dmitrij) zählte Stunden und Tage. Insbesondere beunruhigte ihn die Instrumentation – wie wird das alles klingen? ... Am 10. Mai schließlich war Probe ... Ständig wartete ich auf einen Anruf ... Endlich gegen drei Uhr hörte ich die glückliche Stimme Mitjas: 'Alles klingt, alles in Ordnung!' Es kam der Tag des Konzertes. Mitja hatte die ganze Nacht nicht geschlafen, er aß nichts, trank nichts ... Um halb neun kamen wir in die Philharmonie, um neun war der Saal voll ... Ich vermag nicht zu beschreiben, was ich fühlte, als ich Nikolai Malko mit erhobenem Dirigentenstab sah. Nur eins kann ich sagen, daß es mitunter schwerfällt, selbst ein großes Glück zu erleben ... Alles verlief ausgezeichnet. Ein großartiges Orchester, hervorragende Aufführung! Doch der größte Erfolg gehörte Mitja. Nach Schluß rief man ihn immer wieder. Wenn unser lieber junger Komponist, der wie ein großer Junge aussah, sich auf der Bühne zeigte, gingen die stürmischen Ovationen des Publikums in frenetischen Beifall über ...«[10]

So begeistert sich auch die Leningrader Kritiker zeigten, darf eine Zeitung nicht übersehen werden, die – 1926! – eine erste Warnung schrieb, es war die »Iswestija«. Sie nannte die 1. Sinfonie Schostakowitschs »akademisch« und riet dem jungen Komponisten, sich »gesellschaftlichen Themen« zuzuwenden. Hier wurde zum erstenmal für Schostakowitsch deutlich, daß es heftige Auseinandersetzungen zwischen Verfechtern unterschiedlicher Kunstrichtungen in führenden Gremien der Partei der Bolschewiki gab, auf die noch näher einzugehen sein wird.

Vorerst war der Erfolg der ersten Aufführung so groß, daß dieses Werk schon bald im sowjetischen Rundfunk erklang, dann auch in anderen Städten der Sowjetunion wie Baku und Charkow. Am 5. Mai 1927 dirigierte Bruno Walter die 1. Sinfonie in Berlin, ein Jahr später Leopold Stokowski in Philadelphia/USA – »über Nacht« ging der Name des 20jährigen

Komponisten um die Welt. Bis heute dürfte die erste Sinfonie das überall am häufigsten aufgeführte Werk von Schostakowitsch geblieben sein.

Jacques Wildberger, Musikwissenschaftler in Basel, beschreibt in einer Würdigung des sinfonischen Schaffens von Schostakowitsch die 1. Sinfonie aus heutiger Sicht so:

»Dieses symphonische Erstlingswerk ist ein richtiger Geniestreich. Es zeigt den Komponisten bereits im Vollbesitz des technischen Rüstzeugs: Beherrschung der Großform, wobei er die traditionellen Kategorien in origineller Weise variiert; die Fähigkeit, prägnante Motive zu entwickeln und als Verklammerung für einen ganzen symphonischen Zyklus zu verwenden, und schließlich eine brillante Instrumentation. In der 1. Symphonie ist praktisch alles zumindest keimhaft enthalten, was später den unverwechselbaren Individualstil von Schostakowitsch ausmachen sollte ... Im Mittelteil des langsamen, d.h. des 3. Satzes, entwickelt sich aus dem Leitmotiv ein ausgedehntes Trauermarschthema«.[11] Und Wildberger weist auf Schostakowitschs letzte Sinfonie hin, seine 15., opus 141 in A-Dur, in der der Komponist, 45 Jahre nach der 1. Sinfonie, im 2. Satz ebenfalls ein Trauermarschthema entwickelt, das an die 1. Sinfonie des damals 20jährigen erinnert.

Kaum hat Schostakowitsch für die 1. Sinfonie das Diplom erhalten, kaum hat er die Freude an dem großen Erfolg seines ersten sinfonischen Werkes verkraftet, beschleichen ihn Zweifel: ist er nun eher zum Komponisten geeignet, »berufen« oder doch mehr zum Pianisten? Er war durch das Angebot vielseitiger Konzertprogramme, das in Leningrad auch die Revolutionsjahre nicht geschmälert hatten, besonders durch die Konzerte der »Vereinigung für zeitgenössische Musik«, mit moderner Musik bekannt und von dieser zunehmend fasziniert worden.

1935 hat er in Moskau unter Kollegen darüber gesprochen: »Ich begeisterte mich damals für die Musik solcher Komponisten wie Strawinsky und Prokofjew und von den westlichen Hindemith und Křenek, Komponisten, über deren Werke gesagt wurde, daß es überhaupt keine Musik sei«.[12] Und an anderer Stelle beschrieb er diese Zeit des Zweifelns, diese Krise so:

»Ich weiß nicht mehr, warum ich nach Beendigung des Studiums an meiner kompositorischen Berufung zu zweifeln begann. Ich war völlig unfähig zu komponieren, und eines Tages vernichtete ich fast alle Manuskripte. Jetzt bedauere ich das sehr, insbesondere weil sich darunter Teile einer Oper befanden, »Die Zigeuner«, nach einem Poem Puschkins. Ich stand vor der Frage, was ich werden sollte – Pianist oder Komponist?«[13]

In diesen Monaten des Hin- und Hergerissen-Seins lernte Schostakowitsch zwei Musikwissenschaftler kennen, die von nun an als seine Freunde beachtlichen Einfluß ausübten auf sein weiteres Schaffen: Boris Assafjew und Iwan Sollertinski. Während Assafjew ihn mit der Moderne vertraut machte und ihn zu den Werken Strawinskys, Schönbergs und Křeneks führte (Bartók und Hindemith gehörten für Assafjew schon fast zu den »Veralteten«) brachte ihm Sollertinski, der der Avantgarde in der Musik nicht so eng verbunden war, das Werk Gustav Mahlers nahe, und dieser Komponist hat denn auch Schostakowitsch besonders in dem sinfonischen Schaffen künftig sehr beeinflußt.

Schostakowitsch gab Sollertinski Klavierstunden und erhielt als Äquivalent Deutschunterricht. Sollertinski sprach angeblich mehr als 12 Sprachen und soll über ein phänomenales Gedächtnis verfügt haben, das er häufig durch schier endlose Zitate aus den Werken der klassischen russischen, der westeuropäischen und aus der antiken Literatur unter Beweis stellte. In der Musik zeigte er sich erstaunlich aufgeschlossen sowohl der Klassik als der Moderne gegenüber, bis hin zur »leichten Muse«, eine Bandbreite, die wenig später auch dem jungen Schostakowitsch eigen war.

Vielleicht ist es auch den neugewonnenen Freunden und den anregenden Gesprächen mit ihnen zuzuschreiben, daß allmählich der lähmende Zweifel von Schostakowitsch wich – er begann wieder zu komponieren, und sein erstes nach dieser Krise geschriebenes Werk, seine erste Sonate für Klavier (opus 12) mit dem Titel »Oktoberrevolution« zeigt, daß diese fast einjährige Schaffenspause fruchtbar war, Schostakowitsch reifen ließ. Zum erstenmal gibt er hier die Tonalität völlig auf, betritt Neuland, gewinnt Freude am Experiment. Er schreibt als opus 13 die »Aphorismen für Klavier«. Dieses zehn Stücke umfassende Klavierwerk führt er wie auch die Klaviersonate selbst in Leningrad zum erstenmal öffentlich auf. Wenngleich sich sein Freund Assafjew begeistert äußerte zu diesen neuen Klavierwerken, blieben sie ohne Erfolg. Schwerer wog, daß Schostakowitsch durch sie einen Freund und Gönner verlor, seinen Lehrer Steinberg, der sich außerstande sah, dem 21jährigen, seinem fünf Jahre lang geschätzten Schüler, auf diesem Wege zu folgen. Empfindlich wie Schostakowitsch Zeit seines Lebens war, reagierte er auf die ablehnende Kritik Steinbergs verständnislos, ja undankbar: er suchte seinen Lehrer niemals mehr auf.

5. Das Musikleben im ersten Jahrzehnt der Sowjetunion

Zum besseren Verständnis jener Jahre in Leningrad, der Möglichkeiten, sich mit in- und ausländischen Werken der Musikliteratur vertraut zu machen, erscheint eine kurze Schilderung des Musiklebens der zwanziger Jahre in der sowjetischen

Kulturmetropole, die Leningrad noch immer war, angebracht.

Als Lenin 1917 die erste sowjetische Republik ausrief, flohen in den Wirren und Greuel der Revolutionsmonate Tausende aus Rußland, darunter auch viele Künstler. Aus der langen Liste der Musiker seien nur ein paar bei uns bekannte Namen herausgegriffen: Sascha Heifetz, der Geiger, die Komponisten Rachmaninow und Prokofjew; ein paar Jahre später: die Geiger Isaak Stern und Gregor Pjatigorski, die Dirigenten Siloti und Kussewitzky, der Sänger Schaljapin, schließlich auch der Komponist, Konservatoriumsdirektor (und Mentor von Schostakowitsch) Alexander Glasunow – ein gewaltiger Aderlaß an künstlerischer Potenz.

Auch wenn Lenin natürlich in den ersten Jahren nach der Revolution seine ganze Kraft den ungeheuren Schwierigkeiten auf innen- und außen-, wirtschafts- und sozialpolitischem Gebiet widmen mußte, konnte und wollte er die Kulturarbeit nicht aus seinen revolutionären Maßnahmen ausklammern. Allein in Leningrad existierte eine Vielzahl von alten, bewährten Kultureinrichtungen, vor allem auf dem Musiksektor, mit deren Hilfe man das Volk, vor allem die Bourgeoisie umerziehen und dem Proletariat die (von Lenin definierte) »sowjetische Kunst« nahebringen konnte.

Es gab das Staatliche Konservatorium, an dem der junge Schostakowitsch 1919 mit dem Studium begonnen hatte. Dann gab es das Staatliche Sinfonieorchester, eine Volk-Chor-Akademie, mehrere Streichquartette, Gesangsquartette, einen städtischen Arbeiterchor, ein Staatliches Großrussisches Volksorchester, einen fest etablierten Opernchor, es gab neben drei Opernbühnen auch mehrere Theater, über 20 Volksbildungsschulen mit Musikkursen, daneben Privatmusikschulen, zahlreiche Arbeitsgemeinschaften für Musik in Theorie und Praxis. Alle diese Institutionen wurden nun eingespannt in die große Aufgabe der Volkserziehung, der Revolution auch auf dem Musiksektor.

Selbstverständlich bewirkten die Monate, eigentlich Jahre ständigen Mangels an Nahrungsmitteln, Heizmaterial, Kleidung, daß die am Musikleben interessierten Bürger ihre ganze physische (und finanzielle) Kraft benötigten, um zu überleben und naturgemäß weniger Neigung zum Besuch von Konzerten und Theateraufführungen zeigten. Dennoch wurde deutlich – und 25 Jahre später wiederholte sich diese Eigenart! –, daß die Leningrader Bevölkerung äußere Not und Bedrängnis erstaunlich gering achtet und sich trotz Mühsal des Alltagslebens (oder gerade deswegen) den Kunstgenüssen viel eher hingibt als Einwohner anderer Großstädte in vergleichbarer Situation.

Zwei Augenzeugenberichte der ersten Monate nach der Oktoberrevolution veranschaulichen die Situation in Leningrad im Winter 1917/1918.

Die französische Schauspielerin Paulette Pax berichtete: »Das Theaterleben ist wieder normal. Das Publikum kommt ebenso zahlreich wie früher in die Vorstellungen. Aber es ist natürlich ein anderes. Auf den teuren Plätzen sitzen jetzt Franzosen und die Bourgeoisie. Früher mußten sie diese Plätze der Aristokratie überlassen. Es gibt keine Aristokratie mehr. Es ist eine Gesellschaft kleiner, ziemlich wohlhabender Krämer, denn sie verkaufen zu hohen Preisen, und wenn sie ein Warenlager haben, ist das ein Glücksfall...«[14]

Und Ludovic Naudeau, ein französischer Journalist, schrieb in jenen Monaten in seine Heimat: »Vielleicht sieht man am Theater am besten die Bedeutung der Revolution, die über das, was einmal Zarenreich war, dahingegangen ist. Die ganze sehr reiche und elegante Gesellschaft ist völlig verschwunden, vor Angst auseinandergelaufen oder durch Mord vernichtet. Keine dekolletierten und mit Diamanten behängten Frauen mehr, keine lächerlich aufgeputzten Offiziere, steinreiche Kaufleute, wohlhabende Ausländer und beharrliche Säufer... Ohne Zweifel ist ein neues Publikum aufgetaucht, das sich unter dem kaiserlichen Regime wenig zu zeigen wagte oder dazu wohl auch nicht die Mittel besaß, ein abgehärmtes Publikum, das sich entweder aus mangelndem Geschmack oder aus Not gleichgültig gegenüber jeder Verfeinerung der Toiletten zeigt... Man könnte glauben, es setzte sich nur aus Werkmeistern, Lehrern, Studenten und bekehrten Nihilisten zusammen. Unter diesem Publikum kann man umhergehen, ohne einen Zusammenstoß oder einen Skandal zu riskieren, denn es geht während der Pausen in schweigsamer Philosophie auf und ab, die wahrscheinlich von seiner langen Gewohnheit zu leiden, von seiner Entkräftung und den leeren Bäuchen herrührt...«.[15]

Die Zuschauerräume waren ungeheizt und schlecht beleuchtet (erst ab 1919 erhielten die Theater nach und nach elektrische Beleuchtung!). Gute Instrumente waren eine Rarität. Es gab keine Ersatzteile und kein Zubehör. Notenpapier war äußerst knapp, wie auch Schostakowitsch und alle Komponisten erfuhren. Die Musiker und Sänger waren hungrig. In Lenins Führungskreisen wurde ernsthaft diskutiert, ob man nicht die Opernhäuser schließen, die Oper überhaupt abschaffen sollte, weil sich wie überall diese Häuser nicht selbst erhalten konnten und nur durch ständige hohe Zuschüsse aus der Staatskasse existierten.

Vor diesem Hintergrund erscheint es um so beachtlicher, daß gerade in Leningrad in den ersten drei Jahren der Herrschaft der Bolschewiki allein 18 Opern und Ballette ihre Premiere bzw. Wiederaufnahme in den Spielplan erlebten! Es gab darüber hinaus zahlreiche Konzerte »für das Volk«, in Fabriken, auf öffentlichen Plätzen. Dennoch war es sehr schwierig, die Arbeiter, das Proletariat, in die Konzertsäle, in die Theater und Opernhäuser zu bringen – es war eine ihnen völlig fremde Welt, vielleicht auch ein nie ernsthaft gewünschtes Vergnügen. Es fehlte ihnen ganz einfach an Verständnis für die musikalische Kunstwelt.

Als nach jahrelangen blutigen Kämpfen der Bürgerkrieg mit dem Sieg über den weißrussischen General Wrangel beendet ist und die Sowjetunion sich allmählich konsolidiert, lockt sie erstaunlich schnell und immer häufiger auch Künstler aus Mittel- und Westeuropa und aus Amerika an, zumal die Künstlergagen damals noch in frei wählbarer Valuta gezahlt wurden.

1924 kommen der Geiger Joseph Szigeti, die Dirigenten Otto Klemperer und Hermann Abendroth, der Pianist Artur Schnabel, der Cellist Emmanuel Feuermann. 1925 gastieren Pierre Monteux, Bronislav Hubermann, Andrès Segovia in Leningrad. Sie bringen außer Sinfonien zum Beispiel von Bruckner und Mahler auch neue Werke mit: das 1. Violin- und das 3. Klavierkonzert von Prokofjew zum Beispiel oder Schönbergs »Verklärte Nacht« oder Strawinskys »Sacre« und »Pulcinella«. 1927 kommen der Dirigent Clemens Krauss und Paul Hindemith (als Bratschist mit dem Amar-Quartett). Hermann Scherchen führt die 1. Sinfonie von Křenek auf, Ernest Ansermet gastiert mit Werken von Strawinsky. Man hört auch Werke von Béla Bartók und Wladimir Vogel. 1926 führt Darius Milhaud eigene Werke auf (Schostakowitsch wurde ihm vorgestellt und zeigte ihm bei dieser Gelegenheit seine 1. Sinfonie). Alban Berg kommt und inszeniert seinen »Wozzeck« (auch ihn lernt Schostakowitsch persönlich kennen), Arthur Honegger und Bruno Walter kommen und die Pianisten Edwin Fischer und Wilhelm Backhaus.

Es war ein beeindruckendes Angebot ausländischer Künstler und Werke. Natürlich profitierten davon auch die sowjetischen Komponisten. Schon bald aber wurde Kritik laut: es kämen zu viele ausländische Künstler, die westliche Musik dominiere, es bestünde auch kein Künstleraustausch, denn nur selten könne ein sowjetischer Künstler ins Ausland reisen – und es wurde auch kritisiert, daß sowjetische Komponisten immer stärker die westliche Musik kopierten.

Für den jungen Schostakowitsch waren die vielfältigen Konzertprogramme in Leningrad außerordentlich lehr- und hilfreich, konnte er doch auf diese Weise mit den Werken und Interpreten ausländischer Kollegen bekannt werden. Schallplatten standen ihm ja damals kaum zur Verfügung, gelegentliche Radiosendungen konnten ihm ebenfalls diesen Anschauungsunterricht in den Konzertsälen und Opernhäuser seiner Heimatstadt nicht ersetzen.

Gerade auf den Opernbühnen Leningrads wurde der kritisierte »westliche Einfluß« besonders deutlich: »Der ferne Klang« von Franz Schreker, »Monna Lisa« von Max v. Schillings (beide 1925 aufgeführt), 1926 Bergs »Wozzek« und Křeneks »Sprung über den Schatten«. 1928 Křeneks »Jonny spielt auf« und Paumgartners »Höhle von Salamanca«, 1929 Dressels »Armer Columbus«, Hindemiths »Neues vom Tage« und Milhauds »Der arme Matrose« – eine in der Tat beachtliche Liste von interessanten Werken, die bei einem so sensiblen Komponisten wie Schostakowitsch nicht ohne Eindruck bleiben konnten.

II. Erfolge, Experimente, Erfahrungen (1926–1936)

1. Erste Reisen und die zweite Sinfonie

Schostakowitsch meldete sich 1926 zur Teilnahme am 1. Internationalen Chopin-Wettbewerb für Pianisten in Warschau. Das bedeutete wochenlange Vorbereitung, für ihn auch die erste Reise nach Moskau zur Vorauswahlentscheidung durch eine sowjetische Jury. Er war dabei erfolgreich und durfte zusammen mit Grigori Romanowitsch Ginsburg, Lew Nikolajewitsch Oborin und Juri Wassiljewitsch Brjuschkow am 21. Januar 1927 nach Warschau reisen. Seine erste Auslandsreise stand jedoch unter keinem glücklichen Stern, denn schon kurz nach der Ankunft in der polnischen Hauptstadt litt Schostakowitsch unter heftigen Blinddarmreizungen. Dennoch errang er im Wettbewerb mit international erstklassigen Chopin-Spielern ein Ehrendiplom und wurde wegen seiner Fingertechnik ausdrücklich gelobt. Ein idealer Chopin-Interpret freilich war Schostakowitsch nicht und würde es auch nicht werden. Einige Konzerte in Warschau und danach in Berlin, wo er sogar eigene Kompositionen aufführte, schlossen sich an den Wettbewerb an. Aber, vielleicht durch den schlechten Gesundheitszustand bedingt, er errang nur Achtungserfolge.

Nach Leningrad heimgekehrt, erhält er im März 1927 vom staatlichen Musikverlag den Auftrag, zu den Feierlichkeiten anläßlich des 10. Jahrestages der Oktoberrevolution ein großes sinfonisches Werk zu schreiben – eine Auszeichnung für den erst 21jährigen Komponisten!

Schostakowitsch stürzt sich in die Arbeit. Er schrieb seine 2. Sinfonie und gab ihr den Titel »Widmung an den Oktober«. Zum erstenmal fügt er am Schluß der nur aus einem Satz bestehenden Sinfonie in H-Dur einen Chor ein. Da es sich um eine Auftragskomposition aus politischem Anlaß handelt, überrascht es nicht, daß Schostakowitsch, der sich bis dahin politisch eher passiv verhalten hatte, ein Poem voller Agitation von Alexander Besymenski verwendet, in dem die Verse stehen:

»Wir gingen, wir baten um Arbeit und Brot.
Die Herzen umklammert vom Schraubstock der Not.
Die Fabrikschornsteine streckten sich wie Arme zum Himmel,
unfähig zu ballen die Faust...
Oktober! Das ist Sonne des ersehnten Boten.
Oktober! Das ist der Wille der auferstandenen Jahrhunderte.
Oktober! Das ist Arbeit, das ist Freude und Lied.
Oktober! Das ist Glück der Felder und Fabriken.
Hier ist das Banner, hier der Ruf der lebenden Generationen:
Oktober, Kommune und Lenin...«

Die letzte Zeile wurde vom Chor nicht mehr gesungen, sondern, nach einigen Takten instrumentalen Zwischenspiels, plakativ gesprochen. Schostakowitsch hatte offensichtlich schon damals die intensive Wirkung derartiger Skandierungen durch einen Chor erkannt (und wird sie später noch häufig einsetzen).

Er hat diese nur 20 Minuten dauernde Sinfonie in knapp sechs Wochen komponiert und sie auch zu einem aus Anlaß des 10. Jahrestages der Revolution veranstalteten Komponisten-Wettbewerb eingereicht. Er erhält den 1. Preis zuerkannt.

Die Uraufführung der 2. Sinfonie am 6. November 1927 in Leningrad wird ein großer Erfolg. Im gleichen Monat noch steht sie auf dem Programm von Konzerten in Leningrad und in Moskau. Die Kritiker sind des Lobes voll, auch die »Iswestija« hatte nichts auszusetzen. Zehn Jahre später werden zum Teil die gleichen Kritiker diese Sinfonie Schostakowitschs verdammen...

Fred K. Prieberg, ein Kenner der russischen Musik, schrieb 1965: »Der Chor skandierte mehr als er sang, und der Stil war ziemlich neutönerisch, von verzwickter Komplikation des Klanges, polyphon durch und durch, der Text von A. Besymenski eine glühende Huldigung...«[16]

War diese Sinfonie ein erster Kompromiß des jungen Komponisten, der sich bis dahin politisch sehr zurückgehalten hatte? Man findet seinen Namen nicht, wenn die in Leningrad abgehaltenen »Musik-Olympiaden« beschrieben werden, wenn es um nachdrückliche Aktivierung von Proletarier-Gruppen für Musik oder Tanz geht, wenn lang und breit in der Öffentlichkeit Themen wie »Staat und Musik«, »Politik und Kunst« diskutiert werden. Er war zurückhaltend, ja scheu, hielt Distanz zu Institutionen und auch zu Kollegen schon in jungen Jahren. Er war schwer in seinem »gesellschaftspolitischen Verhalten« einzuordnen. Er fiel nicht auf im nach-revolutionären Leningrad – oder nur durch seine Leistung als Komponist und Pianist. Vorerst genügte das noch.

2. Die Nase – die erste Oper

Der 22jährige, nunmehr auch im Ausland bekannte Schostakowitsch, hatte sich durch Klavier- und Kammermusik und durch zwei Sinfonien als Komponist sowohl von Instrumental- als auch von Vokalmusik ausgewiesen. Jetzt lockt es ihn, auf neuen Wegen weiter voranzukommen. Er möchte sein Können messen und beweisen – an einer Oper. Ein Experiment, das ihn reizt. Bei der Suche nach einem geeigneten Libretto hilft ihm Alexander Preiss, ein junger Dramaturg und Schriftsteller. Aus Gogols Novellen »Die Nase«, »Gutsbesitzer aus alter Zeit«, »Tote Seelen«, »Tagebuch eines Wahnsinnigen« »Taras Bulbi« und »Die Heirat« stellen sie gemeinsam ein Textbuch her. Die Oper soll mit Hilfe der Groteske, der Karikatur das Triviale, das Spießbürgerliche entlarven. Der Inhalt der Oper – sie hat 3 Akte (10 Aufzüge) – ist phantastisch-banal: ein Major hat seine Nase verloren (was aber ist ein Mensch ohne Nase??). Aus der Suche nach dem verlorenen wichtigen Sinnesorgan entwickeln sich tragikomische Szenen, die in adäquatem Musikstil auch Zeitkritik enthalten (zum Beispiel am Polizeistaat). Typen der russischen Beamtenschaft werden karikiert, das ganze Werk ist burlesk – und am Schluß wird die Story als Produkt der Phantasie deutlich gekennzeichnet.

Musikalisch betrat Schostakowitsch mit dieser Oper vielfach Neuland: Es gibt keine Arien in herkömmlicher Weise, sondern fast nur Rezitative. Geräusche wie Pferdegetrappel, selbst das Rülpsen Betrunkener läßt er durch sorgfältig ausgewählte Instrumente (zum Beispiel Celesta, Harfe oder besondere Griffe auf Streichinstrumenten) darstellen. Er hat seine »Lehrzeit« im Stummfilmkino, als er gezwungen war, Geräusche auf dem Klavier zu imitieren, gut genutzt. Ein Zwischenspiel schrieb Schostakowitsch nur für Schlaginstrumente – für 1928 ein absolutes Novum! »Eine Oper? Vielleicht. Ganz sicher ein musikalischer Spaß mit sozialkritischer Aussage, wenn auch noch so absurd«, urteilte Fred K. Prieberg 35 Jahre nach der Uraufführung und zitiert in diesem Zusammenhang Schostakowitsch: »Was rechnet man zum menschlichen

Gefühl? Wirklich nur die Lyrik, nur den Kummer, nur die Tragödie? Hat das Lachen vielleicht kein Recht auf diesen edlen Titel? Ich möchte das gesetzliche Recht aufs Lachen in der sogenannten »ernsten« Musik zurückerobern«.[17]

Der polnische Musikwissenschaftler und Komponist Krzysztof Meyer (seine Vorfahren kamen aus Wien), ist ein hervorragender Schostakowitsch-Kenner. Er vermutet wohl zu recht, daß Schostakowitsch damals schon Werke von Schönberg und Webern gekannt haben müsse, denn er knüpfe in seiner ersten Oper an die Wiener Dodekaphonisten an.

Auffallend ist besonders der schnelle Wechsel verschiedener Stile in dieser Oper.

Schostakowitsch hat viele Jahre später in einer Sendung des sowjetischen Fernsehens von sich bekannt, daß er dazu neige, sehr schnell zu schreiben, was nicht unbedingt immer ein Vorteil sei. Auch seine erste Oper hat er in unglaublich kurzer Zeit fertiggestellt. Viel länger dauerten dann die Vorbereitungen und Proben. Erst im Januar 1930 fand die Premiere im Maly-Theater in Leningrad statt – und es war die Sensation in der russischen Musikwelt jener Tage. Iwan Sollertinski war begeistert von der Oper und schrieb: »... zum erstenmal haben wir in der russischen Oper anstelle der konventionellen Arien und Kantilenen eine lebendige, musikalische Sprache, es ist die in Musik umgesetzte menschliche Rede ... ›Die Nase‹ hat die für gewöhnlich wenig bewegliche Opernszene dynamisiert, wodurch dieses Werk in beachtliche Nähe zum Theater gerückt ist ...«[18] Dem erwiderte der Kritiker N. Malkow, die Oper »Die Nase« gehöre zu einer bereits vergangenen Epoche, die den heutigen Zuschauer nicht mehr interessiere. Die Musik sei unausgeglichen, mit zu starken Einflüssen von Prokofjew, Křenek und Berg durchsetzt. Während die breite Zuschauermenge jeder Aufführung begeistert applaudierte, gerieten sich die Kritiker der verschiedenen Kunst- und Politik-Richtungen immer heftiger in die Haare. Den schärfsten Schlag versetzte ein Kritiker namens Gries, der seine Kritik an »Die Nase« mit dem Titel überschrieb »Handgranate eines Anarchisten« und damit Schostakowitsch meinte. Noch lange Zeit wurde heftig über Wert und Un-Wert dieser 1. Oper des jungen Komponisten gestritten, aber auch in der Fachwelt überwogen schließlich die positiven Urteile. »Die Nase« wurde 16 mal hintereinander aufgeführt, bevor sie abgesetzt wurde, nicht zuletzt wegen der hohen Anforderungen, die sie an die Künstler und auch an die Bühnentechnik stellte. Allmählich geriet das Werk sogar in Vergessenheit. Später fiel es zusätzlich dem Formalismus-Verdikt der KPdSU zum Opfer – ein Kapitel, auf das noch ausführlicher einzugehen ist.

1930 jedenfalls hatte Schostakowitsch mit dieser Oper seinen Ruhm weiter gefestigt. Vielleicht hat ihn die heftige Reaktion, das fast leidenschaftliche Für und Wider sogar erschreckt. Er war kein Freund von Sensationellem, er liebte es gar nicht, Mittelpunkt, Brennpunkt, Zielscheibe von Kontroversen zu sein.

3. Die dritte Sinfonie und aktuelle Themen

Untätig war Schostakowitsch während der langen Vorbereitungszeit für die Aufführung seiner ersten Oper nicht gewesen. Schon 1929 entstand seine Sinfonie Nr. 3 in Es-Dur, betitelt »Der 1. Mai«. Der groteske, zuweilen zur Persiflage ausartende Musikstil weist deutlich auf die Nähe dieser Komposition zur Oper »Die Nase« hin. Nur verzichtete Schostakowitsch diesmal auf irgendwelche Instrumentalexperimente. Dafür wagte er stilistisch etwas unerhört Neues: in dieser Sinfonie wiederholt sich kein Thema. Im übrigen erhält sie wie die 2. Sinfonie im Schlußteil einen Chorsatz, der eindeutig ein politisches Bekenntnis abgibt: (Text von Semjon Isaakowitsch Kirsanow):

»... ein jeder Erster Mai
ist ein Schritt zum Sozialismus.
Der Erste Mai ist ein Schritt
der mit dem Gewehr am Schacht Zusammengeballten.
Auf den Plätzen, Revolution,
rammt, Millionen, ein den Schritt! ...«

Im Kontrast zu dieser Polit-Hymne steht die vorausgehende Musik, die den 1. Mai als einen fröhlichen Volksfeiertag auffaßt. So entstand, wie Krzysztof Meyer urteilt, eine parodistische Tonmalerie von Massenaufmärschen, Massenliedern, Reden – ein musikalischer Witz, den aber 1931 vermutlich nur wenige Hörer verstanden haben.

Irgendeinen politischen Auftrag für diese 1.-Mai-Sinfonie scheint es für Schostakowitsch nicht gegeben zu haben, sonst wäre sie sicher nicht am 21. Januar 1930 in Leningrad, sondern wohl zum 1. Mai aufgeführt worden... übrigens nur drei Tage nach der Premiere der Oper »Die Nase«. Die 3. Sinfonie wurde mit Wohlwollen aufgenommen, den Sensationsgrad der Oper erreichte sie nicht. Vielleicht wirkte sich der Uraufführungstermin so nahe dem der Oper auch nachteilig aus. Sie wurde nur ein paar mal in der Sowjetunion auf das Konzertprogramm gesetzt. 1932 führte sie Leopold Stokowski in Philadelphia/USA auf und Frederic Stock in Washington, aber jeweils unter Auslassung der Polithymne. Dennoch schrieb Lawrence Gilman in der New York Herald Tribune am 4. Januar 1933: »...Wenn diese hirnlose und triviale Musik mit ihrer ununterbrochenen Dürftigkeit ihrer lärmenden Banalität, iher naiven Unheimlichkeit das Resultat der Durchtränkung der Musik mit marxistischer Ideologie ist, dann kann man nur sagen, daß die ästhetische Geburtenkontrolle in

Rußland ein beklagenswerter Fehlschlag ist...« Schneller noch als die Oper »Die Nase« geriet die 3. Sinfonie Schostakowitschs in Vergessenheit. Aber noch während heftig über beide Werke diskutiert wurde, hatte Schostakowitsch weitere Kompositionen mit politischer Relevanz begonnen. Zum erstenmal wagte er sich an ein aktuelles Thema: ein Ballett, dem er den Titel gab »Das goldene Zeitalter«, schildert die Reiseeindrücke und -erlebnisse einer sowjetischen Fußballmannschaft, besonders ihres Kapitäns, beim Besuch einer Industrieausstellung in einem westlichen, einem kapitalistischen Land.

Hier muß eine Bemerkung eingeschoben werden, die den meist sehr introvertiert, distanziert wirkenden, intellektuell durch seine randlose Brille fast furchtsam blickenden Schostakowitsch in einem sehr menschlichen Licht zeigt: dieser fast verklemmt und linkisch anmutende Künstler hatte eine »heimliche« Liebe, ja Leidenschaft – für den Fußball! Mehrfach finden sich zwischen Partiturskizzen die Notierungen von Fußballergebnissen des betreffenden Wochenendes. Man kann sich Schostakowitsch nur schwer als Fußballspieler im sportlichen Dreß vorstellen, ebensowenig paßt dieser Einzelgänger, dieser ungemein Empfindliche, der einmal von sich selbst bekannte, er hasse es, wenn ihm jemand vertraulich auf die Schulter klopfe, ebensowenig paßt dieser Mensch in eine Mannschaft von 11 Männern, die hart kämpfen, Schläge und Tritte einstecken und auch verteilen. Oder war es gerade das, was ihn faszinierte, das, was ihm nicht eigen war? Er war kein Kämpfer, er war nur zäh, er konnte viele Schläge einstecken, aber er konnte sich nicht mit Gewalt und Härte durchkämpfen; unvorstellbar, daß er die Nervenstärke besessen hätte, einen Elf-Meter zu schießen oder gar zum ein ganzes Spiel entscheidenden Tor zu verwandeln. Tatsache aber ist: er liebte Fußballspiele.

Zurück zum Ballett »Das goldene Zeitalter«, nach einer

Vorlage von Rejngolid Glier. Faschisten, Ausbeuter, Rassenkrawalle, fragwürdige Geschäftemacherei – alles kommt darin vor, inklusive Bestechung eines Schiedsrichters. Über die Musik urteilte Prieberg: »Die Musik war satirisch und frech, rhythmisch, farbig, effektvoll und so ganz anders, als es die naive Fabel eigentlich verlangt hätte. Eine nervöse Polka verspottet die Genfer Konferenzen über Völkerfrieden und Abrüstung – ...Parodie, klassenbewußter Witz, giftige Satire und einfältigste Propaganda für den neuen positiven Sowjethelden... das alles war immer wieder von einer Musik getragen, die zu dem Begabtesten gehörte, was man in der UdSSR je vernommen hatte...«[19] Ein kleiner Musik-Gag am Rande: Schostakowitsch fügte in das Ballett die Variation einer Orchesterfassung des beliebten amerikanischen Foxtrotts »Tahiti-Trott« von Vincent Youmans ein. Er hatte diese Orchesterfassung der Melodie »Tea for two« (aus Youmans Operette »No, no, Nanette«) zwei Jahre zuvor als Spaß in nur 45 Minuten, nachdem ein Freund den Foxtrott zweimal auf dem Klavier vorgespielt hatte, aus dem Gedächtnis niedergeschrieben – und damit eine Wette in einer feucht-fröhlichen Freundesrunde gewonnen.

Ein zweites Ballett folgte. Ihm legte Schostakowitsch erstmals die Thematik des Industriearbeiters zugrunde. Es erhielt den Titel »Der Bolzen«. In diesem ersten politisch-propagandistischen opus des 24-Jährigen geht es um Industrieproduktion. Es ist unbekannt, ob es einen festen Auftrag dafür gegeben hatte. Fest steht, daß sich Schostakowitsch später sehr negativ über beide Ballette geäußert und vor allem die Vorlagen verworfen hat. Es seien »völlig mißlungene Versuche« von ihm gewesen.

»Das goldene Zeitalter« wurde am 26.10.1930, »Der Bolzen« am 8.4.1931 in Leningrad uraufgeführt. Das Echo war schwach, eher negativ.

Die harte Fron, jahrelang abends im Stummfilmkino Klavier spielen zu müssen, hatte für Schostakowitsch zumindest einen positiven Aspekt: er lernte viele Filme kennen, aus Ost und West, aber auch bekannte Filmregisseure und Filmschauspieler – und er war gezwungen, zu Maschinen, Fabrikationsprozessen, Landschaften adäquate Töne zu erfinden. So begann er, gleichsam nebenher, ab 1928 in Zusammenarbeit mit einigen Regisseuren des Lenfilmstudios eigene Filmmusiken zu schreiben, zum Beispiel opus Nr. 18 zum Film »Das neue Babylon« oder 1931 seine vielbeachtete und gelobte Musik zum Film »Goldene Berge«, 1932 zum Film »Der Gegenplan«. Im Anschluß an die Filmmusiken verfaßte er oft Suiten über diese Werke.

Bis in seine letzten Jahre schrieb Schostakowitsch Filmmusiken. Nicht zuletzt dienten diese Auftragskompositionen dazu, seine materielle Existenz zu sichern, besonders als er wegen seiner »seriösen« Kompositionen »unerwünscht«, diffamiert war.

Bei seinem Interesse für Opernstoffe verwundert es nicht, daß er schon 1929 auch Bühnenmusiken schrieb, so für »Die Wanze« von Majakowski und für »Der Schuß« von Besymenski. Besonderes Aufsehen und vernichtende Kritiken bewirkte 1931 seine Musik zu einer »Hamlet«-Inszenierung (opus Nr. 32).

Von Jugend an ungemein fleißig, füllten diese Kompositionen Schostakowitsch allein nicht aus.

Noch immer schwankte er, welchen Weg er beruflich einschlagen sollte. Viele Stunden am Tag studierte er am Flügel und vergrößerte sein Repertoire als Pianist, trat auch immer wieder öffentlich auf, mit Orchestern, im Trio oder Duo. Er reiste viel, gab Konzerte im Süden und Norden, Osten und Westen der Sowjetunion. Doch sehr bald schon merkte er, daß er dadurch sein kompositorisches Schaffen zugunsten der

Pianisten-Auftritte vernachlässigen mußte. Er begann zu spüren, daß das Klavierspiel nicht seine ganze musikalische Fähigkeit forderte. Er besann sich, schränkte nach den Uraufführungen seiner 1. Oper und der 3. Sinfonie kurzentschlossen die Konzertreisen ein. In Rostow am Don gab er 1930 seinen (vorerst) letzten Klavierabend. Er hatte sich entschieden: er wollte wieder stärker schöpferisch tätig werden. Er begann, seine zweite Oper zu schreiben.

4. APM-PROKOLL, ASM = Hieroglyphen im Musikleben der Sowjetunion

Es muß hier ein kurzer Überblick der Organisation des Musiklebens in den ersten zehn bis fünfzehn Jahren der Sowjetunion eingeschaltet werden, um die kommenden Auseinandersetzungen zwischen verschiedenen Kunstrichtungen und Flügeln der KPdSU, zwischen Ansichten Lenins und Stalins über die Aufgabe der Musik in einer sozialistischen föderativen Staatsunion zu verstehen.

Die Revolution von 1917 und die folgenden langanhaltenden Kämpfe hatten auch zum Ziel, das Kulturleben von der Wurzel her zu verändern. Die Aristokratie war beseitigt, viele Künstler hatten fluchtartig das Land verlassen. Die Kunst sollte nun dem Proletariat, die Musik dem Volke dienen, besser: der Erziehung des Volkes zum Sozialismus. Lenin entsann sich, daß zur Zarenzeit viele Künstler gegen den Zaren, gegen jede Autokratie aktiv gekämpft hatten, schon 1905, dem ersten Jahr großer blutiger Unruhen.

Wollte man nun die Musik einspannen in den beginnenden gewaltigen Erziehungsprozeß des Volkes, mußte man sich der Mitarbeit der Musikschaffenden versichern, selbstverständlich auch besonders der Schriftsteller und bildenden Künstler.

Die Loyalität und Kreativität der Musikschaffenden galt es, durch straffe Organisationen zu binden, zu kanalisieren, zu lenken.

Der erste Volkskommissar für das Bildungswesen, Anatolij Lunatscharsky, Journalist und Schriftsteller, sehr gebildet, auf Lenin eingeschworen (nach dessen Tod er sehr bald von Stalin kaltgestellt wurde), besaß Weitblick. Er sah den Typ des proletarischen Künstlers als den des idealen Übersetzers der Kunst für das Volk. Kommunismus – Fortschritt – moderne Kunst waren für ihn Synonyma. Wie idealistisch Lunartscharsky war, zeigt sein Ausspruch: »In ihrer Tiefe sind Musik und Revolution verwandt. Jede Revolution ist eine grandiose Sinfonie!«[20] Er glaubte wie viele andere Sowjetführer ernsthaft, das Proletariat, von seinen Ketten befreit, lechze nach den Werken der Klassiker, besäße genügend Begabung oder könne zumindest in kurzer Zeit dazu erzogen werden, die ihm bis dahin vorenthaltenen Kunstwerke, besonders die der Musik, zu begreifen, zu genießen, vor allem müsse das Volkslied, die bodenständige Volksmusik, stärker gefördert werden.

So begann schon im Dezember 1917 der Demokratisierungsprozeß in der Musik. Theater, Opernhäuser, Konzertsäle, Orchester, Künstler, technisches Personal wurden in staatliche Regie übernommen. Eine Vielzahl von Organisationen wurde gegründet, spaltete sich, wuchs, ging wieder ein, erstand in neuer Form. In Petrograd wurde im März 1923 eine Gesellschaft für Vierteltonmusik gegründet, eine futuristische Richtung, ein Experiment, an dem sich auch der junge Schostakowitsch aktiv beteiligte.

Am 1. April 1925 gründete man in Moskau ein Kompositionskollektiv von Studenten des Konservatoriums (PROKOLL). 1928 ging es in der neugeschaffenen Russischen Assoziation proletarischer Musik (RAPM) auf.

In Leningrad entstand im Januar 1926 eine Assiziation für zeitgenössische Musik (ASM), die für eine neue Musik im Sinne des Sozialismus unter Säuberung von dekadenten Tendenzen eintrat. Auch Schostakowitsch gehörte der ASM an.

Die zunächst mehr auf Stilrichtungen, auf Theorien, wie zum Beispiel das Proletariat am ehesten für die Kunst gewonnen werden könne, beschränkten Auseinandersetzungen der verschiedenen Organisationen weitete sich Mitte der zwanziger Jahre zu politischen Kulturkämpfen aus. Die radikalen Anhänger der RAPM versuchten, eine Organisation der revolutionären Komponisten und Musikinterpreten zu schaffen (ORKIMD).

Die ASM in Leningrad trat, vereinfacht gesagt, für einen gemäßigten Kurs, auch für westliche Werke ein und stand damit in Frontstellung zur kompromißlosen RAPM.

Erwähnt muß unter den vielen Gruppierungen und Organisationen noch eine werden: die Persimfans, eine Orchestervereinigung, deren Mitglieder Demokratie wortwörtlich nahmen und grundsätzlich ohne Dirigent auftraten. Sie wollte wertvolle, besonders klassische Musik dem Volk nahebringen.

Alle diese großen und kleinen Organisationen gaben Zeitschriften heraus, veranstalteten Vortragsreihen, natürlich auch Konzerte, theoretisierten, agitierten, kritisierten, erhitzten sich, bekämpften einander, offen, schonungslos, leidenschaftlich.

Die verhärteten Fronten zeigten sich deutlich zum Beispiel in den Kritiken bei den positiven und negativen Urteilen über die Oper »Die Nase« – hier ASM, dort RAPM. Als 1929 Andrej Shdanow den Posten des Volkskommissars für das Bildungswesen übernahm (er wird es jahrzehntelang innehaben!), begann ein schärferer Wind zu wehen. Bisher hatten sich Parteiführung und Regierung aus den Richtungskämpfen der Musikschaffenden weitgehend herausgehalten. Nun aber

– Lenin war seit 5 Jahren tot, und Stalin saß fest im Sattel – begann Shdanow, die Kunst, die Künstler für politische Ziele einzuspannen. Experimente wurden kritisiert, immer seltener gewagt. Die Musikschaffenden wurden gerügt, weil sie nicht radikal genug mit Tradition und Konvention gebrochen hätten. Kurz: Komponisten und Interpreten hatten nicht die in sie gesetzten hohen Erwartungen erfüllt, das ZK der KPdSU war enttäuscht. 1932 wurden ASM und RAPM aufgelöst, sie hatten sich beide unbeliebt gemacht.

Stattdessen wurde der »Verband sowjetischer Komponisten« gegründet. Damit begann eine neue, stärker politisierte Periode für alle Musikschaffenden. Auch Schostakwotisch wird sie zu spüren bekommen. Er hatte gerade mit der Niederschrift seiner zweiten Oper begonnen.

5. Triumph und Niederlage mit der Lady Macbeth des Mzensker Kreises

Wie bei seiner ersten Oper arbeitete Schostakowitsch das Libretto zusammen mit Alexander Preiss aus. Als Vorlage diente ihnen die Erzählung »Lady Macbeth des Mzensker Kreises« von Nikolai Leskow. Es handelt sich um einen Kriminalfall, der in der Mitte des vorigen Jahrhunderts erhebliches Aufsehen erregt hatte. Im Mittelpunkt des Geschehens stand eine Doppelmörderin, deren Motive Schostakowitsch jedoch – im Gegensatz zu Leskow – nicht in niedrigen Triebgründen sah, sondern als Ausfluß einer ausweglosen sozialen Lage der jungen Frau, die gefangen ist in gesellschaftlichem Kastenwesen, ohne Anspruch auf Glück, ohne Chance, mit legalen Mitteln ihr Schicksal zu verändern.

Ursprünglich hatte Schostakowitsch eine Trilogie über die gesellschaftliche Lage der russischen Frau geplant, eine Verbindung von musikalischem Drama und Satire. Der Plan ist jedoch nicht zur Aufführung gekommen. Krzysztof Meyer, der mehr als zehn Jahre lang häufiger Besucher und Schüler Schostakowitschs war und in ihm einen freundschaftlichen Förderer gewann, sieht in der zweiten Oper, ohne dies negativ zu bewerten, Ähnlichkeiten mit »Boris Godunow« von Mussorgski, auch Verwandschaft mit »Wozzek« von Alban Berg. Meyer bezeichnet dieses Werk von Schostakowitsch als eine »sinfonische Oper par excellence«.[21]

Kaum war die Partitur fertiggestellt, begannen fast gleichzeitig im Maly-Theater in Leningrad und im Nemirowitsch-Dantschenko-Theater in Moskau die Proben. Am 22. Januar 1934 fand die Premiere in Leningrad statt, Moskau folgte mit der ersten Vorstellung zwei Tage später, am 24.1.1934. (Interessant ist, daß noch im gleichen Jahr die Oper auch im Moskauer Bolschoi-Theater herauskam). Der Inhalt der neuen, 4 Akte (9 Bilder) umfassenden Oper: Katerina Ismailowa, junge Ehefrau eines ungeliebten Krämers, verliebt sich in einen jungen Burschen. Als sie in flagranti ertappt werden, ermordet die Frau ihren gehörnten Ehemann, nachdem sie vorher schon den störenden Schwiegervater umgebracht hatte. Die Mörderin wird zu lebenslanger Verbannung nach Sibirien verurteilt, der junge Liebhaber begleitet sie, betrügt sie aber sehr bald mit einer anderen Verurteilten. Katerina rächt sich an der Rivalin – sie lockt sie an einen See, wo beide im Streit ertrinken.

Der Erfolg der 2. Oper konnte Schostakowitsch mit Stolz erfüllen. Das Werk wurde geradezu enthusiastisch aufgenommen, wenngleich es, wie die erste Oper des Künstlers, sofort heftige Diskussionen auslöste.

Der Moskauer Regisseur Nemirowitsch-Dantschenko sprach von der »herkulischen Kraft« der Oper, Schostakowitschs Freund Sollertinski behauptete, daß keine Oper seit »Pique Dame« von Tschaikowsky solche »Tiefe und Bedeutung« aufzuweisen hätte. Der Komponist A. Goldweiser nannte, wie auch Stanislawski, den jungen Komponisten »genial«. Schostakowitschs Name ging erneut um die Welt. Im Herbst 1934 wurde er eingeladen, anläßlich der Inszenierung seiner Oper nach New York und Cleveland zu kommen. Schostakowitsch wollte oder konnte der Einladung nicht folgen.

Toscanini dirigierte Ausschnitte der Oper in einem Konzert. In Schweden wurde die Oper bald nach der Uraufführung herausgebracht, im folgenden Jahr auch in Zürich, Prag, Kopenhagen und sogar in Südamerika. Wie groß der Erfolg dieser Oper in der Sowjetunion war,zeigen zwei Zahlen: in Leningrad wurde »Lady Macbeth von Mzensk« bis zum Januar 1936 – einem für Schostakowitsch entscheidenden Monat, wie wir noch sehen werden – 83 mal aufgeführt und in Moskau fast 100 mal! Ein beispielloser Erfolg für den knapp dreißigjährigen Komponisten.

In diesen zwei Jahren, von Januar 1934 bis Januar 1936 wandte sich Schostakowitsch, kaum war die Opernpartitur vollendet, völlig anders gearteten Kompositionen zu. Er schreibt »24 Préludes für Klavier« (opus 34), die er in nur 9 Wochen fertiggestellt, und nach nur drei Tagen Pause beginnt er mit der Komposition eines Konzertes für Klavier, Trompete und Streichorchester.

Bei der Uraufführung der 24 Préludes am 24. Mai 1933 tritt er selbst als Pianist auf und auch bei der Uraufführung des Konzertes am 15. Oktober 1933 übernimmt er den Klavierpart. Diese beiden Werke, so unterschiedlich sie im Stil, in der formalen Gestaltung sind, haben eines gemeinsam, das sich immer häufiger bei Schostakowitsch als »typisch« zeigt: Humor, Groteske, Witz, Parodie. Der auf Gravität, Schwere, deutende Titel »Préludes« täuscht. Zwar erkennt man Anklänge an Bach, wohl auch an Chopin, Skrjabin, Prokofjew, aber dieser Schostakowitsch ist gewollt heiter.

Ich habe viele Fotos aus seinem Leben und viele Meter Filmaufnahmen von ihm gesehen, und nur wenige Bilder gefunden, die einen lächelnden oder gar lachenden Schostakowitsch zeigen. Meistens wurde er ernst, nachdenklich, zuweilen verbittert, verschlossen aufgenommen. Er selbst aber hat ganz im Gegensatz zu diesen Aufnahmen, einmal bekannt: »Wenn das Publikum während der Aufführung meiner Werke lächelt oder direkt lacht, bereitet mir das eine große Befriedigung«.[22] Bei der Uraufführung von »Préludes« und vom Konzert für Klavier, Trompete und Streichorchester dürfte er lächelnde Zuhörer gesehen haben. Der Erfolg jedenfalls war unbestreitbar gut. Die Heiterkeit, die Lust am musikalischen Witz spürt jeder Hörer des Konzertes. Da wird Joseph Haydn parodiert (mit der Klaviersonate in D-Dur) und Beethoven nicht geschont (mit einer Parodie über das Rondo »Die Wut über den verlorenen Groschen«).

Schostakowitsch war in diesen Jahren 1934/35 heiter, gelassen. Er war erfolgreich, nicht ernsthaft angefeindet, trotz unterschiedlicher Reaktionen der Kritiker – vielleicht waren diese ersten dreißiger Jahre seine glücklichsten, auch privat. Er hatte am 13. Mai 1932 die Physikerin Nina Wassiljewna Washar geheiratet. Er war nun ein vielbeachteter Künstler voller Ideen, er war erfolgreich, dennoch, wie es ihm eigen war, bescheiden geblieben. In dieser Periode fast übermütigen Frohsinns wendet sich Schostakowitsch einem von ihm sehr geschätzten Gebiet zu, dem Jazz.

Es mag überraschen, daß eine so eindeutig aus den USA stammende Musikgattung wie der Jazz in der Sowjetunion existiert. Tatsache ist, daß 1925 eine fünfköpfige Band aus den USA (The Mitchell's Jazz Kings) eine Tournee durch die Sowjetunion unternahm und dadurch den Jazz bekanntmachte. Keinesfalls löste er bei der breiten Masse Beifallsstürme aus, aber es bildeten sich Gruppen von Jazzfans – und

Gegnern, später sorgten auch ausländische Radiosendungen und Schallplatten für weitere Verbreitung und für Diskussion. Sowjetische Musiker und Komponisten fanden vom Technischen her Gefallen an dieser Musikart. Auch Schostakowitsch interessierte sich sehr bald schon für den Jazz. 1934 schrieb er seine erste Suite für Jazzorchester. Die Kulturfunktionäre versuchten, nicht ungeschickt und auch erfolgreich, diese beliebter werdende Musikrichtung aufzufangen, zum Beispiel in »Estradenkonzerten« dem sowjetischen, von der Partei empohlenen Musikempfindungen anzupassen. Für den Moskauer Rundfunk freilich war Jazz ein Tabu. Dennoch – und besonders nach dem 2. Weltkrieg – ließ sich nicht verhindern, daß durch eingeschmuggelte Schallplatten und westliche Rundfunksendungen (zum Beispiel »Die Stimme Amerikas«) mehr und mehr Jazzmusik gehört wurde. Heute ist der Jazz in mehr oder weniger angepaßter Form in der Sowjetunion kein Diskussionsthema mehr. Schostakowitsch schrieb übrigens 1938 seine zweite Suite für Jazzorchester. Doch zurück zum Jahr 1934.

Es folgt als opus 38 ein neues Ballett, sein drittes: »Der helle Bach«. Es löst lebhaften Beifall aus und wird nach der Leningrader Premiere am 4. Juni 1935 viele Male, auch vom Bolschoi-Ballett in Moskau, aufgeführt. Das Ballett gibt die amüsanten Erlebnisse ausländischer Besucher in einer Kolchose, einem landwirtschaftlichen Kollektiv, wieder. Ebenfalls 1934 schreibt Schostakowitsch noch ein ganz anderes, in Form und Inhalt strengeres Werk, eine Sonate für Violoncello und Klavier in d-moll (opus 40). Dieses Kammermusikwerk, aber auch die vorher entstandenen Klavierwerke verleiten Schostakowitsch dazu, wieder öfter als Pianist aufzutreten; Konzertreisen zu unternehmen. Er ist nun mit 29 Jahren so bekannt, daß er im April 1935 als Mitglied einer offiziellen Künstlerdelegation in die Türkei geschickt wird und dort großen Erfolg mit eigenen Kompositionen, aber auch als Pianist erringt.

Den Rest des Jahres 1935 verbringt er mit Konzertreisen in der Sowjetunion, es bleibt ihm kaum noch Zeit zur schöpferischen Arbeit.

War er seinem 5 Jahre zuvor gefaßten Entschluß, sich mehr als Komponist zu betätigen und die Pianistenauftritte zu beschränken, untreu geworden? Hatten ihn die Erfolge der letzten Jahre verändert? Brauchte er als Künstler den Applaus des Konzertpublikums? Fragen, die keine Antworten finden.

Über Nacht wird für ihn alles anders.

Es ist ein bitterkalter Wintertag, der 29. Januar 1936. Schostakowitsch geht schnellen Schrittes zusammen mit dem Cellisten Viktor Kubatzki, dem er seine Cellosonate gewidmet hat, in Archangelsk, der 1000 km nördlich von Moskau am Weißen Meer gelegenen Hafenstadt, wo beide abends ein Konzert geben sollen, zum Bahnhof. Er hofft, dort die neueste Zeitung aus Moskau zu erhalten. Schostakowitsch kauft die »Prawda« – es ist die vom Vortage –, schlägt sie neugierig gleich in der Bahnhofshalle auf – ihm stockt der Atem. Unter der dickgedruckten Überschrift »Chaos statt Musik« wird er, wird seine bis dahin über 180 mal erfolgreich aufgeführte Oper »Lady Macbeth« einer vernichtenden Kritik unterzogen. Es trifft Schostakowitsch wie ein Keulenschlag. Viktor Kubatzki geleitet ihn zu einer der Holzbänke in der Schalterhalle. Zunächst nimmt Schostakowitsch nur Stichwörter wahr wie »disharmonisch ... chaotisch ... Kakophonie ... vulgär ... primitiv.« Er zwingt sich zur Ruhe und beginnt systematisch den Dreispalter des amtlichen Organs des ZK der KPdSU zu lesen, Zeile für Zeile. Die »Prawda« schrieb am 28.1.1936: »... Vom ersten Augenblick an wird der Zuhörer durch einen Strom bewußt mißtöniger Klänge erschreckt. Fragmente einer Melodie ... werden ertränkt, tauchen wieder auf, um abermals in dem Getöse zu verschwinden. Dieser ›Musik‹ zu folgen, ist schwierig; etwas von ihr zu haben unmöglich ... Während unsere Kritiker und auch die Musikkritiker auf den Namen des sozialistischen Realismus schwören, setzt uns die Bühne in der Schostakowitsch-Inszenierung die roheste Art Naturalismus auf. Herren und Volk sind einförmig in ihrem tierischsten Aspekt gemalt. Die räuberische Kaufmannsfrau, die durch Mord in den Besitz von Reichtum und Macht kommt, ist als ›Opfer‹ des bourgeoisen Systems dargestellt ... Das alles ist roh, primitiv, vulgär. Die Musik ist marktschreierisch, grunzt, grollt, erstickt sich selbst, um die Liebesszenen so naturalistisch wie möglich auszudrücken. ›Liebe‹ ist in der vulgärsten Weise über die ganze Oper geschmiert. Das Bett des Kaufmanns nimmt die Bühnenmitte ein. Auf ihm werden alle ›Probleme‹ gelöst ... Der Komponist mußte die nervöse, verkrampfte, fallsüchtige Musik des Jazz entlehnen, um seinen Helden ›Leidenschaft‹ zu verleihen ... Der Komponist hat sich offensichtlich nicht die Aufgabe gestellt, dem Gehör zu schenken, was die sowjetischen Opernbesucher von der Musik erwarten und in ihr suchen. Als hätte er bewußt seine Musik chiffriert, alle Töne in ihr so durcheinandergebracht, daß sie nur für Ästheten und Formalisten, die ihren gesunden Geschmack verloren haben, genießbar bleibt ...«

Minutenlang saß Schostakowitsch, die »Prawda« auf den Knien, in der Bahnhofshalle von Archangelsk. Die Schultern hatte er wie schutzsuchend hochgezogen, er tastete zu seiner Brille, sah auf zu Kubatzki, der ratlos vor ihm stand, bis er schließlich die Zeitung aufhob und nun seinerseits die verheerende Kritik las. Lange waren beide stumm, dann legte Kubatzki seinen Zeigefinger auf eine Zeile der »Prawda«-Kritik, in der vagen Hoffnung, sie könnte Schostakowitsch trösten. Da hieß es in einem Nachsatz: »All dies beruht nicht auf einem Mangel an Talent oder Unfähigkeit, einfache und starke Gefühle darzustellen ...« Doch diese kurze Zeile bedeutete für Schostakowitsch keinerlei Trost.

War Andrej Alexandrowitsch Shdanow, der starke Mann für kulturelle Angelegenheit im Zentralkommitee der KPdSU, der Urheber dieses Prawda-Artikels? Warum traf sein Schlag gerade Schostakowitsch und diesen in einer Zeit des jungen Ruhmes? Schostakowitsch gingen tausend Gedanken durch den Kopf. Wie benommen wankte er ins Hotel.

So schnell es ihm möglich war, kehrte Schostakowitsch – fassungslos, voll ohnmächtiger Wut – nach Leningrad zurück. Die Oper wurde von allen Bühnen, die sie auf dem Spielplan hatten, abgesetzt. Am 7. März 1936 stand sie in Moskau zum letztenmal auf dem Programm.

Die »Iswestija« hatte übrigens noch am 20. Januar 1936, nur 8 Tage vor dem bedeutungsvollen Prawda-Artikel, geschrieben: »Die Oper von Schostakowitsch gehört zur glänzendsten Sowjetproduktion in der Musik und hat die Liebe der Zuschauermassen errungen«. Der Verfasser, Wladimir Mletschin, war offensichtlich ahnungslos gewesen, was man »im Kreml« beabsichtigte.

Das ZK der KPdSU, eine Institution, die Schostakowitsch wie viele andere sowjetische Künstler, von nun an zu fürchten begann, hatte »zugeschlagen«. Was war geschehen? Lange Zeit dürfte es gedauert haben, bis Schostakowitsch nach und nach die Hintergründe erfuhr, die Wahrheit von der Lüge, die Tatsachen von Gerüchten zu trennen vermochte.

45 Jahre später berichtete mir in Hamburg Krzysztof Meyer über die Ergebnisse seiner eigenen Recherchen: »Bei einer Aufführung von 'Lady Macbeth' in Moskau war Stalin anwesend. Nach der Aufführung hat ihn ein Kritiker gefragt, ob ihm die Oper gefallen habe oder nicht. Stalin antwortete: 'Das ist Chaos, und nicht Musik'. Derselbe Kritiker schrieb

nach einigen Tagen, ohne Stalin zu nennen, einen Artikel 'Chaos statt Musik'. Es ist nicht wichtig, ob es Chaos ist oder nicht. Der Artikel ist ein Symbol des Stalinismus im Bereich der Musik, ist ein Symbol der Zeit, der Kultur, die seinerzeit in der Sowjetunion herrschte.«[23]

Neun Tage nach der vernichtenden Kritik holte die »Prawda« zum zweiten Schlag aus: auch Schostakowitschs letztes Ballett »Der helle Bach«, viele Male aufgeführt und überall mit Beifall bedacht, wurde – unter der Überschrift »Verfälschtes Ballett« – in seinem Kunstwert heftig angegriffen – und sofort von allen Bühnen abgesetzt. Gegen die Meinung des Zentralorgans der KPdSU wagte niemand zu handeln. Weitere Schläge folgten: auch die ehedem gelobten »Préludes«, das Konzert für Klavier, Trompete und Streichorchester und ein paar andere Werke Schostakowitschs wurden abqualifiziert, als den »hohen Ansprüchen an die Kultur der Sowjetunion für nicht würdig« erklärt.

Am 5. Februar 1936 wurde »der Fall Schostakowitsch« in Leningrad offiziell behandelt: der Komponistenverband machte sich die Prawda-Artikel zu eigen – nur Iwan Sollertinski, der Freund Schostakowitschs, widersprach.

Plötzlich stand Schostakowitsch an einem Pranger. Allein.

Er traf Freunde auf der Straße – sie sahen angelegentlich zur anderen Seite. Er grüßte Bekannte – sie reagierten nicht. Er fragte – er bekam keine Antwort. Er lebte plötzlich wie in einem luftleeren Raum, er spürte Verachtung, Ausgestoßensein. Am tiefsten verletzte ihn, der nicht leicht Freundschaft schloß, der immer gern auf Distanz hielt, daß die wenigen Freunde, auf deren Zuverlässigkeit er gebaut hätte, mit denen er auch zuweilen abends gezecht, Karten gespielt, diskutiert hatte, daß sich diese vermeintlichen Freunde fast alle in dem Augenblick, in dem er »am Pranger stand«, von ihm abwandten – aus Opportunismus, aus Feigheit.

Niemals hat er dieses Alleingelassenwerden in jenen Februartagen in Leningrad verwunden. Diese schwere Enttäuschung war der erste Stein für eine Mauer, die er in den folgenden Jahren nach und nach um sich baute, eine Mauer der Bitterkeit, Skepsis, Menschenverachtung, schließlich auch Resignation. Nur seine Frau hielt zu ihm. Sie gebar in diesem schicksalsschweren Jahr das erste Kind, die Tochter Galina.

6. Die Angst geht um

Schostakowitsch zog sich nun völlig zurück in den engbegrenzten Kreis seiner jungen Familie, in einen ihm vertrauten Raum, der einzigen Gemeinschaft von Menschen, denen er noch Vertrauen schenkte. Er, der sogar als »Volksfeind« diffamiert worden war von einem übereifrigen Journalisten, schrieb weiter an einer Monate vorher konzipierten Sinfonie, seiner vierten. Doch nur allzuoft irrten seine Gedanken fort von den weißen, mühsam beschafften Notenblättern. Hatte er Fehler begangen? Was hatte er falsch gemacht?

Immer wieder wurde offiziell hervorgehoben, daß die nach Scholochows Roman »Der stille Don« von Iwan Dhershinski komponierte gleichnamige Oper (sie wurde im Oktober 1935 uraufgeführt) beispielhaft sei, eine Musteroper sozusagen, die sich auch Schostakowitsch zum Vorbild nehmen sollte. Schostakowitsch aber konnte dies nun überhaupt nicht verstehen. Er selbst hätte, so wurde erzählt, dem relativ jungen und im Partiturschreiben noch unerfahrenen Dhershinski bei seiner Opernkomposition geholfen, und der junge Kollege hätte dann diese seine erste Oper sogar Schostakowitsch gewidmet. Hatten die Funktionäre, die Stalins Wünsche und Empfehlungen auszuführen hatten, diesen nicht unbedeutenden Umstand vergessen?

Grübelnd saß Schostakowitsch über der Partitur seiner 4. Sinfonie. Sie sollte ein großes, beinahe überdimensionales opus werden. Immer seltener ging er außer Haus, immer häufiger blieb er tagelang in der Wohnung, vergrub sich, zermarterte sein Hirn.

Um diese Zeit begann die Herrschaft des »sozialistischen Realismus«. Der Musikwissenschaftler Fred K. Prieberg beschreibt diese besondere »Kunstrichtung« in der Sowjetunion so:

»Ursprünglich und mit dem geistigen Beistand des alten Maxim Gorki war die Lehre von dieser marxistisch-stalinistischen Ästhetik auf die Schriftsteller gemünzt gewesen und als solche von Gorki und Shdanow beim 1. Sowjetischen Schriftstellerkongreß 1934 verkündet worden. Daß auch die Musik einer Kunstanschauung unterstellt werden sollte, ... nimmt nicht wunder. Es handelte sich um eine gegen das Individuum gerichtete Doktrin, gegen das Prinzip einer Kunst um der Kunst willen, gegen Zweckfreiheit der künstlerischen Äußerung, Ausläufer des romantischen Bemühens, die große Masse mit hoher Kunst zu beschenken, sie dadurch zu zivilisieren, zu erheben, womit natürlich ein Abstieg der Sprache auf das Niveau des Jargons verbunden war. Kunst sollte schon damals den gesellschaftlichen Interessen dienen – bestenfalls war es der Versuch, die trennenden geistigen Schranken der Klassenschichtung zu überwinden.«[24]

Das Jahr 1936 war nicht nur für Schostakowitsch ein Martyrium. In der Welt, draußen, fern der Sowjetunion, geschah einiges: in Spanien begann mit einem Militärputsch General Franco einen blutigen Bürgerkrieg. (Die »Roten Brigaden« sangen übrigens oft ein Kampflied, dessen Melodie von Schostakowitsch stammte.)

Zur gleichen Zeit marschierten im Berliner Olympiastadion Sportler aus allen Teilen der Welt (nur nicht aus der

Sowjetunion) am Führer des Deutschen Reiches, Adolf Hitler, vorüber, und nicht wenige von ihnen entboten ihm den nationalsozialistischen »Hitler«-Gruß. Der deutsche Diktator hatte gerade in jenen Monaten ein Ränkespiel begonnen, in das sehr bald auch der 30jährige Schostakowitsch, der soeben scharf gerügt worden war, wegen seiner nicht volkstümlichen und vulgären Musik in Oper und Ballett, einbezogen werden sollte.

1925 hatte Schostakowitsch die Bekanntschaft eines 12 Jahre älteren, schon damals recht berühmten sowjetischen Offiziers gemacht, des Generals Michail Tuchatschewski. Ein größerer Gegensatz zwischen zwei Menschen, die sehr bald gute Freunde wurden, läßt sich kaum denken. Der General, Soldat mit Leib und Seele, im Notfall auch »über Leichen gehend«, war als junger Leutnant im 1. Weltkrieg aus deutscher Kriegsgefangenschaft geflohen, hatte im russischen Bürgerkrieg mit 27 Jahren schon eine Armee befehligt, war mit ihr überraschend bis Warschau vorgestoßen, ohne daß er jedoch mit seiner »Roten Armee« die polnische Hauptstadt hätte einnehmen können. Im Februar 1921 hatte er den Aufstand von Angehörigen der im Ostseehafen Kronstadt liegenden Flotte brutal niedergeschlagen. Dieser Tuchatschewski war ein gutaussehender Mann – und ein »Kraftpaket«, stemmte er doch in feucht-fröhlicher Runde ohne Schwierigkeit einen Gast mitsamt seinem Stuhl mit einem Arm in die Luft. Er strotzte vor Gesundheit. Ein General, der sich seiner besonderen Stellung in der Sowjetunion wohl bewußt war, der seinen Ruhm genoß. Er liebte nicht nur elegante Kleidung, sondern auch die schönen Künste, spielte sich gern als Mäzen auf, liebte es auch, in die Rolle eines harmlosen Zivilisten zu schlüpfen, sich mit seiner hübschen Frau Nina unter das Volk zu mischen, um sich »aus erster Hand« zu informieren über Volkes Meinung und Stimmung – und sich dabei köstlich zu amüsieren. Er liebte die Musik, spielte selbst recht gut Geige. Er hatte Gefallen an Schostakowitschs Musik, ließ sich von ihm die neuesten Kompositionen vorspielen. Irgendetwas gefiel dem General an dem jungen, dem schüchternen und dennoch zuweilen sehr selbstbewußt auftretenden Schostakowitsch, der kränklich, schwächlich, schmalbrüstig war, mit dem man aber auf langen Spaziergängen gut diskutieren konnte, über Musik, Philosophie. Auch fabulieren konnte man mit ihm, auch politisieren, sogar politische Witze erzählen, sich amüsieren. Ein in der Tat merkwürdiges Paar.

Schostakowitsch wurde im April 1936 nach Moskau befohlen, um sich vor dem sowjetischen Komponistenverband wegen der »Prawda«-Kritik zu rechtfertigen. Alle Verbandsfunktionäre und die meisten anwesenden Kollegen waren gegen ihn eingenommen. Er war verzweifelt. Da ging er zu seinem Freund Tuchatschewski – der ließ sich nicht verleugnen, er empfing ihn, und unter den damals allgemein üblichen Vorsichtsmaßnahmen bei derartigen vertraulichen Gesprächen sagte ihm der General zu, alles ihm mögliche zu tun, um Schostakowitschs Lage zu bessern. Sicher hatte der General den ehrlichen Willen – doch er hatte wenig später selbst ganz erhebliche eigene Sorgen.

Schostakowitsch hat 35 Jahre später dem jungen Redakteur Solomon Volkow erzählt, daß es das einzige Mal gewesen wäre, daß er einen Freund in den höchsten Führungskreisen der Sowjetunion gehabt hätte. Vielleicht hatte es dem jungen Schostakowitsch auch geschmeichelt, der Freund eines Generals, eines hohen Funktionärs zu sein, und er hatte sich, was verständlich erscheint, von ihm in möglicherweise gefährlichen Situationen Hilfe versprochen. Tuchatschewski war übrigens einer der sowjetischen Offiziere, die in den zwanziger Jahren in Deutschland (dem der Weimarer Republik) militärstrategische und wohl auch waffentechnische Kurse absolvierten. In deutschen Fotoarchiven gibt es mehr als ein Foto, auf dem der junge Tuchatschewski zum Beispiel mit dem späteren Generaloberst Hans von Seeckt bei einem Lehrgang in der Nähe Berlins zu sehen ist.

Jetzt, 1936, wurden Stalin Dokumente in die Hände gespielt (bis heute ist nicht restlos geklärt, ob Hitler der Initiator gewesen ist), aus denen hervorging, daß hohe und höchste sowjetische Offiziere einen Militärputsch gegen Stalin planten (viele vermuten noch heute, Stalin selbst habe die belastenden Dokumente herstellen lassen, weil er fürchtete, daß zum Beispiel der dynamische junge Tuchatschewski ihn stürzen und seinen Platz einnehmen wollte).

Schon bald nach dem Besuch des verzweifelten Schostakowitsch in Moskau wird Tuchatschewski verhaftet. In einem der großen politischen Schau-Prozesse jener Jahre mit 7 Generalen zum Tode verurteilt, wird Tuchatschewski am 12. Juni 1937 erschossen. Wegen Konspiration mit ausländischen Mächten, wegen Hochverrats, wegen Spionage, Sabotage. Der jüngste Marschall der Roten Armee, der Reorganisator der Sowjetarmee, das Mitglied des ZK der KPdSU soll ein Verräter, ein elender Lump gewesen sein?

Eine in ihren Ausmaßen auch in Rußland damals noch nicht erlebte Welle von »Säuberungen« in Partei und Armee, in Verwaltung und Wirtschaft, in Wissenschaft und Kunst, rollte über das sowjetische Volk hinweg. Tausende, Hunderttausende wurden abgeholt, verurteilt, verhört, angeklagt, gefoltert, verbannt, erschossen, erschlagen.

Nun erhält Schostakowitsch zusätzlich Grund zur Angst: seine Freundschaft mit Tuchatschewski. Solomon Volkow gegenüber hat er wenige Jahre vor seinem Tode bekannt: »Seine Erschießung war ein entsetzlicher Schlag für mich. Als ich die Nachricht in den Zeitungen las, wurde mir schwarz vor Augen. Mir schien, mit ihm habe man auch mich umgebracht.«[25]

Die Angst ging um in Moskau, in Leningrad, überall in der Sowjetunion. Keiner traute mehr einem Freund, oft nicht mehr den nächsten Verwandten. Denunziation, Feigheit, Infamie gehörten zur täglichen Erfahrung. Dazu schlaflose Nächte, ständig Angst vor Verhaftung, Verhören, Folterung. Und die Sorge um die Existenz der Familie. Stets hielt in jener Zeit auch Schostakowitsch einen kleinen Koffer »mit dem Nötigsten« bereit. Kaum vorstellbar, wie er in diesen Monaten noch schöpferisch tätig sein konnte. Eines Tages, besser: eines Nachts wurde er abgeholt, zum Verhör, nur zum Verhör. Noch am Abend war er wieder bei Frau und Kind zu Hause. Es blieb bei diesem einen Verhör. Kein Mensch weiß, wer oder was Schostakowitsch wegen der Freundschaft zu Tuchatschewski vor mehr Pein bewahrte. Hielt Stalin die Hand über ihn – auch nach der Opern-Kritik? Tat Stalin das, weil er die Filmmusiken von Schostakowitsch schätzte?

Volkow berichtet, Schostakowitsch habe in Erinnerung an jene qualvollen Monate gesagt: »In meinem nicht sehr heiteren Leben gab es viele traurige Ereignisse. Und es gab Perioden, in denen sich die Gefahr besonders verdichtete. ...Dann verstärkt sich auch die Angst besonders. In der Periode... war ich dem Selbstmord nahe. Die Gefahr schreckte mich. Ich sah keinen Ausweg. Ich war ganz und gar von Furcht beherrscht. War nicht mehr Herr meines eigenen Lebens. Meine Vergangenheit war ausgestrichen. Meine Arbeit, meine Fähigkeiten – all das brauchte niemand. Und die Zukunft bot keinen Hoffnungsschimmer. Ich wollte einfach verschwinden. Das war der einzig mögliche Ausweg. Ich dachte mit Erleichterung an ihn...«[26] Musikschaffende waren ja keinesfalls, wie das zuweilen später behauptet wurde, von den Verfolgungen und den »Säuberungen« ausgenommen. Vielleicht waren sie nicht ganz so gefährdet wie z.B. Schriftsteller, denen man leicht ihre Texte als Beleg vorhalten konnte. Aber da war der Komponist

Shiljajew verschwunden, dann der Organist Wysodski, der Musikwissenschaftler Gatschew – um nur drei Beispiele anzuführen aus dem Bekanntenkreis von Schostakowitsch.

Shiljajew hatte er durch Tuchatschewski in Moskau kennengelernt. Ihm zeigte Schostakowitch manche seiner Kompositionen, fragte ihn um fachmännischen Rat, sie wurden schließlich Freunde. Plötzlich wurde Shiljajew verhaftet – vielleicht, weil auch er mit Marschall Tuchatschewski befreundet war. Er wurde eingekerkert, er starb, ohne die Freiheit wiedererlangt zu haben.

Schostakowitsch vollendete tatsächlich in den Wochen und Monaten der ständigen Angst die 4. Sinfonie. Im Herbst 1936 begannen in Leningrad die Proben. Doch schon bald kam es zwischen dem Komponisten und dem Dirigenten Fritz Stiedry zu Unstimmigkeiten. Stiedry, der drei Jahre zuvor Schostakowitschs Klavierkonzert uraufgeführt hatte, fand keinen Zugang zu diesem, in manchen Details stark von Strawinsky beeinflußten Werk. Vielleicht spielte auch die Angst eine Rolle, eine so schwierige Sinfonie des gerade tief in Ungnade gefallenen Komponisten zu dirigieren. Würde bei einem Mißerfolg nicht auch ein Teil der Kritik und ihrer denkbaren Folgen auf ihn, den Dirigenten, fallen? Auch Schostakowitsch begann zu zweifeln, als er die ersten Proben miterlebte. Hatte er nicht erneut gegen die Weisungen des ZK – und sie allein waren auch im Musikleben maßgebend – verstoßen? Schließlich bat er, die Uraufführung der 4. Sinfonie und die Proben hierfür abzusetzen. Er zog selbst das Werk zurück – es sollten 25 Jahre vergehen, bis es zum erstenmal öffentlich erklang.

III. Vom Volksfeind zum Verdienten Künstler des Volkes (1936–1948)

1. Die Fünfte Sinfonie als reumütige Antwort eines bestraften Künstlers?

Der trotz aller Isolierung, trotz der Angst um seine Existenz immer schöpferisch tätige Schostakowitsch beginnt Ende 1936 gedanklich ein neues Werk, seine 5. Sinfonie in c-moll. Nur drei Monate braucht er für die Niederschrift der Partitur. Am 21. Oktober 1937 – vier Monate nach der Hinrichtung seines Freundes Tuchatschewski – wird das Werk in Leningrad unter Leitung von Jewgeni Mrawinski uraufgeführt. Der Komponist hat dem Werk autobiographische Züge beigemessen – es wird mit großem Beifall aufgenommen, die Kritiker sind des Lobes voll.

Solomon Volkow, der jetzt in New York lebende Musikwissenschaftler, war unter den Zuhörern. Er berichtet: »Der 21. November 1937 darf als Wasserscheide im musikalischen Schicksal des Komponisten gelten. Der Saal der Leningrader Philharmonie war überfüllt, die Creme der sowjetischen Gesellschaft – Musiker, Schriftsteller, Schauspieler, Künstler, Berühmtheiten jeder Art – hatte sich zur Uraufführung der 5. Sinfonie des in Ungnade gefallenen Künstlers versammelt. Sie erwartete eine Sensation, einen Skandal, und versuchte zu erraten, was dem Komponisten wohl geschehen würde. Man tauschte Klatsch und Witze aus, denn schließlich ging trotz der »Säuberungen« das Leben weiter. – Und als die letzten Noten verklangen, entstand ein Pandämonium, das später bei fast allen sowjetischen Uraufführungen der großen Werke Schostakowitschs sich wiederholte. Viele weinten. Der Gottesnarr hatte laut ausgesprochen, was alle in Gedanken bewegte, hatte in seiner Musik einen aufrichtigen, denkenden Menschen dargestellt, der unter ungeheurem moralischem Druck eine entscheidende Wahl zu treffen hat. Die Sinfonie ist durchzogen von neurotischen Pulsschlägen; der Komponist sucht fieberhaft nach einem Ausweg aus dem Labyrinth, um sich dann im Finale, den Worten eines sowjetischen Komponisten zufolge, in der »Gaskammer der Gedanken« wiederzufinden. 'Das ist keine Musik, das ist Stromstärke hohen Grades, nervöse Elektrizität', bemerkte ein bewegter Zuhörer der Fünften, die bis heute das am meisten bewunderte Werk von Schostakowitsch geblieben ist. Die Sinfonie macht klar, daß Schostakowitsch für seine Generation sprach, und damit wurde sie auf Jahrzehnte hinaus zu einem Symbol. Im Westen nahm der Name des Komponisten einen emblematischen Beigeschmack sowohl für die Rechte wie die Linke an. Wahrscheinlich ist kein anderer Komponist dieser Generation in eine derart politische Rolle gedrängt worden.«[27]

So viele Rezensionen, Kommentare, Betrachtungen hatte bis dahin keines seiner Werke hervorgerufen. »Ein Werk von tiefen Gedanken und starkem Gefühl«, heißt es in einer Kritik. In einer anderen wird der »tiefe philosophische Gehalt, die Ernsthaftigkeit des Themas vom Menschen und seinem Erleben« gelobt, auch »der Eindruck von Erhabenheit und Einfachheit«, von »Aufrichtigkeit und Frische« wird hervorgehoben. Der Kritiker und Komponist Dmitrij Kabalewski gibt in seiner Rezension vielleicht die typische Meinung jenes Jahres wieder: »Schostakowitsch vermochte die besten Seiten seines Talents zu entwickeln... Das Werk ist durchtränkt von echten, lebendigen Emotionen. Der Komponist konnte all jenen Versuchungen widerstehen, denen er sich in seinen vorangegangenen Werken so gern hingegeben hatte... Die Sprache der 5. Sinfonie ist einfach und klar und dabei äußerst originell... Nach Anhören dieses Werkes kann man getrost sagen, daß der Komponist als wahrhaft großer sowjetischer Künstler seine früheren Fehler liquidierte und einen neuen Weg beschritten hat«.[28]

Die 5. Sinfonie gilt als die »schöpferische Antwort eines sowjetischen Künstlers auf eine berechtigte Kritik«. (Damit gemeint ist die harte Rüge des Zentralkomitees der KPdSU, abgedruckt in der »Prawda« mit dem Vorwurf, er schriebe »Chaos statt Musik«, er mißachte den Alltag der arbeitenden Menschen und die Liebe zur Musik, wie sie das schaffende Volk der Sowjetunion zeige und immer gezeigt habe). Zwölf Wochen nach der Uraufführung hat sich Schostakowitsch unter dieser Überschrift selbst über diese seine 5. Sinfonie geäußert. In der Zeitschrift »Wetschernaja Moskwa« vom 25.1.1938 steht – und Schostakowitsch hat dies niemals bestritten als Produkt seiner Feder –: »Thema meiner Sinfonie ist das Werden der Persönlichkeit. In diesem durchgehend lyrischen Werk will ich den Menschen mit all seinem Erleben zeigen ... Wenn es mir tatsächlich gelungen ist, in meine Musik all das hineinzulegen, was ich nach den kritischen Artikeln in der »Prawda« durchdacht und empfunden habe, kann ich zufrieden sein.«

Gleichsam über Nacht, nur wenige Monate nach der grausamen Hinrichtung seines Freundes Tuchatschewski, ist Schostakowitsch rehabilitiert, Wegbereiter eines neuen Stils im sinfonischen Schaffen der Sowjetunion. Sein Name ist in aller Munde, Kollegen drängen sich (wieder) an seine Seite, suchen seine Freundschaft. Vergessen sind (für sie) die bitteren Monate nach der Prawda-Kritik. Vergessen auch für Schostakowitsch? Plötzlich steht er wieder ruhmbedeckt im grellen Scheinwerferlicht der Öffentlichkeit.

Hat er reumütig die harte Kritik der Partei überdacht? Ist er »zu Kreuze gekrochen« mit einer Sinfonie, die wie gefordert leicht verständlich, melodisch, gefällig, ohne Experimente, dem Volk »ins Ohr« geschrieben wurde?

Schostakowitschs Sohn Maxim, 1938 geboren – ein halbes Jahr nach der Uraufführung der 5. Sinfonie –, später begabter Dirigent des Moskauer Radiosinfonieorchesters, noch später – im April 1981 – am letzten Tag einer Tournee durch die Bundesrepublik Deutschland in Fürth geflohen, heute mit Wohnsitz in New York als Gastdirigent durch die (westliche) Welt reisend – er hat auf die Frage, ob der Vater mit der 5. Sinfonie bewußt auf die geforderte Linie der Partei eingeschwenkt sei und seine Antwort auf die Kritik der Partei mit dieser Anpassung gegeben habe, so geantwortet:

»Die 5. Sinfonie ist keine Reaktion auf die Kritik. Sie zeigt ihn (den Vater) in seiner Persönlichkeit gestärkt. Von Anpassung kann keine Rede sein. Er ist Kritik nicht ausgewichen... Ich weiß nicht, wer in die Welt gesetzt hat, daß Schostakowitsch in der 5. Sinfonie auf Kritik reagiert hat. Das sehe ich nicht so. Erst viel später werden unsere Nachfahren über Schostakowitschs Werk gerecht urteilen können. Sein gesamtes Werk ist eine ununterbrochene Entwicklung in seiner Einstellung zum Lebenskampf«.[29]

2. Nach brutalen Säuberungen friedliche Jahre in Leningrad

Schostakowitsch erhält einen Lehrauftrag für Kompositionslehre am Konservatorium seiner Heimatstadt – zweifellos eine Prämie für seine erfolgreiche Sinfonie. Er ist »noch einmal davongekommen«, er kann aufatmen. Sein kurz zuvor geborener Sohn Maxim verstärkt seine Hochstimmung, er beginnt im Sommer 1938 sein 1. Streichquartett zu schreiben, das am 10. Oktober des gleichen Jahres mit beachtlichem Erfolg vom Glasunow-Quartett uraufgeführt wird.

Wenig später beginnt Schostakowitsch eine neue, dem Gedenken Lenins gewidmete Sinfonie – sie bleibt jedoch aus unerklärlichen Gründen unvollendet, die Partitur ging verloren.

Langsam weicht der jahrelange Druck von ihm, er fühlt sich wohl wie selten. Immer häufiger erhält er auch den Auftrag, für einen großen Film die Musik zu schreiben. Wenn er durch die Straßen seiner geliebten Heimatstadt Leningrad geht, über die vielen Brücken und Wasserarme – nicht zu unrecht sprach man immer von dem »Venedig des Nordens« –, wenn er täglich zu den Unterrichtsstunden im Konservatorium läuft, kommen ihm die besten Ideen, erfindet er die gewagtesten Harmonien. Er beginnt Anfang 1939 wiederum eine Sinfonie zu komponieren, seine sechste. Am 5.11.1939 wird sie in Leningrad uraufgeführt. Doch verglichen mit dem Erfolg der 5. Sinfonie ist der Beifall diesmal schwächer. Das Werk ruft besonders unter den Fachkritikern sogleich heftige Diskussionen hervor, aber es gibt keinen »Verriß«, keine »Prawda«-Rüge. Schostakowitsch hat später einmal bemerkt, daß es ihm verdächtig erscheine, wenn man ein neues Werk von ihm einstimmig lobe oder verreiße, ihm wäre am liebsten, wenn sich Pro und Contra der Kritiker in etwa die Waage hielten. So ist er mit dem Erfolg der 6. Sinfonie zufrieden. Er genießt die »druckfreie« Atmosphäre jener Monate, er freut sich über seine Familie, über seine beiden Kinder. Nach Jahren nervenaufreibender Unruhe durchlebt er jetzt eine Phase relativer Unbekümmertheit, Sicherheit, Gelassenheit.

Daß Hitler im September 1939 Polen überfallen hat, registriert Schostakowitsch nur am Rande. Auch über die Eroberung Belgiens, der Niederlande und Frankreichs, vom Einmarsch der deutschen Truppen in Paris und vom Überfall

Hitlers auf Dänemark und Norwegen sind keine Reaktionen von ihm bekannt.

Schostakowitsch schreibt 1940 ein Klavierquintett, das in Moskau uraufgeführt wird. Er selbst spielt den Klavierpart. Das Werk wird geradezu enthusiastisch aufgenommen. Der Komponist hatte den »Orden des roten Banners« erhalten und ein Jahr zuvor war er zum Professor in Leningrad berufen worden. Für das erfolgreiche Klavierquintett wird Schostakowitsch mit dem zum erstenmal verliehenen Stalin-Preis (1. Klasse) ausgezeichnet, eine mit einer beträchtlichen Geldsumme verbundene außerordentliche Belohnung. Selbstverständlich genießt er als anerkannter Komponist und als Mitglied des Komponistenverbandes einige Privilegien, zum Beispiel eine eigene Wohnung, in der er ungestört arbeiten kann – eine Vergünstigung, von der Millionen russischer Bürger seit Jahren träumen – sie müssen oft mit drei oder auch mehr Familien eine Wohnung, mit einer Küche, einem Abort teilen.

Schostakowitsch hat Grund zur Freude, zur Zufriedenheit. Er kann auch sein familiäres Glück genießen, denn die Tochter Galina zeigt sich am Klavier als gelehrige Schülerin, für die er als solzer Vater selbst kleine Stücke und Lieder schreibt.

Über Nacht endet diese nur knapp drei Jahre währende Ruhepause, die Zeit eines stillen Glücks.

3. Der Große Vaterländische Krieg, die 7. Sinfonie und der Ruhm danach

Im Morgengrauen des 22. Juni 1941 marschierten deutsche Truppen über die sowjetische Grenze, flogen deutsche Kampfflugzeuge erste Bombenangriffe, fuhren deutsche Panzer dröhnend ostwärts. Wenige Wochen später standen Hitlers Divisionen auch vor Leningrad. Stalin hatte 1937 seine fähigsten Generäle, Armeebefehlshaber, Divisionskommandeure umbringen lassen. Besonders Marschall Tuchatschewski fehlte ihm, der schnelle Panzerverbände und motorisierte Truppen gefordert hatte, aber von den auf altmodische Kavallerieattacken versessenen Reitergenerälen Budjenny u.a. ausmanövriert worden war. Gegen Hitlers moderne Armee hatte man (zunächst) nichts Gleichwertiges entgegenzusetzen – jetzt rächte sich der sinnlose Aderlaß von 1937 blutig. In unglaublich schnellem Tempo stürmten die deutschen Armeen gegen Osten. Schon im Herbst 1941 war die Millionenstadt Leningrad bis auf einen schmalen Zugang, der nie ganz abgeriegelt werden konnte, eingeschlossen. Unter Bomben und Granaten lebten von nun an die Leningrader, mehr als 900 Tage und 900 Nächte.

Schostakowitsch tat in dieser Stunde das, was jeder Mann in jedem Land der Welt in dieser bedrohlichen Lage seines Volkes, seiner Heimat getan hätte: er meldete sich zum Wehrdienst, wurde jedoch wegen seines Gesundheitszustandes und weil er inzwischen ein angesehener, international anerkannter Künstler war, nicht zum Dienst mit der Waffe einberufen. Daraufhin meldete er sich freiwillig zum zivilen Feuerlöschdienst. Sein Foto, mit Schutzhelm und Wasserspritze, ging durch die Presse, es wurde sogar Titelbild der britischen Zeitschrift »Time« (Heft 3/1942).

Von Juli bis Oktober half Schostakowitsch Brände löschen, Trümmer beseitigen, und zusammen mit Angehörigen des Konservatoriums und mit Tausenden von Leningrader Männern und Frauen hob er Schützen- und Panzergräben aus. Die deutschen Truppen schnürten den Ring um die Stadt täglich enger. Bombenangriffe wechselten mit Artilleriebeschuß ab, Tag und Nacht. In den wenigen freien Stunden, die Schostakowitsch blieben, komponierte er seine 7. Sinfonie, ein heroisches Werk voller Rhythmus, Kampf und Marschtritt, voller

Trauer und Ruhm und Pathos. Es sollte »die« Kriegssinfonie werden, in der Schostakowitsch, wie andere dann kommentierten, »den heldenhaften Kampf der Leningrader gegen einen übermächtigen Feind für kommende Generationen in Tönen verherrlichte«. Nach seiner 1. und 5. Sinfonie errang Schostakowitsch mit dieser unter den besonderen Umständen, in der fast eingeschlossenen Stadt geschaffenen 7. Sinfonie erneut Weltruhm. Er wurde zum Symbol eines Künstlers, der in unmittelbarer Nähe der Front, zwischen Bombenangriffen und explodierenden Granaten ein Kunstwerk schuf. Er wurde 1941 zur Legende.

Ihm selbst war bewußt, daß die Realität anders aussah: Als privilegierter Künstler wurde er mit Ehefrau und Kindern bereits Anfang Oktober 1941 mit einigen wenigen anderen Bevorzugten aus Leningrad »zwangsweise« evakuiert, während andere Musikschaffende, zum Beispiel sein alter Klavierlehrer Nikolajew, in der umkämpften Stadt ausharren mußten.

Nach Kubyschew an der Wolga, weit ostwärts also, wurde er gebracht. Dort, fern vom Kriegsgeschehen, vollendete Schostakowitsch in den letzten Wochen des Jahres 1941 seine 7. Sinfonie. Dort wurde sie am 5. März 1942 uraufgeführt, mit dem Orchester des Moskauer Bolschoi-Theaters, das ebenfalls nach Kubyschew evakuiert worden war, unter Leitung von Samuel Samossud.

Der Erfolg dieses neuen Werkes geriet zum Triumph für Schostakowitsch, die 7. Sinfonie wurde zur »Leningrader«. Der Komponist selbst äußerte sich drei Wochen nach der Uraufführung in der »Prawda« (29.3.42) über die Leningrader Sinfonie: »...Sie sollte vom Ideal eines patriotischen Kampfes Zeugnis ablegen. Die Arbeit nahm mich ganz gefangen. Weder die grausamen Luftangriffe noch die bedrückende Atmosphäre der belagerten Stadt konnten meine schöpferische Phantasie beeinträchtigen«.

Trotz aller militärischen Bedrohung Moskaus gelangte das Werk auch dort am 22. März 1942 zur Aufführung, ebenfalls durch das Orchester des Bolschoi-Theaters, das zu diesem Konzert wieder von Kubyschew nach Moskau transportiert wurde. Das Konzert wurde von allen sowjetischen Rundfunksendern übertragen und die 7. Sinfonie nun als »Sinfonie des Sieges« bezeichnet, ihre optimistische, den Sieg andeutende Aussage, ihre positive Wirkung auf den Hörer gelobt.

Grigorij Michailowitsch Schneerson hat als Augenzeuge seinen Eindruck der Moskauer Aufführung später in einer Schostakowitsch-Biografie so geschildert: »Der Saal konnte die Anwesenden kaum fassen... Vor Beginn des 4. Satzes erschien plötzlich neben dem Dirigenten der Diensthabende des Luftschutzes. Er hob die Hand, und ruhig, um keine Panik aufkommen zu lassen, verkündete er den Beginn eines Fliegeralarms. Hitlers Bombenflugzeuge versuchten in diesen Tagen des öfteren, nach Moskau vorzudringen. Trotz der Ankündigung des Fliegeralarms verließ niemand seinen Platz. Die Sinfonie wurde zuende gespielt. Ihr gewaltiges Finale, das den Sieg über den Feind verkündete, schuf eine unvergeßliche, erschütternde Stimmung. Die stürmischen Ovationen verwandelten sich in eine spontane Manifestation patriotischer Gefühle und der Bewunderung über das Talent unseres großen Zeitgenossen...«[30]

Die Partitur wird mit Flugzeugen über den Iran, über Ägypten nach Tanger und von dort per Schiff nach den USA geschickt. In den USA reißen sich Dirigenten und Konzertagenten mit allen erlaubten und unerlaubten Mitteln um das Recht der Erstaufführung. Schließlich darf Arturo Toscanini mit dem New Yorker Sinfonieorchester als erster am 19. Juli 1942 die Leningrader Sinfonie aufführen. Über 60 mal erklingt sie in den folgenden 5 Monaten in Nord-, Mittel- und Südamerika, aber auch in London – ein beispielloser Erfolg für Schostakowitsch, der nun als der genialste, der größte lebende sowjetische Komponist gilt. »Eine Sinfonie über die Menschen der Sowjetunion«, heißt es in einer Kritik aus den USA oder »Schostakowitsch spricht nicht nur im Namen Rußlands, sondern im Namen der ganzen Menschheit«, »Eine Sinfonie des Zorn und des Kampfes« und »Die Eroica unserer Tage«, und der sowjetische Schriftsteller Alexij Tolstoi schrieb: »Die Leningrader Sinfonie ist Symbol des Sieges der besten menschlichen Eigenschaften ... Man versteht sie auf jedem Längen- und Breitengrad, denn sie schildert die Wahrheit über den Menschen in einem ungewöhnlichen Augenblick seines Unglücks und seiner Erfahrung«. Und Sergej Kussewitzki, der aus der Sowjetunion nach den USA emigrierte Dirigent, urteilte: »Seit der Zeit Beethovens gab es keinen Komponisten, der mit derart großer suggestiver Kraft die breitesten Zuhörerkreise anzusprechen vermochte.«[31] Dieses sehr ausführlich widergegebene Echo trug nicht nur zur Stärkung des Ruhms von Schostakowitsch bei, sondern es sollte ihm auch in den folgenden Jahren helfen, wie wir noch sehen werden.

Vorerst war verständlich, daß der ruhmbedeckte Komponist den Wunsch hatte, diese Sinfonie müsse auch in seiner bedrohten Heimatstadt, der er dieses Werk gewidmet hatte, aufgeführt werden. Tatsächlich ließ man die Partitur in das belagerte Leningrad einfliegen. Ein Orchester wurde zusammengestellt, einige dringend benötige Musiker sogar von der nahen Front beurlaubt. Karl Eliasberg, Dirigent des Leningrader Rundfunkorchesters, begann zwischen Bombenalarm und Artilleriebeschuß mit den Proben. In dieser vom Krieg grausam gezeichneten Stadt, deren Einwohner den ersten harten Winter mit Kälte, Hunger, Not und Elend, mit Krankheit und Verwundung, im täglichen Anblick des Todes hinter sich gebracht hatten, in dieser Frontstadt wurde am 9. August

1942 die 7. Sinfonie von Schostakowitsch aufgeführt. Ein einzigartiges Konzert mitten im Frontgebiet, in einer schwer angeschlagenen Millionenstadt, deren Bewohner schon 25 Jahre zuvor bei der Februar- und bei der Oktoberrevolution gezeigt hatten, daß sie nichts vom Genuß eines kulturellen Ereignisses abhalten konnte. Dieses Ereignis hat ein Augenzeuge später so beschrieben: »Die Orchestermusiker kamen in Uniform, aber in der Garderobe zogen sie sich um. An den Haken hingen Uniformmäntel, Armeegurte; an den Wänden standen Gewehre und Pistolen. Daneben lagen die Futterale der Instrumente... Die Menschen kamen in Grüppchen, einzeln. Aus den entlegensten Teilen der Stadt waren sie herbeigeeilt, auf ausgetretenen Pfaden passierten sie die Trümmer, sorgsam auf Schilder achtend mit der Warnung »Durchgang auf der anderen Straßenseite, Gefahr von Artilleriebeschuß«... achteten auf das Krachen der nahen Explosionen, ungewiß, ob nicht Salven im nächsten Augenblick schon jene Straße erreichte, die sie gerade auf ihrem Weg zum Konzert im Großen Säulensaal passierten«.[32]

Auch dieses Konzert wurde vom Rundfunk übertragen. Der mit Schostakowitsch befreundete Waleri Bogdanow-Bjeresowski, der die Aufführung in Leningrad miterlebte, während Schostakowitsch in Kubyschew bleiben mußte, schrieb: »Das ist ein lebendiges Bild unserer Epoche, dieser Strom von Emotionen wird von den breiten Massen tief und stark nachempfunden. Das ist ein künstlerisches und ein ideell-politisches Dokument, welches gegen die dunklen Kräfte, die die fortschrittliche Menschheit bedrohen, zornige Anklage erhebt«.[33]

Schostakowitsch konnte stolz sein auf den gewaltigen Erfolg seines neuen Werkes, wenngleich er sich ehrlicherweise eingestehen mußte, daß die Entstehung der Sinfonie nur bedingt mit dem Angriff Hitlers auf die Sojwetunion und mit der Belagerung von Leningrad zusammenhing. Wie immer nämlich hatte Schostakwotisch schon längere Zeit in Gedanken diese 7. Sinfonie konzipiert. Sein Sohn Maxim antwortete 1981 in New York auf die Frage, ob für seinen Vater der Angriff Hitlers, die Belagerung Leningrads ausschlaggebend für die 7. Sinfonie gewesen seien: »Patriotismus heißt vor allem, seinem eigenen Volke helfen. Der zweite Weltkrieg war für das russische Volk eine Katastrophe. Es mußte schreckliche Verluste erleiden. Da war Schostakowitsch Patriot. Er besang seine Zeitgenossen, die Verteidiger von Leningrad. Ihnen ist die 7. Sinfonie gewidmet. Grundsätzlich aber geht Schostakowitsch über diesen Rahmen hinaus. In der 7. Sinfonie befaßt er sich mit dem Krieg allgemein, nicht nur mit dem damals gegenwärtigen, sondern auch mit den vergangenen und zukünftigen Kriegen. Er beschreibt eben einfach den Alptraum Krieg«.[34]

Schostakowitsch selbst hat 30 Jahre nach dem Sommer von 1941 die Entstehung der 7. Sinfonie so geschildert: »Ich hatte sie, tief aufgewühlt von den Psalmen Davids, zu schreiben begonnen. Natürlich geht es in dieser Sinfonie nicht allein um Davids Psalmen. Aber sie gaben mir den emotionellen Impuls, und ich begann mit der Arbeit. Bei David gibt es die wichtige Stelle über das Blut. Gott nimmt Rache für vergossenes Blut, er vergißt die Schreie der Opfer nicht. Immer wenn ich an die Psalmen Davids denke, gerate ich in Erregung. Wenn man vor jeder Aufführung der 7. diesen Psalm lesen würde, gäbe es vielleicht weniger törichte Äußerungen über diese Sinfonie«.[35]

Übrigens ist diese Äußerung auch ein Beleg für eine an anderer Stelle gemachte Bemerkung Schostakowitschs: er sei kein militanter Atheist, wenngleich er fern von einem christlichen orthodoxen Glauben sei. Auch toleriere er jeden wirklich Gläubigen. Er las in der Bibel.

Der »Große Vaterländische Krieg«, wie die Sowjets bis heute den Kampf gegen Hitlers Armeen, der schließlich mit dem Sieg über die Deutschen endete, nennen, ging weiter, vier Jahre lang; bis sowjetische Soldaten auf dem Brandenburger Tor in der »Reichshauptstadt« Berlin die rote Fahne hissen konnten.

Schostakowitsch war nun ein weltbekannter, berühmter Komponist. Er genoß das Vorrecht, weit von der Front entfernt, mit seiner Familie leben und in Ruhe arbeiten zu dürfen. Ab und zu wurde er zu Konzerten im Rahmen der Truppenbetreuung gerufen, eine vaterländische Pflicht, der er sich gern unterzog.

Als Anerkennung für den Erfolg der 7. Sinfonie wurde ihm erneut der Stalinpreis 1. Klasse und der Titel »Verdienter Kunstschaffender der Sowjetunion« verliehen. Er hatte Zeit, ungestört zu komponieren. So begann er in fast heiterer Stimmung eine Oper zu schreiben, »Die Spieler« nach Gogol. Doch aus unbekannten Gründen – vielleicht stand die ernste Kriegsatmosphäre diesem Projekt entgegen – legte er nach der Fertigstellung einiger Szenen das Werk beiseite. (Es sollte unvollendet bleiben, bis sich 1980 der schon mehrfach genannte polnische Komponist und Schostakowitsch-Experte Krzysztof Meyer daran machte und die Oper kongenial weiterschrieb und vollendete. Er war überzeugt, daß das Opernfragment eines der besten Werke Schostakowitschs wäre. Im Juni 1983 brachten die Städtischen Bühnen Wuppertal die Oper heraus, zu der Meyer etwa zwei Drittel beigesteuert hatte. Das Premierenpublikum war begeistert, die Kritik des Lobes voll).

1943 schreibt Schostakowitsch die 8. Sinfonie. Da nach der Niederlage von Hitlers Armeen in Stalingrad die sowjetische Metropole wieder weit hinter der Front liegt, wird Schostakowitschs 8. Sinfonie dort am 4. November 1943 uraufgeführt. Der Erfolg dieses neuen Werkes aber ist weitaus geringer als der der 7. Sinfonie, vielleicht, weil Schostakowitsch, wohl unter dem Eindruck der mörderischen Schlacht von Stalingrad, stärker das Tragische, das Sterben, das Elend der menschlichen Kreatur als das Sieghafte, das Kämpferische wie in der »Leningrader« herausgestellt hatte.

Wenig später kritisierte der aus Alma Ata angereiste Prokofjew auf der Jahrestagung des sowjetischen Komponistenverbandes die 8. Sinfonie und warf Schostakowitsch »Weitschweifigkeit« vor. Die Hörer wären bei Beginn des großen 4. Satzes so übermüdet, daß sie der Musik nicht mehr folgen könnten.

Harte Kritik unter Kollegen war in der sowjetischen Musikwelt nichts Ungewöhnliches. Schostakowitsch hatte ein Jahr zuvor, ebenfalls vor dem Plenum des sowjetischen Komponistenverbandes, Prokofjews Orchestersuite »Das Jahr 1941« öffentlich kritisiert. Die beiden großen Meister respektierten und beargwöhnten sich gleichermaßen. Sie waren zu unterschiedlich in ihrer Wesensart, um freundschaftliche Gefühle füreinander aufzubringen.

Der 15 Jahre ältere Prokofjew, der freiwillig in die Sowjetunion zurückgekehrt war und seitdem wie Schostakowitsch Höhen und Tiefen unter Stalins Diktatur erleben mußte, er sah sicher auch nicht ohne Neid auf den unbestritten als »die Nummer eins« rangierenden Kollegen Schostakowitsch.

Schon 1935 hatte Prokofjew in einem Brief an den in Paris lebenden Komponisten Dukelsky geschrieben: »...Schostakowitsch ist begabt, aber irgendwie 'charakterlos', und es geht ihm, wie gewissen unserer Freunde, musikalische Erfindungsgabe ab. Es wird hier zu viel Aufhebens von ihm gemacht...« Sieben oder acht Jahre später äußerte sich Prokofjew auch zu dem mit dem Stalinpreis ausgezeichneten Klavier-Quintett von Schostakowitsch sehr kritisch: »Was mich an diesem Klavier-Quintett erstaunt ist, daß ein so junger, auf dem Höhepunkt seiner Fähigkeiten stehender Komponist so sehr auf der Hut ist, jede Note so sorgfältig berechnet. Er vermeidet jedes Risiko. Neuen Schwung, ein Wagnis sucht man vergeblich...«[36] Das fachmännische, gar nicht so danebenzielende Urteil eines 15 Jahre älteren Kollegen, der andererseits zu den wenigen gehörte, die öffentlich die 1936 diffamierte Oper »Lady Macbeth von Mzensk« gelobt hatten. Bemerkenswert ist übrigens: beide waren mit Steinberg, Assafjew, Sollertinski, Chatschaturjan befreundet, während sie selbst auf Distanz zueinander blieben!

Die 8. Sinfonie, auch »Poem des Leidens« betitelt, hat einen durch das ganze Werk gehenden Tragik-Charakter. Eine großangelegte Passacaglia (4. Satz) unterstreicht besonders den Leidenscharakter – ein Werk, das, im Gegensatz zur 7. Sinfonie, die unendliche Trauer des mörderischen Krieges zum Ausdruck bringen will.

Iwan Martynow, der 1946 das erste Buch über Leben und Schaffen Schostakowitschs schrieb, notierte über die 8. Sinfonie: »Sie ist ein großartiges Dokument, das von unseren komplizierten und schweren Zeiten erzählt. Das tragische Poem der Gegenwart wurde in ihr tiefschürfend und wahrheitsgetreu gestaltet.«[37]

Am 2. April 1944 wird auch diese Sinfonie in New York aufgeführt und von 134 Rundfunkstationen übertragen. Man schätzt, daß 25 Millionen Hörer dieses Konzert miterlebten – eine damals fast unglaublich große Zahl.

Der Große Vaterländische Krieg veranlaßte Stalin, anstelle von Internationalismus jetzt Patriotismus zu setzen. So fand er plötzlich die bis dahin als Nationalhymne geltende »Internationale« nicht mehr geeignet. Ein neuer Text (mit verherrlichenden Worten über den Führer Stalin) wurde genommen, und die bekanntesten Komponisten – auch Schostakowitsch –

wurden aufgefordert, in einer Art Wettbewerb eine neue, eine patriotische Hymne zu schaffen. Schostakowitsch erhielt die »Aufforderung«, eine Hymne zusammen mit Chatschaturian zu schreiben; eine schwierige Aufgabe für beide, denn sie waren, was ihre Art zu komponieren betraf, sehr verschieden. Aber beide arrangierten sich freundschaftlich und teilten sich die Arbeit so ein, daß jeder allein eine Hymne schrieb und eine dritte beide zusammen. Die von Schostakowitsch allein komponierte fand den größten Beifall von Stalin, doch er wünschte eine kleine Änderung in der Orchestrierung. Schostakowitsch, der bereit war, diese Kleinigkeit zu ändern, sagte zu, dies innerhalb von 5 Stunden zu tun. Das erschien dem großen Stalin zu läppisch, seine Änderungen hätten einige Tage harter Arbeit zu bedeuten. Er nörgelte herum und entschied schließlich, daß die von Alexandrow komponierte Hymne die beste sei. Sie wurde dann, bis Chruschtschow den Stalin-Kult beendete, als die sowjetische Nationalhymne gespielt und gesungen. Nach der Entthronisierung Stalins summte man nur noch die Melodie, denn der Text war zu sehr auf eine Glorifizierung Stalins abgestellt gewesen. In den schon erwähnten »Memoiren«, die Solomon Volkow aufgezeichnet hat, äußerte sich Schostakowitsch über derartige Kompositionsaufträge mit politischem Inhalt: »Es gibt ja bei uns eine spezielle Form der Selbstverteidigung: Um nicht gesteinigt zu werden, behauptet man, an dem und dem Werk zu arbeiten, der Titel muß natürlich bombastisch klingen. Dabei schreibt man ein Quartett und empfindet leise Befriedigung. Den Potentaten erklärt man aber, eine Oper 'Karl Marx' oder »Junge Garde« reife heran. Dann verzeihen sie dir das Quartett als Freizeitbeschäftigung, lassen dich in Ruhe. Unter dem mächtigen Schutz dieser 'schöpferischen Pläne' kann man dann ein Jährchen oder zwei unbehelligt leben«.

4. Das Kriegsende und die Folgen

Da die deutschen Truppen inzwischen von der roten Armee immer weiter nach Westen gedrängt wurden und die Front fast entlang der polnisch-sowjetischen Grenze verlief, konnte Schostakowitsch wie viele andere Kubyschew verlassen. Er war gerade zum Professor des Moskauer Konservatoriums ernannt worden. Nun sollte er nach Iwanowo umziehen. Dort hatte der Komponistenverband ein ehemaliges Schloß erhalten, in dem außer Schostakowitsch auch Prokofjew, Chatschaturjan, Kabalewski, Mjaskowski und andere Komponisten gemeinsam leben und in Ruhe arbeiten konnten.

Hier, 300 Kilometer nordöstlich von Moskau, schrieb, zum Gedenkan an den plötzlich verstorbenen Freund Sollertinski, Schostakowitsch ein Trio für Klavier, Violine und Violoncello – eine kammermusikalische Trauermusik, im Charakter fast mit der 8. Sinfonie vergleichbar.

Ganz anders geartet war das ebenfalls 1944 entstandene 2. Streichquartett: heiter, leicht verständlich. Diese beiden so unterschiedlichen Werke, wurden am 14.11.1944 in dem nun nicht mehr belagerten Leningrad uraufgeführt. Schostakowitsch selbst übernahm den Klavierpart des Trios. Beide neuen Werke wurden mit lebhaftem Beifall bedacht. 1945 erhielt der Komponist für das Trio zum 3. Mal einen Stalinpreis (diesmal nur den der 2. Klasse).

Rückblickend hat Schostakowitsch später einmal das Paradoxe und zugleich Tragische der harten Kriegsjahre betont: die Künstler, besonders die Musiker, hätten in der Sowjetunion frei, wie nie zuvor, schaffen können, denn die Herrscher wären durch die Militär- und Versorgungslage so beansprucht gerwesen, daß sie, schon aus Zeitmangel, den Künstlern freie Hand gelassen hätten. Der grausame Krieg habe ihnen herrliche Freiheiten beschert...

Das sollte sich schon sehr bald ändern, denn der Krieg ging im Mai 1945 zu Ende. Und in diesen Wochen unterlief Schostakowitsch ein Fehler, der Folgen haben sollte. Er hatte angekündigt, daß er eine neue, seine 9. Sinfonie schriebe, mit großem Orchester und mit Chor. Sofort wurde kolportiert, Schostakowitsch plane eine Sieges-Sinfonie, ein den Ruhm Stalins verherrlichendes großes Werk, eben »die Neunte«, und man erinnerte an Beethoven und seine unsterbliche Neunte. Die sowjetische Nachrichtenagentur TASS meldete im Sommer 1945, die 9. Sinfonie Schostakowitschs werde bald aufgeführt und das Werk wäre »unserem großen Sieg« gewidmet. Die Musikwelt wartete voller Spannung. Im Oktober 1945 spielte Schostakowitsch mit Swjatoslaw Richter im »Komitee für Kunstangelegenheiten« in Moskau einem kleinen Kreis von Künstlern und Kritikern eine Klavierfassung vor, die die anwesenden Kollegen sofort scharf kritisierten. Sie waren überrascht, sie waren enttäuscht. Der Musikkritiker David Rabinowitsch schrieb später: »Wir erwarteten alle ein neues monumentales sinfonisches Fresco, und vorgestellt wurde uns etwas ganz anderes, etwas, was im ersten Augenblick durch seine Ausgefallenheit schockierte.«[38]

Als diese 9. Sinfonie am 3. November 1945 mit kleinem Orchester und ohne Chor uraufgeführt wird, ist das Moskauer Publikum enttäuscht. Statt der erwarteten großen, an Beethovens Neunte erinnernden Sinfonie mit Schlußchor hörten sie ein eher an Haydn, an Mozart orientiertes kammermusikalisches Werk, heiter, einfach, verspielt, klassisch anmutend.

Schostakowitsch, der diese Sinfonie in der unglaublich kurzen Zeit von vier Wochen geschrieben hatte, wurde von einigen Experten wegen des klaren, klassizistischen Stils gelobt. Die Mehrzahl der Stimmen jedoch war negativ. Er hatte zweifellos Erwartungen geweckt und sie nicht erfüllt. Das hinderte allerdings nicht, daß die 9. Sinfonie eines der populärsten Werke von Schostakowitsch wurde. Öfter als die 7. oder 8. Sinfonie erklang sie im In- und Ausland.

Hatte Schostakowitsch die Reaktion Stalins nicht einkalkuliert, der sich natürlich, eitel wie er war, in einer großen Sinfonie verherrlicht sehen wollte? Hatte Schostakowitsch vorsätzlich diese Sinfonie nicht als Glorifizierung des Großen Führers Stalin schreiben wollen? Vorerst erfuhr niemand, ob Stalin enttäuscht, ob er sich nach den Ankündigungen genarrt fühlte. Schostakowitsch konnte unbehelligt ein paar Filmmusiken schreiben, dann sein 3. Streichquartett, das bei der Uraufführung am 14. Dezember 1946 in Moskau großen Beifall fand.

Allmählich normalisierte sich nach Kriegsende auch in der Sowjetunion das Alltagsleben.

Schostakowitsch sah sich gezwungen, von Iwanowo nach Moskau umzuziehen, obwohl er viel lieber in seine Heimatstadt Leningrad, wo auch seine Mutter und die beiden Schwestern lebten, zurückgekehrt wäre. Moskau aber war die Zentrale, auch für die Künstler. Hier wurde er, der nun ein im In- und Ausland gleichermaßen bekannter Komponist war, immer wieder gebraucht, zu Interviews, zu Gesprächen mit ausländischen Künstlern. Hier residierte der wichtige Komponistenverband, hier war man in der Nähe der mächtigen Zentralen von Staat und Partei. Ohne Zweifel brachte Schostakowitsch mit dem Entschluß, nach Moskau umzusiedeln, ein Opfer. Er behielt zwar die Professur in Leningrad neben der in Moskau, kam aber doch viel seltener in die Heimatstadt als ihm lieb war. Und wie nah er hier in Moskau der Zentrale der Macht, dem Zentralkomitee der Partei war, sollte er schon sehr bald erfahren.

IV. Die harte Faust des großen Gärtners, genannt Stalin (1948–1953)

1. Der Beschluß des ZK der KPdSU vom Februar 1948

Die ersten Nachkriegsjahre waren, was die Musik anbelangt, für Schostakowitsch seltsam unproduktiv. 1946 schrieb er das 3. Streichquartett – sonst nichts außer ein paar Filmmusiken. Für das Jahr 1947 ist nur zu notieren, daß er zum Frühlingsfestival nach Prag reisen durfte. Seine 8. Sinfonie wurde dort mit großem Erfolg aufgeführt, und ein weiterer Abend war ausschließlich seinen Werken gewidmet. Ferner begann er 1947 einige Filmmusiken zu schreiben.

1948 aber wird, wie 1936, ein besonderes Jahr für ihn. Über Nacht wird alles anders für den berühmten, gerade erst in Prag herzlich gefeierten Komponisten. Anfang Februar 1948 diskutieren die Mitglieder des Zentralkomitees der KPdSU unter anderem ausführlich über die Situation, die Entwicklung und die Aufgabe der sowjetischen Musik. Fachleute sind nicht daran beteiligt.

Am 10. Februar werden Komponisten, Musiker, Kritiker mit einem umfangreichen Beschluß des ZK überrascht. Ähnlich dem Jahr 1936, als Schostakowitsch und seine Oper »Lady Macbeth von Mzensk« zum Anlaß für strenge Forderungen der Partei an die Musikschaffenden genommen wurde, muß diesmal der Komponist Wano Muradeli mit seiner in mehr als zehn Städten der Sowjetunion auf dem Programm stehenden Oper »Die große Freundschaft« herhalten.

Diese Oper sei »unmelodisch, modernistisch, losgelöst von der Tradition, formalistisch«. Zum erstenmal fällt hier der Begriff »formalistisch«, der in den folgenden Jahren ausschlaggebend für die offizielle Beurteilung eines Musikwerkes werden soll – ohne daß jemals exakt definiert wird, was darunter zu verstehen sei. Auf jeden Fall meint das ZK der KPdSU mehr damit als nur »um der Form willen ein Musikwerk schreiben«. Atonalität, Dissonanzen, Disharmomie als Ausdruck von »Fortschritt in der Musik« werden ebenso unter das Verdikt »Formalismus« gezerrt wie der Standpunkt »L'art pour l'art« oder »Polyphonie oder volksfremde und konfuse chaotische Kakophonie«. Nach diesen in den ersten Absätzen festgelegten Kriterien wird der ZK-Beschluß deutlicher, indem Namen der »Sünder« aufgezählt werden. An erster Stelle der langen Liste steht Schostakowitsch, gefolgt von Prokofjew. Es handelt sich also nicht um eine alphabetische Reihenfolge, sondern nach der »Schwere der Verstöße« gegen die Richtlinien der Partei, die bis dahin noch niemand kannte, werden die Künstler angeprangert. Es folgen die Namen von Chatschaturjan, Schebalin, Popow, Mjaskowski und andere. Wörtlich heißt es dann: »...Sehr kennzeichnend ist für die formalistische Richtung auch, daß sie in Musik und Gesang auf Polyphonie verzichtet, die auf der Verwebung und Entwicklung einer Reihe gleichzeitiger selbständiger melodischer Linien beruht und Unisono-Musik und -gesang mit nur einer Stimmführung und meistens ohne Worte vorzieht. Das stellt eine Verletzung der vielstimmigen Musik- und Gesangsharmonie dar, die unserm Volke eigen ist, und führt zur Verarmung, zum Verfall der Musik. Indem viele Sowjetkomponisten die besten Traditionen der russischen und westlichen klassischen Musik verschmähten, diese Tradition als angeblich 'veraltet, altmodisch, konservativ' ablehnten und auf die Tondichter, die sich bemühen, die Methoden der klassischen Musik gewissenhaft zu meistern und weiterzuentwickeln, als auf Anhänger eines 'primitiven Traditionalismus' und 'Epigonentums' von oben herabsahen, verloren sie auf der Jagd nach falsch verstandenem Neuerertum in der Musik die Fühlung mit den Anforderungen und dem künstlerischen Geschmack des Sowjetvolkes, kapselten sich in einem engen Kreis von Fachleuten und musikalischen Feinschmekkern ab, setzten die hohe gesellschaftliche Rolle der Musik herab und schmälerten ihre Bedeutung, die sie auf die Befriedigung des entarteten Geschmacks ästhetelnder Individualisten beschränkten...

Die fehlerhafte, volksfremde Richtung in der Sowjetmusik übt auch einen verhängnisvollen Einfluß auf die Ausbildung und Erziehung der jungen Komponisten in unseren Konservatorien aus, vor allem im Moskauer Konservatorium (Direktor Genosse Schebalin), wo die formalistische Richtung vorherrscht. Man erzieht die Studenten nicht zur Achtung vor den besten Traditionen der russischen und westlichen klassischen Musik, weckt in ihnen nicht die Liebe zum Volkkunstschaffen, zu demokratischen Musikformen. Die Tonschöpfungen vieler Zöglinge der Konservatorien sind eine blinde Nachahmung der Musik von D. Schostakowitsch, S. Prokofjew und anderen....«[39]

Nach harter Schelte auch für die Musikkritiker stehen dann im Schlußteil der ausführlichen »Gardinenpredigt« 4 Beschlüsse des ZK, die wörtlich zitiert werden sollen, um zu verdeutlichen, wie politisch und wie simpel zugleich »das Musikwesen in der Sowjetunion« gelenkt, geändert und den Parteilinien angepaßt werden kann:

»Das ZK der KPdSU beschließt

1. die formalistische Richtung in der sowjetischen Musik als volksfremd und zur Vernichtung führend zu verurteilen
2. der Verwaltung für Propaganda und Agitation beim ZK

und dem Komitee für Kunstangelegenheiten vorzuschlagen, eine Besserung der Verhältnisse in der sowjetischen Musik zu erreichen, die Beseitigung der im vorliegenden Beschluß des ZK aufgezeigten Mängel und die Sicherung der Entwicklung der sowjetischen Musik in realistischer Richtung in die Wege zu leiten

3. die sowjetischen Komponisten dazu aufzufordern, von der Erkenntnis der hohen Anforderungen durchdrungen zu sein, die das sowjetische Volks vom musikalischen Schaffen fordert und unter Loslösung von allem, was unsere Musik schwächt und ihre Entwicklung stört, eine schöpferische Arbeit zu gewährleisten, die die sowjetische Musikkultur schnell vorwärts treibt und auf allen Gebieten des Musikschaffens zur Schöpfung hochwertiger, qualifizierter Werke führt, die dem sowjetischen Volke würdig sind

4. organisatorischen Maßnahmen der entsprechenden Partei- und Sowjetorgane beizustimmen, die auf eine Verbesserung auf dem Gebiete der Musik zielen. ...«[40]

Wie üblich nach einem schwerwiegenden und folgenreichen ZK-Beschluß wurden die »Empfehlungen« sogleich auf der unteren Ebene diskutiert. Vom 17.–26.2.1948 tagte der Moskauer Komponistenverband, und Anfang April reisten die Komponisten aus der ganzen Sowjetunion nach Moskau zur Konferenz des Gesamtverbandes. Es wurden straffe Umorganisationen beschlossen.

Auf der Februartagung erläuterte zunächst der Kulturfachmann im ZK, Andrej Shdanow, den Beschluß und prägte dabei die Forderung, künftig solle nur noch solche Musik Geltung haben, die »die kommunistische Bewußtheit hebt und zu großen Leistungen begeistert«. Gelänge ihr dieses, sei sie »genial«.

Dann erregte ein junger Komponist Aufsehen, der ein Co-Referat zu dem ZK-Beschluß hielt (und danach im Zuge der

Umorganisation sogleich zum Generalsekretär des sowjetischen Verbandes der Komponisten gewählt wurde!): Tichon Chrennikow. Er nahm von dem im ZK-Beschluß namentlich genannten Komponisten vor allen anderen Dmitrij Schostakowitsch »aufs Korn«, den der junge Mann hart attackierte und sein Schaffen kritisierte. Hier ein Auszug aus seinem Referat:

»Eine Art Chiffre, eine abstrakte Musiksprache verdeckt oft echte Emotionen. Dies ist dem sowjetischen realistischen Schaffen fremd, es ist purer Expressionismus, ein Sich-Versenken in die Welt scheußlicher, abstoßender pathologischer Erscheinungen. Solche Tendenzen finden sich auf vielen Seiten der 8. und 9. Sinfonie Dmitrij Schostakowitschs. Eines der Mittel zur Flucht vor der Wirklichkeit sind die neoklassizistischen Tendenzen in den Werken Schostakowitschs und seiner Nachahmer, die Neubelebung der Tonalität und der Methoden Bachs, Händels, Haydns und anderer Komponisten, die hier in dekadenter Absicht benutzt werden...

Die formalistische Richtung zeigt sich deutlich im Schaffen der kompositorischen Jugend... in den Konservatorien, insbesondere aber im Moskauer Konservatorium. Das ist deshalb der Fall, weil manche der im Beschluß genannten Komponisten – Vertreter der formalistischen Richtung wie Schostakowitsch, Schebalin, Mjaskowski – dort Professoren sind, Schebalin aber außerdem noch Rektor ist. Solche Studenten wie Galynin, Tschugajew, Boris Tschaikowski demonstrieren in ihrem Schaffen unmittelbar den verderblichen Einfluß des Formalismus...«[41] Übrigens war Boris Tschaikowski ein Schüler Schostakowitschs.

Eine Anmerkung zu Schostakowtisch als Lehrer: Von seinen zahlreichen Schülern ist in der westlichen Welt außer Grigorij Swiridow und Kara Karajew kaum einer auch nur dem Namen nach bekannt geworden. Vielleicht stand auch

Schostakowitschs große Invididualität oder seine oft ungeduldige, nervöse Art pädagogischem Geschick entgegen. Er selbst hat nur einen seiner Schüler erwähnt und ihm nachgetrauert, als dieser im 2. Weltkrieg fiel: Benjamin W. Fleischmann. Sein originelles Opern-Fragment »Rothschilds Geige«, nach einer Erzählung von Tschechow, hat Schostakowitsch als Beweis für Fleischmanns Begabung genannt und das Fragment Ende des Krieges fertiggestellt und orchestriert. Doch zunehmender Antisemitismus (Fleischmann war Jude) ermöglichte lediglich 1968 eine Studio-Inszenierung in Leningrad, der Maxim Schostakowitsch in Vertretung des wohl erkrankten Vaters beiwohnte und die, wie Solomon Volkow berichtet, als sehr gelungen, beigeistert geradezu, aufgenommen wurde. Im übrigen stand Schostakowitsch als Lehrer in dem Ruf, von seinen Studenten »eiserne Disziplin« zu verlangen. Ebenso setzte er Beherrschung des Handwerklichen und Kenntnis der Musikliteratur als selbstverständlich voraus für einen angehenden Komponisten.

Sergej Prokofjew, der wegen seines schlechten Gesundheitszustandes abwesend war, reagierte resigniert auf die Angriffe mit einem offenen Brief, in dem er unter anderem schrieb: »...Der Formalismus mancher meiner Werke erklärt sich daraus, daß es mir nicht eindeutig genug bewußt wurde, wie überflüssig derlei für unser Volk ist... Zweifellos habe ich durch Atonalität gesündigt, die so eng mit dem Formalismus verwandt ist... Ich werde nach einer klaren Sprache suchen, die unserem ganzen Volke verständlich und nahe ist...«[42]

Man nahm die Ergebensheitsadresse Prokofjews, der 15 Jahre in Deutschland, in Japan und in den USA gelebt hatte, bevor er 1936 freiwillig in die Sowjetunion zurückgekehrt war, zufrieden zur Kenntnis.

Gespannt erwarteten die Mitglieder des Komponistenverbandes die Stellungnahme von Schostakowitsch, war er doch bis jetzt, seit seiner »Leningrader Sinfonie«, der tonangebende, der berühmteste Kollege. 1946, also knapp zwei Jahre vorher, hatte Iwan Martynow die erste Monografie über Dmitrij Schostakowitsch veröffentlicht und ihn darin im Schlußsatz mit den Worten gefeiert:

»Die neuen Werke Schostakowitschs zeugen von seinem ununterbrochenen Ringen, vom ständigen Streben nach neuen Formen und Bildern; sie sind erregende Etappen im Schaffen eines großen Künstlers und zugleich eine starke Bereicherung der sowjetischen Musikkultur...« [43]

Als Martynow diese Sätze schrieb, waren die 8. und die 9. Sinfonie, die jetzt kritisiert wurden, schon längst uraufgeführt.

Es fällt heute schwer, sich die Lage vorzustellen, in der sich ein international anerkannter Künstler befindet, der seine Heimat liebt, der ihr auch in schwerster Kriegszeit die Treue hielt und nun härtesten Anschuldigungen ausgesetzt ist, Anschuldigungen, die in einem Regime wie dem sowjetischen zugleich auch die Existenz bedrohen, die psychische Folter und physische Leiden bewirken können. Soll man mit starkem Rückgrat widersprechen, alle Vorwürfe abtun, starrköpfig gegen die harten Kreml-Mauern anrennen – oder sich reumütig und schuldbewußt zeigen, devot und gehorsam geben – oder einen Kompromiß suchen, mit Rücksicht auf die eigene Existenz, die Arbeit, die Familie? Schostakowitsch, obwohl tief getroffen von der vernichtenden Kritik, dürfte den Kompromiß angestrebt haben, wie ein Ausschnitt seiner »Verteidigungsrede« vor dem Komponistenverband zeigt:

»Obwohl es mir schwerfiel«, sagte Schostakowitsch mit leiser Stimme, vorsichtig jedes lange bedachte Wort nochmals vor dem Aussprechen abwägend, »die Urteile über meine Musik und noch mehr die Verurteilung seitens des Zentralkomitees zu hören, weiß ich, daß die Partei recht hat, daß die

Partei mein Bestes wünscht und daß ich konkrete Wege suchen und finden muß, die mich zu einem sozialistischen, realistischen, volkstümlichen Schaffen führen werden. Ich verstehe, daß dieser Weg für mich nicht leicht sein wird, daß anders zu komponieren, für mich nicht mehr so einfach ist und vielleicht auch nicht so schnell möglich wird, wie ich selbst und wahrscheinlich auch meine Genossen es wünschen. Aber diese neuen Wege nicht zu suchen, vermag ich nicht, denn ich bin ein sowjetischer Künstler und bin in einem sowjetischen Lande erzogen worden. Ich soll und ich will den Weg zum Herzen des Volkes finden.«

Und, wie es bei derartigen parteipolitischen überwachten Veranstaltungen üblich war, mußte Schostakowitsch mit der Selbstbezichtigung, der Reue, auch den Dank für die alles (besser)wissende Partei verknüpfen. So erklärte denn Schostakowitsch – nunmehr in seiner üblichen Sprechweise, immer hastiger werdend, monoton, fast unbeteiligt: »Einige negative Züge in meinem musikalischen Denken verhinderten mich, den Umbruch zu realisieren... Ich neigte wieder in die Richtung des Formalismus und begann, eine Sprache zu benutzen, die dem Volk unveständlich war... Ich weiß, daß die Partei recht hat... Ich bin tief dankbar für all die Kritik, die in der Resolution enthalten ist«[44] und er fügte schließlich hinzu, daß die Richtlinien der Partei bewiesen, wie die Partei eine strenge, doch väterliche Sorge um die Künstler hege.

Wer will heute ermessen, welche Überwindung es Schostakowitsch gekostet haben mag, diese Sätze der »Einsicht« und »Ergebenheit« zu formulieren? Wer will heute analysieren, welche worte freiwillig gewählt, welche glatt gelogen waren? Trug der Verleumdete in dieser Stunde eine Maske oder war jeder Satz nur ein Ausfluß der Angst, voller Erinnerung an die Jahre 1936–1938? Hatte er endgültig resigniert, suchte er seinen Frieden mit der Partei, mit den Machthabern im Kreml zu schließen? War er müde des Kampfes und endgültig enttäuscht in der jahrelang genährten Hoffnung, irgendwann einmal würde er frei schaffen können, was und in welchem Stil er zu schaffen wünschte? Es hatte den Anschein, als habe Schostakowitsch damals, im Frühjahr 1948, endgültig resigniert.

Zunächst verzichtete er – sicher nicht freiwillig – auf die weitere Ausübung seiner Lehrtätigkeit am Konservatorium. Dann schied er als Mitglied des Präsidiums des Organisationskomitees des Komponistenverbandes der UdSSR aus, auch aus dem Amt des Vorsitzenden des Leningrader Komponistenverbandes. In den folgenden Wochen erlebte er, wie schon 1936, daß eine Vielzahl von Zeitungs- und Zeitschriftenartikeln in mehr oder weniger qualifizierter Weise seine Werke brandmarkten als Verstoß gegen die vom ZK formulierten Richtlinien. Daß dabei auch so erfolgreiche und kurz zuvor noch hochgelobte Werke wie die 5. oder die 7. Sinfonie (die Kritik an der 8. und 9. wurde schon erwähnt) verurteilt wurden, sei nur am Rande vermerkt. Selbst die 4. Sinfonie, deren Aufführung kein Kritiker bis dahin miterleben konnte (sie wurde erst 1962 uraufgeführt!) geriet im Eifer der zornigen Erfüllungsgehilfen des ZK auf die Liste der verdammungswürdigen Werke.

2. *Und wieder diffamiert als Volksfeind*

Zum zweitenmal in seinem Leben stand Schostakowitsch am Pranger. Die ihn 8 Jahre lang bewundert hatten, wandten sich plötzlich von ihm ab. Wieder war er zum »Volksfeind« geworden, der »die Liebe des Volkes zum Volkslied, zur Melodik, zur wirklichkeitsgetreuen musikalischen Beschreibung des Lebens mißachtet« hatte. Der als Einzelgänger einen von der Partei und dem »großen Lehrer«, wie Stalin vielfach genannt wurde, vorgeschriebenen und für einzig richtig erkannten Weg nicht beschreiben wollte, der um der musikalischen Form willen komponierte, Dissonanzen, Polyphonie liebte – kurz ein Mensch, der verabscheuungswürdig war.

Verbittert zog sich Schostakowitsch zurück, gelähmt in seiner Schaffenskraft, in seinem Stolz verletzt, jäh getroffen auch auf der Höhe seines Ruhms – ein nun 42jähriger Künstler, der kaum noch aus dem Hause ging, sich fremd fühlte, ausgestoßen.

20 Jahre später noch spürt man seinen Zorn, seine Menschenverachtung, seine Verbitterung, wenn er dem jungen Musikwissenschaftler Volkow drastisch, fast zynisch eine auf der Erfahrung jener Jahre beruhende Lebensregel »mit auf den Weg gibt«:

»Wenn man dich auf Befehl des Führers und Lehrers von oben bis unten mit Schmutz übergießt, wage ja nicht, dich zu säubern. Verbeuge dich und bedanke dich!... Es wird sowieso niemand deinen feindlichen Ansichten Beachtung schenken. Niemand wird für dich eintreten. Und das traurigste, du kannst dich bei deinen Freunden nicht aussprechen, denn unter diesen traurigen Umständen hast du gar keine Freunde mehr.«[45]

Das Jahr 1948 stellt den zweiten, tiefen Einschnitt im Schaffen und im Leben Schostakowitschs dar. Das Jahr 1948, besser: der Beschluß des ZK vom 10. Februar, verändert das Musikleben, verändert den Musikstil in der Sowjetunion. Das Volkslied, die Volksmusik, die dem Volke leicht verständliche und melodiöse Harmonie, Texte mit Gegenwartsbezug, voller Politik und Propaganda bestimmen von nun an, zumindest für die nächsten 5 Jahre, den Kompositionsstil.

Wochenlang war Schostakowitsch unfähig, eine Note zu schreiben. Dann, im Sommer 1948, hatte er sich so weit gefangen, daß er in seiner Isolierung daranging, einige jüdische Volkslieder zu vertonen. Er hatte sie bei einem seiner selten gewordenen Spaziergänge in einer Buchhandlung zufällig gefunden. »Aus jüdischer Volkspoesie« betitelte er die 11 Lieder (opus 79 a) für Sopran, Kontra-Alt, Tenor und Klavier. Lieder, die das einfache, das entbehrungsreiche Leben armer Juden in kleinen, abgelegenen, tief verschneiten Dörfern Rußlands schildern. Sie zählen zu den zartesten, innigsten, tief ergreifenden Vokalwerken, die Schostakowitsch jemals geschrieben hat. Uraufgeführt freilich wurden sie erst 16 Jahre später, am 19.2.1964 in Gorki. In jener Zeit (1948) brandete nämlich schon wieder, nur drei Jahre nach Ende des 2. Weltkrieges, der im Dritten Reich einen Massenmord an Juden ausgelöst hatte, in der Sowjetunion Antisemitismus hoch. So konnte Schostakowitsch, dem jeder Antisemitismus fremd war, es nicht wagen, seine »Jüdischen Volkslieder« herauszugeben.

Ebensowenig konnte er sein 1948 fertiggestelltes erstes Violinkonzert aus der Hand geben. Die Kritiker hätten es – so fürchtete er – sofort einer vernichtenden Beurteilung unterzogen. (1955 überarbeitete er das Werk und widmete es dem Geiger David Oistrach, der es am 29.10.1955 in Leningrad uraufführte).

Wie 1936 erlebte Schostakowitsch auch 1948, wie gefährlich es war für jeden Menschen, sich als Freund eines Verfemten zu bekennen. Es wurde rasch still um ihn. Kaum ein Werk von ihm wurde noch irgendwo in der Sowjetunion aufgeführt. Um so erfreulicher und hilfreicher war das Beispiel des Mutes und der Freundestreue, das der Leningrader Dirigent Mrawinski gab. Er setzte unerschrocken am 7.12.1948 Schostakowitschs 5. Sinfonie auf das Konzertprogramm, weil er von dem Wert nicht nur dieser Sinfonie Schostakowitschs überzeugt war. Schließlich hatte er schon einige Werke des Komponisten bei ihrer Uraufführung dirigiert!

3. Auf Befehl Stalins in die USA

Der »Große Führer und Lehrer« Stalin, der Schostakowitsch – man weiß nicht recht, wofür – gerade in diesem schicksalsschweren Jahr 1948 mit dem Titel »Volkskünstler der UdSSR« ausgezeichnet hatte, wußte natürlich, daß das völlige Schweigen seines Star-Komponisten auch im Ausland nicht unbemerkt bleiben würde. Nur so scheint es erklärlich, daß Schostakowitsch als Mitglied einer offiziellen Sowjetdelegation benannt wurde, die am 20.3.1949 zum »Panamerikanischen Kongreß für Kultur und Frieden« nach New York reisen sollte.

Vergeblich hatte Schostakowitsch versucht, die Teilnahme an dieser Propagandareise abzulehnen. Er argumentierte, daß er wegen der vernichtenden Kritik durch das ZK ganz sicher nicht der geeignete Vertreter der Sowjetunion sei, außerdem bekämen ihm Reisen im Flugzeug immer schlecht. Stalin persönlich hätte ihn dann angerufen, so erzählte Schostakowitsch später, und hätte ihn unmißverständlich aufgefordert, nach den USA zu fliegen. Stalin sei dann höchst verwundert gewesen, von Schostakowitsch zu hören, daß sich dieser diffamiert fühle, daß seine Werke kaum noch aufgeführt würden, und er, Stalin, habe eine Prüfung zugesagt. Also flog Schostakowitsch zum Friedenskongreß, der offiziell »Weltkongreß für Kultur und Wissenschaft« genannt wurde, nach New York.

Ein paar Tage zuvor hatte Schostakowitsch einen telegrafischen Willkommensgruß aus den USA erhalten. Er war von den Dirigenten Walter, Kussewitzky, Mitropoulos, Bernstein und anderen unterzeichnet.

Schon der kurze Flug von Moskau nach Berlin bewirkte, daß Schostakowitsch sich sehr elend bei der Zwischenlandung fühlte. Am nächsten Etappenziel, – man flog ja damals noch nicht mit schnellen Düsenjets –, in Frankfurt am Main, schockierten ihn amerikanische Reporter mit Fragen, die nicht etwa, wie er befürchtete, sein Ausgestoßensein, den ZK-Beschluß oder die erstaunliche Teilnahme an dieser Reise betrafen, sondern schlichtere Gemüter ansprechen sollten: »Hallo, Schosty, bevorzugen Sie Blondinen oder Brünette?«

Nach weiteren Zwischenlandungen in Irland und Neufundland traf die sowjetische Delegation schließlich am 22.3.1949 in New York ein.

Amerikanische Wochenschauen zeigten, wie unsicher, unbeholfen sich Schostakowitsch auf dem ihm fremden Boden eines kapitalistischen Landes fühlte, noch dazu unter den besonderen Umständen, die ihm zum quasi-Verurteilten im eigenen Lande werden ließen.

Bei dem Kongreß verlas er gehorsam ein vermutlich von einem Parteifunktionär verfaßtes Referat mit dem Titel »Über die Rolle und die erzieherische Funktion der Musik in der sowjetischen Gesellschaft«. Man darf bezweifeln, daß er hinter Sätzen wie diesen stand: »Wir müssen mit den fortschrittlichen Kräften der Menschheit in den vordersten Reihen der Friedenskämpfer Schritt halten. Dabei müssen wir unsere Kunst in die Waagschale werfen, ihren Gehalt, ihre Ideen, ihre Gestalten, all ihre Zielstrebigkeit... Es gibt keine Musik ohne Ideologie. Gute Musik erhebt den Menschen und ermuntert ihn zur Arbeit... Sie kann tragisch, muß aber kraftvoll sein... Sie ist nicht länger Selbstzweck, sondern ein lebenswichtiges Mittel zum Kampf.«[46] Schostakowitsch kritisierte dann heftig die USA, die »Clique der Kriegshetzer« in Amerika. Er bekannte für seine Person, in einigen seiner Werke den Kontakt zum sowjetischen Volk verloren zu haben, das unbedingt Anteil auch an der Musikkultur haben müsse, er räumte ein, »bürgerlichem Formalismus« erlegen zu sein und attackierte seine Landsleute und Kollegen Prokofjew und Strawinsky – und erhielt zum Schluß seines Referates, das, bis auf seine Begrüßungsworte, in englischer Sprache verlesen worden war, tosenden Beifall.

Ohne inneres Engagement tönte dieses von Propagandaphrasen getränkte Referat, wie Schostakowitsch auch in den folgenden 20 Jahren immer wieder auf irgendeinem Kongreß teilnahmslos, oft hastig und schlecht artikulierend, politische Traktate, die vielleicht andere für ihn geschrieben hatten, verlas.

Da diesem Panamerikanischen Kongreß für Kultur und Frieden kommunistische Tendenzen unterstellt wurden, protestierten Tausende vor dem Ort der Veranstaltung, dem noblen Waldorff-Astoria-Hotel im Zentrum von New York.

Schostakowitsch besuchte ein Konzert, das Arturo Toscanini dirigierte. Aber merkwürdig: obwohl Toscanini in den Kriegsjahren einige Werke von Schostakowitsch in den USA erstaufgeführt hatte, kam es zwischen beiden bei einem Empfang, der nach dem Konzert stattfand, zu keinem Gespräch. Sie tauschten lediglich ein paar Höflichkeitsfloskeln aus. Offensichtlich fühlte sich Schostakowitsch in dieser ihm fremden, ihn in manchen Dingen auch abstoßenden amerikanischen Umgebung nicht wohl. Er wirkte noch unzugänglicher als gewöhnlich, gab sich verschlossen, war gehemmt, vielleicht auch wegen seiner geringen Englisch-Kenntnisse. Mit seiner Musik verstand es Schostakowitsch zu allen Zeiten besser, sich mitzuteilen. Am letzten Tag des Kongresses trat er in dem riesigen Madison Square Garden auf und spielte vor 30 000(!) Zuhörern das Scherzo aus seiner 5. Sinfonie in einer Klavierfassung. Ein weiteres geplantes Kammerkonzert in Washington und ein Sinfoniekonzert in New York, bei dem Werke von ihm gespielt werden sollten, mußten kurzfristig abgesagt werden. Die sowjetische Delegation wurde am letzten Kongreßtag höflich, aber bestimmt aufgefordert, die USA innerhalb von 24 Stunden zu verlassen. Die Demonstrationen, lautstark und verkehrsbehindernd auf der Fifth Avenue, die Proteste von Antikommunisten, Exilrussen und Gesinnungsfreunden hatten diese einer Ausweisung nahekommenden Aufforderung bewirkt.

Der Rückflug wurde für den ohnehin das Fliegen verabscheuenden Schostakowitsch zur Qual. Wegen eines Motorschadens mußten er und alle anderen Passagiere zwei Tage in Island warten, wegen Nebels konnte dann die Propellermaschine nicht wie vorgesehen in Frankfurt/Main zwischenlanden, sondern wurde nach Stockholm umgeleitet – er war heilfroh, als er endlich am 1. April 1949 wieder Moskauer Boden betrat. Konnte er wirklich froh sein, ein Jahr nach der rücksichtslosen Anprangerung, nach einem Jahr der bittersten Isolierung, die ihn fast verstummen ließ? Hatte die Reise in die USA, die er nicht hatte antreten wollen, eine Wandlung in ihm verursacht?

4. Partei- und Kompromißmusik

Er erhält einige Aufträge für Filmmusiken. Bei den Filmregisseuren war sein Können, seine immense Erfahrung mit diesem Medium nach wie vor geschätzt – oder waren diese Filmmusikaufträge bereits eine Folge der ihm von Stalin persönlich am Telefon zugesagten »Prüfung«?

Zuerst vollendete er die Musik zu dem großen zweiteiligen Film »Die junge Garde« (nach einem Roman von A. Fadejew geschrieben, der als Vorsitzender des sowjetischen Schriftstellerverbandes übrigens der Leiter der sowjetischen Delegation bei der Kongreßreise in die USA gewesen war). Dann schreibt Schostakowitsch die Musik zu den Filmen »Mitschurin«, zu »Pirogow« und danach zu den das Kriegsende darstellenden Filmen »Begegnung an der Elbe«, und, 1949, »Der Fall von Berlin«.

Zeigten schon einige dieser Filmmusiken (besonders die zu dem Film »Der Fall von Berlin«) einen »gewandelten« Schostakowitsch, einen Komponisten, der stärker als bisher Folklore, Volksmusikmotive aufgreift, der klarer, einfacher strukturiert und instrumentiert, so wird sein ebenfalls 1948 begonnenes Oratorium »Das Lied von den Wäldern« zum Beleg für seine neue Einstellung, seine Bereitschaft, den Beschlüssen des ZK zu gehorchen. »Das Lied von den Wäldern« wird zum Vorbild für diese Musikgattung erklärt. Unter der Leitung von dem mit Schostakowitsch-Uraufführungen gut vertrauten und erfolgreichen Jewgeni Mrawinski erklingt das Oratorium am 15.12.1949 in Leningrad zum erstenmal – und wird mit Begeisterung aufgenommen. Es ist Schostakowitschs erstes erfolgreiches großes Vokalwerk, für Chor und Orchester. Das erste dieser Gattung (opus 74), »Poem von der Heimat« betitelt, wurde schon 1947 komponiert, blieb aber unbeachtet. Selbst der strenge Kritiker und politische Statthalter des ZK auf dem Posten des Generalsekretärs des Komponistenverbandes, Chrennikow, muß auf der Jahrestagung des Verbandes feststellen: »Mit großem Interesse erwarteten wir die Aufführung des Oratoriums 'Das Lied von den Wäldern', das Stalins großem Plan der Umgestaltung der Natur unseres Landes gewidmet ist. Die Aufführung... überzeugte uns, daß es ihm (Schostakowitsch) gelungen ist, die Grundidee des Werkes mit einfachen musikalischen Mitteln auszudrücken. Schostakowitschs Oratorium ist gekennzeichnet durch Optimismus, klare Weitsicht und die Bejahung der Schaffensfreude sozialistischer Arbeit. Dieses Werk ist ein Zeugnis der tiefen, schöpferischen Wandlung des Komponisten, ein Zeugnis seiner bewußten Einkehr auf einen neuen, realistischen Weg. Schostakowitsch hat sich den Quellen der klassischen Musik und der russischen Volksmusik genähert. Bei aller Bedeutsamkeit dieses Werkes muß jedoch auch über seine Mängel gesprochen werden – und zwar über eine gewisse Einengung der melodischen Linie und einen überflüssigen Lakonismus in der Entwicklung der musikalischen Bilder«.[47]

Das fast peinliche Loblied auf den »großen Gärtner« Stalin – besonders der politische Hymnencharakter im Schlußteil mutet bei einem Komponisten, der zweimal vom ZK der KPdSU so hart und niederschmetternd verurteilt worden war, seltsam an – fand bei Kollegen und Kritikern nicht ungeteilte Zustimmung. Die einen suchten den bisherigen, den, wie sie meinten, »echten« Schostakowitsch vergeblich – die anderen stießen die wohl in ihren Augen allzu schnell und sicht- und hörbar erfolgte »Kehrtwendung« des Kollegen Schostakowitsch ab. Dennoch: Stalin, der Freund großer Filme, besonders der Leinwandwerke, die seinen Ruhm beschrieben und vermehrten, zeigte sich zufrieden und großzügig. Er öffnete seine sonst so oft zu einem Schlag geballte Faust und bot Balsam für erlittene Verwundungen: Schostakowitsch erhielt 1950 für die Musik zum Film »Der Fall von Berlin« den Stalinpreis 1. Klasse (= 100 000 Rubel) und für das Oratorium »Das Lied von den Wäldern« den Stalinpreis 2. Klasse (= 50 000 Rubel). Schostakowitsch nahm beide Preise an, er war nun reich »über Nacht«, wie im Märchen.

Schostakowitschs Kollege, Leidensgefährte und mitunter auch Rivale, Chatschaturjan, hatte 1942, als es um die Sowjetunion schlecht stand im Krieg gegen Hitler, seinen ihm damals zugesprochenen Stalinpreis zurückgegeben mit der überall hochgelobten Anweisung, für die 100 000 Rubel Panzer für den Sieg über Hitler zu bauen ...

Was hätte Schostakowitsch jetzt, 1949/50, im Frieden, Vergleichbares machen können? Vielleicht hätte er die Summe für die beachtlichen Aufforstungsaktionen (die lange vor Stalins Machtübernahme geplant und von diesem nur wiederaufgegriffen und energisch realisiert wurden) spenden können. Aber wer will es ihm, der gerade »noch einmal davongekommen« war, verübeln, daß er die große Summe auf sein Sparkonto trug? Er war nun rehabilitiert, er hatte den Beschluß des ZK vom 10. Februar 1948 beachtet, diesen Befehl gehorsam befolgt und einmal mehr bewiesen, daß er Kritik hinnahm, daß er sich ändern, sich »bessern« konnte – oder war es nur die Einsicht, in langen schlaflosen Nächten gewonnen, daß er in seiner ausweglosen Lage nichts anderes tun konnte als sich zu beugen?

Tatsache blieb, man war im Kreml, im ZK, im Komponistenverband zufrieden mit dem »Aushängeschild« Schostakowitsch, dessen »Jüdische Volkslieder« und 4. Sinfonie freilich dennoch wohlverschlossen im Schreibtisch des Komponisten bleiben mußten.

5. Über Ehrentitel, Lenin- und Stalinpreise, Privilegien und Honorare

In der westlichen Welt hat man immer erneut mit Verwunderung und mit Kritik reagiert, wenn Schostakowitsch in jenen Jahren von Stalin ausgezeichnet wurde und der Komponist die Ehrentitel und die mit hohen Geldsummen verbundenen Staatspreise annahm. Hierzulande ist es nicht ungewöhnlich, daß ein Künstler oder Schriftsteller einen ihm zugedachten Preis ablehnt, weil er mit dem Sinngehalt dieser Auszeichnung nicht einverstanden ist oder mit dem vor ihm gekürten Preisträger. Konnte aber in der von Stalins strenger Hand regierten Sowjetunion ein Künstler einen ihm zuerkannten Preis ablehnen?

Diese Frage haben wir auch Maxim Schostakowitsch, dem

Sohn des Komponisten, nach seiner Emigration in die USA im Sommer 1981 in New York gestellt. Maxim Schostakowitschs Antwort: »...Wissen Sie, all diese Orden, Prämien und Auszeichnungen betrachtete mein Vater vielleicht mit einer Art Ironie, denn seine Musik ist die Musik eines wahren Künstlers und Kämpfers ... Man muß sich einmal vorstellen, was es bedeutete, in jenen Zeiten vom Staat eine Auszeichnung zu bekommen. Sie nicht anzunehmen, war damals undenkbar, das war lebensgefährlich ... Ohne Ausnahme, so etwas konnte man nicht tun ...«[48]

Der in Polen lebende, aber auch mit den Verhältnissen in der Sowjetunion gut vertraute Musikwissenschaftler Krzysztof Meyer ergänzte die Antwort von Maxim Schostakowitsch: »Es wurde ganz deutlich, welche Angst die Menschen während der Stalin-Zeit hatten. Angst vor dem Nachbarn, vor der eigenen Familie, vor Ausländern, vor allen Leuten – ... so gehörte viel Mut dazu, ein solches Werk zu komponieren (Meyer meinte die »11 Lieder aus jüdischer Volkspoesie«). In der ganz schlimmen Zeit hat Schostakowitsch einmal gesagt: 'Ich kann nicht die Tradition wiederholen. Um ein wahrer Komponist zu werden, muß man immer Neues suchen'. Auch das war sehr mutig. Man stellt immer die Frage, was geschehen wäre, wenn Schostakowitsch gegen die damalige Regierung opponiert hätte, wie zum Beispiel Solschenizyn oder Sacharow heute. Meiner Meinung nach wäre das Selbstmord gewesen. Damals wäre das ganz unmöglich gewesen, heute ist es möglich. Heute gibt es eine Welle von Dissidenten – damals wäre das Selbstmord gewesen...«.[49]

Bleibt noch die Frage, im Zusammenhang mit Schostakowitschs Lobeshymne auf Stalin, mit dem als »vorbildlich« erklärten Oratorium »Das Lied von den Wäldern«: Mußte Schostakowitsch so weit in seinem offensichtlichen Kompromiß gehen? Maxim Schostakowitsch beantwortete auch diese

Frage bereitwillig. Er sagte: »... Das alles ist Teil eines Tributs, der zu entrichten war. Man mußte eben bestimmte Auftragswerke schreiben. Danach hatte Schostakowitsch die Möglichkeit, das zu komponieren, was er wirklich wollte ... Wenn man weiß, daß er ständig eine Maske tragen mußte, versteht man, daß er nur so sein Werk retten konnte ... Ich liebe diese Arbeiten nicht besonders. Ich möchte sie jetzt nicht vom künstlerischen Standpunkt her verdammen. Schließlich bin ich sein Sohn. Ich bin überzeugt, daß mein Vater richtig gehandelt hat, denn es war der einzig mögliche Weg ...«[50]

Diese subjektiv sicher ehrliche und faire Antwort ruft auch in Erinnerung, daß Schostakowitsch, ohne dessen Berühmtheit die Karriere des Sohnes Maxim zweifellos nicht so schnell und steil nach oben verlaufen wäre, seinem Sohn einmal beiläufig sagte, seine 2. und die 3. Sinfonie könne er auslassen beim Dirigieren der Werke des Vaters ... Er wußte sehr wohl zu unterscheiden zwischen Kunstwerken und den der Partei entgegenkommenden Kompromiß-Musiken, wie er sie jahrzehntelang lieferte, bis hin zu einem simplen »Marsch der Miliz« (den er zu Ehren seines Freundes Michail Soschtschenko, der vor seiner Schriftstellerei auch Milizsoldat gewesen war, komponiert hatte) – aber hat nicht auch ein »freier« Künstler wie Richard Wagner 1883 für 5 000 Dollar einen Marsch zu einem amerikanischen Jubiläum in Philadelphia »geliefert«?

Daß Maxim Schostakowitsch die Haltung seines Vaters zu rechtfertigen versucht, ist auch aus einem anderen Grund verständlich: er war wie seine Mutter, seine Schwestern schließlich auch »Nutznießer« der Geldpreise, überhaupt aller Vergünstigungen, die das Sowjetregime seinen Künstlern zuteil werden ließ. Waren durch die Verordnung »Sonderstatus der schaffenden Künstler« namhafte Musiker wie Schostakowitsch selbst in schwersten Kriegszeiten vom Wehrdienst befreit und aus gefährdeten Gebieten zu evakuieren, so genossen sie nach dem Krieg ebenfalls erhebliche Privilegien: gute und ausreichend große Wohnungen, Sonderzuteilungen von Lebensmitteln und Textilien und Dingen des täglichen Bedarfs in besonderen Läden, Zuweisung von wochenlangen Aufenthalten in Erholungsheimen und Zuteilung von Sommerhäusern. Am wertvollsten waren natürlich die für sowjetische Verhältnisse ungewöhnlich hohen Geldzuwendungen wie zum Beispiel 100 000 Rubel, die mit Verleihung des Stalinpreises 1. Klasse verbunden waren.

Schostakowitsch hat 5 mal diesen Stalin-Preis erhalten (1941, als dieser Preis erstmalig verliehen wurde, dann 1942, 1946, 1950, 1952). Nach Stalins Tod und seiner Verurteilung auf dem XX. Parteitag im Jahr 1958 gab es keinen Stalin-Preis mehr, dafür wurde der Lenin-Preis, der 1926 zum erstenmal verliehen und von Stalin 1939 abgeschafft worden war, wieder »neu aufgelegt«. Schostakowitsch erhielt ihn 1959 für seine 11. Sinfonie, die dem Leben Lenins gewidmet ist.

Fred K. Prieberg, ein sehr guter Kenner des Musikwesens in der Sowjetunion, hat die verschiedenen Preise und ihre Empfänger aufgelistet, wie er auch einen interessanten anderen Aspekt behandelt, den der Honorare. Mit 5 Stalin-Preisen hielt Schostakowitsch die Spitze der Ausgezeichneten. Ihm folgte Chatschaturjan mit 4, Chrennikow mit 3 und Kabalewski und andere mit ebenfalls drei Stalin-Preisen. Nach Priebergs Studien gab es nicht immer Übereinstimmung zwischen dem Preiskomitee und Stalin. So wurde Shukowski der für seine Oper »Von ganzem Herzen« bereits zuerkannte Preis nach heftigen Kritiken wieder aberkannt und Stalins Vorschlag, Steinberg für dessen 5. Sinfonie den Stalin-Preis zu verleihen, abgelehnt. Chruschtschow griff 1958 in seiner berühmten Rede auf dem XX. Parteitag auch den Personenkult, wie er zu Stalins Zeiten üblich war, an und erklärte den ihren Ohren nicht trauenden Parteigenossen: »...Nicht einmal die Zaren schufen Preise, die sie nach sich selbst benannten. Stalin erkannte als den besten einen Text der Nationalhymne der Sowjetunion an, der kein Wort von der kommunistischen Partei enthält, doch enthält er das folgende beispiellose Lob Stalins: 'Stalin erzog uns in Treue zum Volk, er inspirierte uns zu großen Mühen und Taten'.«[51]

Schon zwei Jahre zuvor, 1956, hatten ZK der KPdSU und Ministerrat der UdSSR beschlossen, wieder einen Leninpreis zu verleihen. Seit 1961 war er jedoch nur noch mit 20 000 Rubel dotiert. (In diesem Jahr war der Rubel neu bewertet worden).

Bei einem Vergleich der Einkommen und Preise in der Sowjetunion ist festzustellen, daß ein anerkannter, renommierter Komponist, der auch noch häufig im Filmgeschäft tätig ist – und dies trifft ja auf Schostakowitsch zu –, ein weit höheres Einkommen als andere, ähnliche Berufe hat. Trotz aller Widrigkeiten der dreißiger und vierziger Jahre hatte Schostakowitsch gut verdient, wenngleich zu berücksichtigen ist, daß die Honorare nicht gleichmäßig flossen, daß er Tantiemen mitunter lange Zeit nicht erhielt, weil seine Werke monatelang nicht aufgeführt wurden oder werden durften.

Ein am 28.9.1934 veröffentlichter Beschluß des Rates der Volkskommissare regelte die Komponisten-Honorare eindeutig. Schon 1921 war eine Liste für Leistungen von Komponisten aufgestellt worden, doch hatte sie nicht allgemeine verbindliche Beachtung gefunden. Seit 1934 wußte ein Komponist, was er erwarten durfte: für eine Oper 10 000 bis 12 000, für eine Sinfonie 6 000 bis 8 000, für ein kammermusikalisches Werk 3 000 bis 5 000, für ein »Massen-Lied« 500 bis 1 000 Rubel.

Auch in der Sowjetunion änderte sich, wie überall in der

Welt, im Laufe der Vor- und Nachkriegsjahre das Lohn- und Preisniveau. 1957 wurde auf Beschluß des Ministerrates eine neue, stärker differenzierte Honorarliste erarbeitet (»Über das Autoren-Honorar für dramatische und musikalische Werke«). Nach Umstellung der sowjetischen Währung im Jahr 1961 werden jetzt etwa folgende Komponisten-Honorare (in jeweils 4 Kategorien unterteilt) gezahlt: für eine Oper 3 000 bis 8 000, für ein Ballett 2 000 bis 5 000, für eine Sinfonie 1 200 bis 4 000, für eine Operette 1 200 bis 4 000, für ein Oratorium 1 200 bis 3 000, für ein kammermusikalisches Werk 30 bis 150, für ein Lied 40 bis 150 Rubel. Fred K. Prieberg merkt zu diesem Katalog an, daß Voraussetzung für diese Honorarzahlung die Erteilung eines »Auftrags« sei. Im übrigen partizipiert der Komponist mit 5,5% an den Eintrittskarten zur Aufführung seiner Oper, mit 7% an einer Ballett- und mit 5% an einer Sinfonie-Eintrittskarte. Orchesterbearbeitungen und ähnliches werden pro Takt honoriert. Dagegen ist die Wiedergabe von Schallplatte, Tonband oder durch den Rundfunk für den Komponisten ohne Belang: er erhält hierfür keine Tantieme.

Für Schostakowitsch kamen in früheren Jahren noch die »Interpreten-Honorare« hinzu, wenn er als Pianist auftrat, außerdem die nicht wenigen und nicht geringen Honorare für seine Filmmusiken, die er häufig auch sogleich noch als »Suiten« herausgab. Wenn man dann noch berücksichtigt, daß er sowohl in Leningrad als auch in Moskau eine Professur hatte, daß er nebenbei auch Artikel für Fachzeitschriften verfaßte, dürften seine gesamten Einnahmen weit über dem Durchschnittseinkommen eines sowjetischen Bürgers gelegen haben. Fred K. Prieberg bestätigt diese Annahme in einem Résumée: »Im Einkommensdurchschnitt der UdSSR sind diese Honorare sehr beträchtlich. Komponisten gehören zu den bestbezahlten Berufsgruppen, selbst wenn sie nicht jedes

Jahr eine neue Oper komponieren.«[52] Schostakowitsch hat nach den »mageren« Jahren 1948/49 mit zwei Stalinpreisen allein 1950 aus diesen beiden Ehrungen 150 000 Rubel erhalten.

6. *Wer hielt schützend die Hand über einen Gottesnarren?*

Zweimal in seinem Leben mußte Schostakowitsch erfahren, daß er ohne jede Vorwarnung, über Nacht, vom Podest eines gefeierten, im In- und Ausland berühmten Künstlers tief hinabgestoßen wurde. Es mutet merkwürdig an, wenn man die Jahre des Terrors unter Stalins Herrschaft betrachtet, daß Schostakowitsch weder 1936/37 im Zuge der großen »Säuberungen« verhaftet wurde (er wurde nur ein Mal verhört), noch 1948, als man ihn erneut diffamierte und totzuschweigen versuchte, es aber bei »psychischer« Strafe beließ.

Er hat einmal eingestanden: »Wenn ich erfahre, daß jemand gequält wird, empfinde ich selber den Schmerz. Ich fürchte mich auch vor Schmerzen, als Kind habe ich mich sehr vor dem Tod gefürchtet, vielleicht weil Krieg war«.[53] War er, dem jede Gewalt ein Greuel war, der Angst hatte vor körperlicher Folterung, vor jeder Mißhandlung, für Stalin unentbehrlich, unantastbar?

Hat Stalin, wie manche vermuten, selbst seine Hand schützend über den verängstigten Komponisten gehalten? Diese Frage stellten wir auch 1981 in New York Maxim Schostakowitsch. Er antwortete:

»Dabei spielte sicher auch die Weltmeinung eine wichtige Rolle. Will man alles,was ihm in seinem leidvollen Leben erspart blieb, als Folge eines besonderen Schutzes betrachten, muß man die Frage bejahen. Ich meine dieses aber nicht. Er und sein Werk waren während der Stalin-Ära schwersten

Repressionen ausgesetzt. Seine Kompositionen wurden verboten, sein Name geriet zeitweise in Vergessenheit.« Und nach einer kurzen Pause fügte Maxim Schostakowitsch leise und nachdenklich hinzu: »Vielleicht hatte er auch einfach – Glück!«[54]

Auf den Einwand, sein Vater habe schließlich politische Referate gehalten, Propagandatexte verlesen und vertont, politische Repräsentanz übernommen, erwiderte Maxim Schostakowitsch: »In den schweren Zeiten unter Stalin mußten auch die Künstler ihren Tribut entrichten, einfach dafür, daß sie weiterleben und schaffen durften.« War der Tribut die von Stalin gewünschte und geforderte Gegenleistung?... »Man könnte es Gegenleistung nennen«, entgegnete Maxim Schostakowitsch, »aber nicht wegen irgendwelcher Vorteile, sondern einzig und allein, um komponieen zu können und sich für die Nachwelt zu bewahren. Das will schließlich jeder Philosoph und Musiker. Damals war das schier unmöglich. Man darf auch nicht vergessen, daß all die offiziellen Äußerungen im Radio und in der Presse für Schostakowitsch von jemand anderem geschrieben wurden.«[55]

Hatte Schostakowitsch Furcht, er könne als nicht linientreu, als Nonkonformist gelten, fragten wir weiter. »Sicher hatte er Angst,« antwortete Maxim Schostakowitsch, »wie so viele, viele Künstler und Schriftsteller dieser Zeit fürchtete auch er den Zorn Stalins, wie praktisch die ganze damalige Intelligenz.«[56]

Unbestreitbar wagte Stalin nicht, den besonders seit 1942, seit seiner 7. Sinfonie, in Europa und Amerika sehr bekannten Künstler hart anzupacken, die zu erwartenden Reaktionen wollte Stalin vermeiden. So beließ er es bei einer Art »Schock-Therapie«. 1936 übernahm die »Prawda« diese Aufgabe mit dem Abdruck der vernichtenden Kritik an Schostakowitschs Oper »Lady Macbeth von Mzensk«, 1948 durfte das ZK der

KPdSU Schostakowitsch als Nr. 1 der Musiker anprangern, die gegen die Interessen der Kulturpolitik der Partei verstoßen hätten. Mehr ließ Stalin im Fall Schostakowitsch nicht zu. Schließlich war der Komponist ein wertvolles Aushängeschild und außerdem leicht einzuschüchtern, gefügig schon, wenn Stalin nur drohte. »Ich habe mich immer bemüht, ein guter Schüler zu sein und gute Zensuren zu erhalten«, hat Schostakowitsch einmal einem Freunde gestanden. Er brauchte die Anerkennung, die Bestätigung – egal, ob es ein Stalinpreis, ein öffentliches Lob, eine gedruckte Kritik oder die Eloge eines Kollegen war. Im Gegensatz zu Prokofjew las Schostakowitsch jede erreichbare Zeitungskritik über sich und seine Werke, studierte jede Zeile darin, jeden Satz. Er war übersensibel, reagierte rasch und oft auch schroff, er war nervös, leicht verletzbar, dünnhäutig.

Man hat Schostakowitsch auch »Gottesnarr« genannt. Dieser außerhalb der russischen Geisteswelt und der russischen orthodoxen Kirche kaum bekannte Begriff muß kurz erläutert werden.

Was ist ein Gottesnarr?

Solomon Volkow hat in seiner Einführung zu den von ihm herausgegebenen Memoiren Schostakowitschs eine anschauliche Beschreibung des Gottesnarrentums gegeben: »Der jurodiwyi – der Gottesnarr – ist ein russisches religiöses Phänomen, das sogar von vorsichtigen sowjetischen Gelehrten als nationale Besonderheit bezeichnet wird. In keiner anderen Sprache gibt es ein Wort, das die Bedeutung des russischen jurodiwyi mit seinen vielen historischen und kulturellen Bezügen ganz neu vermitteln kann. Die deutsche Übersetzung »Gottesnarr« kommt ihm am nächsten.

Der Gottesnarr verfügt über die Gabe, das zu sehen und zu hören, von dem andere nichts ahnen. Aber er erzählt der Welt davon in einer absichtlich paradoxen Weise, verschlüsselt. Er spielt den Toren, während er in Wirklichkeit jemand ist, der ständig das Böse und die Ungerechtigkeit aufdeckt. Der Gottesnarr ist Anarchist und Individualist, der in seiner öffentlichen Rolle die normalen 'moralischen' Gesetze des Verhaltens übertritt und jeglicher Konvention spottet. Aber er setzt strenge Grenzen, Regeln und Tabus für sich selbst.

Die Ursprünge des Gottesnarrentums reichen zurück ins 15. Jahrhundert und weiter; seine öffentliche Bedeutung blieb bis ins 18. Jahrhundert erhalten. Den Gottesnarren war es gestattet, die Wahrheit zu sagen und dabei selber in verhältnismäßiger Sicherheit zu leben. Die Herrscher gestanden ihnen das Recht auf Kritik und Absonderlichkeit zu – in Grenzen. Ihr Einfluß war ungeheuer. Ihre verwirrenden prophetischen Worte wurden von Zaren wie von Bauern beachtet. Gottesnarrentum konnte angeboren sein. Viele aber machten sich freiwillig 'um Christi willen' zu Gottesnarren. Unter ihnen waren nicht wenig gebildete Männer, die auf diese Weise Kritik und Protest zum Ausdruck brachten. Schostakowitsch war nicht der einzige, der ein 'neuer Gottesnarr' wurde. Diese Verhaltensform hatte in seinem kulturellen Milieu einige Verbreitung erlangt. Die jungen Leningrader Dadaisten, die den 'Oberiu'-Kreis bildeten, verhielten sich wie Gottesnarren. Der volkstümliche Satiriker Michail Sostschenko schuf eine überzeugende Gottesnarren-Maske für sich selber und hatte großen Einfluß auf Schostakowitsch... Selbstverständlich konnte das Gottesnarrentum von Schostakowitsch und seinen Freunden nicht so konsequent sein wie das ihrer historischen Vorbilder. Die Gottesnarren der Vergangenheit hatten ein für allemal außerhalb sozialer und kultureller Konventionen ihren Standort. Die 'neuen Gottesnarren' verließen die Konvention, um zu überdauern. Ihr Versuch, die überlieferte Kultur mit Methoden zu rehabilitieren, die dem Arsenal der Antikultur entstammten, wenn auch beabsichtigtes Moralisieren und Predigen im Unterton vorhanden war, durchaus 'von dieser Welt'.

Schostakowitsch maß auch in dieser Beziehung Mussorgski, der – wie der Musikkritiker Boris Assafjew schrieb, – 'manchem inneren Widerspruch in das Gebiet des quasi-Predigens, des halben Gottesnarrentums ausgewichen' war, großen Wert bei. Auf musikalischer Ebene empfand sich Schostakowitsch als Mussorgskis Nachfolger, jetzt schloß er sich ihm auch in menschlicher Hinsicht an und spielte gelegentlich den 'Idioten' (als der Mussorgski von engsten Freunden bezeichnet wurde).

Auf dieser Ebene des Gottesnarrentums verweigerte Schostakowitsch jede Verantwortung für das, was er sagte: 'Erhabene' Worte verloren jede Bedeutung, während belanglose Nebenbemerkungen überraschende Vieldeutigkeit gewannen. Das Aussprechen pathetischer Wahrheiten wurde zu Spott, andererseits enthielt der Spott häufig tragische Wahrheit. Das galt auch für Schostakowitschs Musik. Der Komponist schrieb in voller Absicht ein Oratorium 'ohne Botschaft', um die Zuhörer zu zwingen, die Botschaft herauszuhören, was beim oberflächlichen Hören wie ein unbedeutendes Gesangswerk wirkte.

Seine Entscheidung war selbstverständlich nicht plötzlich zustande gekommen, sie war das Resultat vielen Schwankens, vieler Inkonsequenzen. Schostakowitschs alltägliches Verhalten war in hohem Grade, wie das vieler echter altrussischer Gottesnarren »um Christi willen«, bestimmt von den Reaktionen des Staates, die von Fall zu Fall mehr oder weniger unduldsam ausfielen. Selbstverteidigung diktierte zum großen Teil seine Haltung und die seiner Freunde, die zwar überleben wollten, aber nicht um jeden Preis. Die Gottesnarren-Maske half ihnen dabei. Wichtig zu wissen ist, daß Schostakowitsch sich nicht nur selber als Gottesnarr betrachtete, son-

dern auch als solcher in seiner Umgebung galt. Der Begriff ist häufig in russischen Musikerkreisen auf ihn angewendet worden.
Sein ganzes Leben hindurch kehrte Schostakowitsch periodisch immer wieder zum Gottesnarrentum als einem Mittel zurück, seine 'Predigten' ins Groteske verhüllt zu halten...«[57]

Auf den »Gottesnarren« anspielend schildert Volkow dann auch die Uraufführung der 5. Sinfonie. Wenngleich manches im Verhalten und im Werk Schostakowitschs für die Richtigkeit der Charakterisierung durch Volkow spricht, befallen den Leser der 'Memoiren' freilich Zweifel, wenn er darin zum Beispiel Schostakowitschs eigene Deutung seiner 5. Sinfonie erfährt, die der Komponist, wie schon geschildert, 1937 als »schöpferische Antwort eines Künstlers auf eine berechtigte Kritik« genannt hat. Volkow gibt Schostakowitschs eigene Deutung 1979 so wieder:

»Warten auf die Exekution ist eines der Themen, die mich mein Leben hindurch gemartert haben. Viele Seiten meiner Musik sprechen davon... Eines schönen Tages merkte ich zu meiner Verblüffung, daß ein Künstler, der sich für den besten Interpreten meiner Musik hält (gemeint ist Mrawinski), sie nicht versteht. Er meinte, in der Fünften und in der Siebten hätte ich ein jubelndes Finale schreiben wollen, aber es wäre mir nicht gelungen. Es wollte dem Manne einfach nicht in den Kopf, daß ich mit jubelnden Finalen überhaupt nichts im Sinn hatte. Es gab doch nichts zum Jubeln. Was in der Fünften vorgeht, sollte meiner Meinung nach jedem klar sein. Der Jubel ist unter Drohungen erzwungen wie in 'Boris Godunow'. So, als schlage man uns mit einem Knüppel und verlange dazu: 'Jubeln sollt ihr, jubeln sollt ihr!' Und der geschlagene Mensch erhebt sich, kann sich kaum auf den Beinen halten. Geht, marschiert, murmelt vor sich hin: 'Jubeln sollen wir, jubeln sollen wir'. Das ist doch keine Apotheose. Man muß schon ein kompletter Trottel sein, um das nicht zu hören. Fadejew hat es gehört. Er notierte in seinem privaten Tagebuch, das Finale der Fünften sei eine ausweglose Tragödie. Er hat es also gespürt mit der Seele eines russischen Alkoholikers. Menschen, die frohgestimmt zu einer Aufführung der Fünften gekommen waren, weinten... In den letzten Jahren konnte ich mich davon überzeugen, daß Worte den Menschen besser erreichen als Musik. Leider ist das so. Wenn ich Musik und Wort verbinde, wird es schwerer, meine Intention falsch zu verstehen... Worte sind ein gewisser Schutz vor absoluter Stupidität. Worte kann jeder Dummkopf verstehen. Eine absolute Garantie bieten sie zwar nicht, doch macht der Text die Musik leichter verständlich...«[58] (In späteren Jahren hat Schostakowitsch diese Einsicht bei seinem musikalischen Schaffen stärker beachtet.)

Unter welchen Umständen hat Schostakowitsch dem jungen Redakteur der Moskauer Musikzeitschrift, Solomon Volkow, seine Erinnerungen mitgeteilt?

Er, der sein Leben lang auf Distanz, auf Höflichkeit hielt, der nur bei gelegentlichen alkoholreichen Gesprächsrunden mit Bekannten seiner Zunge freien Lauf ließ, sollte einem jungen Mann gegenüber und zum Teil recht hämisch über Kollegen geredet haben, bei voller Namensnennung? »Es ist kein Buch *von* meinem Vater«, antwortete der Sohn Maxim auf eine entsprechende Frage und fügte hinzu: »... es ist nicht sein Stil, wissen Sie?« Man ist geneigt, dem beizupflichten. Am ehesten dürften die Erinnerungen, die Schostakowitsch selbst betreffen, seine Person und sein Schaffen, wahrheitsgemäß überliefert worden sein, weniger dagegen Bemerkungen über tote oder noch lebende Musiker. Hier kommen einige Aussagen Verunglimpfungen gleich. Stalin kann man selbstverständlich ausklammern. Er wurde sicher nicht von Schostakowitsch geliebt, eher wie von Millionen Russen gefürchtet, gehaßt, wie auch die von Volkow aufgezeichnete Bemerkung Schostakowitschs verdeutlicht:

»...Stalin war krankhaft eifersüchtig. Alle ungebetenen Väter der Völker und Retter der Menschheit leiden an dieser Krankheit, das ist unvermeidlich. Daher hegen sie eine Art, man kann schon sagen: Hochachtung und sogar etwas wie Furcht vor Gottesnarren. Manche Leute glauben, daß es Gottesnarren, die es wagten, den Zaren die Wahrheit zu sagen, nicht mehr gibt, nur noch ein Stück Literatur sind... Gottesnarren sind aber nicht ausgestorben. Tyrannen fürchten sie nach wie vor.«[59]

Zur Frage, ob auch Schostakowitsch zu den »Gottesnarren« zu zählen sei, meinte der Sohn Maxim: »Vielleicht ist daran etwas Wahres... denn, so meine ich, seine äußere Erscheinungsform, seine Art sich zu benehmen und zu handeln war die eines loyalen Bürgers. Innerlich – in seiner Seele – war er das eben nicht. Ich glaube, daß das die richtige Beschreibung von Dmitrij Schostakowitsch ist, der richtige Vergleich.«[60]

7. Stalins Abgang und Chruschtschows Auftritt

Das Jahr 1950 hatte Schostakowitsch nicht nur unerwartet Preise und seine Rehabilitierung gebracht, sondern verlangte von ihm auch Pflichterfüllung als (rehabilitierter) preisgekrönter sowjetischer Künstler: er wurde zu den Feierlichkeiten zum 200. Todestag von Johann Sebastian Bach nach Leipzig delegiert. Dort hatte er in einem Musikwettbewerb als Juror mitzuwirken und außerdem, zusammen mit Tatjana Nikolajewa und P. Serebrjakow, als Pianist bei einer Aufführung des Tripl-Konzertes von J.S. Bach aufzutreten.

In der Festveranstaltung »Die Welt ehrt Bach« hatte er als

offizieller Vertreter der Sowjetunion ein Referat zu halten, in dem er öffentlich ein eindeutiges Bekenntnis zu Bach ablegte: »Dank der tiefen Strenge und der realistischen Objektivität der Ausdrucksmittel wird die Bach'sche Fuge für alle Zeiten den Ausdruck menschlicher Leidenschaften und Charaktere behalten.«

Mehrfach äußerte er sich in sehr persönlichem Bekenntnis zu Bach. Eine Musikzeitschrift der DDR gab dieses Bekenntnis wider: »Das musikalische Genie Johann Sebastian Bach ist einer meiner Lieblingskomponisten. Man kann nicht umhin, seine Musik mit gewaltigem Interesse und großen Genuß anzuhören. Eine ganze Reihe Bach'scher Werke habe ich mir viele Male angehört. Jedesmal entdecke ich neue und schönere Stellen... In meinem Leben nimmt Bach einen bedeutenden Raum ein. Ich spiele Bach täglich. Dies ist mir zum wahren Bedürfnis geworden. Die tägliche Berührung mit der Musik Bachs ist für mich von großer Bedeutung.«[61]

Fast wortwörtlich hatte sich der bedeutende spanische Cellist, Dirigent und Komponist Pablo Casals geäußert. In seinem freiwillig gewählten Exil auf der Insel Puerto Rico, aber auch schon früher im südfranzösischen Prades begann er den Tag, indem er als erstes ein Werk von Bach spielte. »Die letzten 80 Jahre habe ich jeden Morgen auf dieselbe Weise begonnen: ich gehe ans Klavier und spiele zwei Präludien und zwei Fugen von Bach. Es ist so etwas wie ein Haussegen«, hatte der 95jährige Casals bekannt.[62]

Das Leipziger Bach-Festival schenkte Schostakowitsch mancherlei Anregungen. So spärlich sein übriges kompositorisches Schaffen in diesem Jahr ist, so bedeutsam wird eine Komposition, deren Idee die Reise nach Leipzig und das intensive Einarbeiten in Bachs Werke hervorgebracht haben: Schostakowitsch beginnt nach der Rückkehr aus Leipzig mit der Komposition von 24 Präludien und Fugen, die ihn bis

Anfang 1951 beschäftigt. Uraufgeführt allerdings werden sie erst im Dezember 1952 und wegen ihrer Eigenart sogleich heftig kritisiert von den »fortschrittlichen« Kritikern und Pianisten, die eine derartige »Imitation« Bachs für überflüssig halten, während andere, darunter hervorragende Pianisten, die Könnerschaft des mit dem Klavier so vertrauten Komponisten loben.

Wohl eingedenk der strengen »Ermahnungen«, sich erinnernd des ZK-Beschlusses von 1948, wonach dem Lied mehr Beachtung zu schenken sei, vertont Schostakowitsch 1951 »10 Poeme für Chor a cappella« (opus 88) nach Worten revolutionärer Dichter der Jahrhundertwende.

Bereits am 10. Oktober 1951 werden diese Lieder in Moskau uraufgeführt und mit großem Beifall bedacht. 1952 erhält Schostakowitsch dafür wiederum einen Stalin-Preis (2. Klasse). Kurz zuvor hatte er vier Lieder für Singstimme und Klavier vertont. Da es sich jedoch »nur um volkstümliche, völlig unpolitische Texte« handelte, nahm man wenig Notiz von dieser Komposition.

Zehn russischen Volksliedern für Solostimme, Chor und Klavier, die ebenfalls 1951 entstanden waren (ohne opus-Zahl), erging es ebenso.

Im März 1952 wird Schostakowitsch zu den Beethovenfeiern anläßlich des 125. Todestages in die DDR entsandt, im Dezember zum 3. Weltfriedenskongreß nach Wien. Auch dort muß er, wie in Warschau, ein Referat vortragen. Politisch bedeutsam aber wird ein neues Werk von ihm, das anläßlich des XIX. Parteitages der KPdSU am 6.11.1952 in Moskau uraufgeführt wird: seine Kantate »Über unserer Heimat strahlt die Sonne«, ein Auftragswerk, das vom künstlerischen Standpunkt aus schnell vergessen werden kann. Für Schostakowitschs Kompromißbereitschaft freilich ist diese Kantate typisch, die der politischen Prominenz gefällt, vermischt sie doch politisches Bewußtsein mit Verherrlichung des werktätigen Sowjetbürgers, mit Aufbauleistung, Stolz auf das Errungene, unter der Herrschaft Stalins – eine Kantate, die den Forderungen der Partei in jeder Hinsicht entspricht.

Von dem künstlerisch weit wertvolleren Werk, das ebenfalls 1952 entstand, von Schostakowitschs 5. Streichquartett, spricht dagegen niemand. Ebensowenig von den 1952 entstandenen »Vier Monologe nach Worten von Alexander Puschkin« für Bariton und Klavier (opus 91) – sie werden erst 1960 veröffentlicht.

Es ist die von Schostakowitsch wiederholt beschriebene Situation: mit der von der Parteiführung beachteten und gelobten Parteitagskantate, der Polit-Hymne, erkauft sich der Komponist einen »Freiraum«, er kann ungestört künstlerische Werke schaffen.

Als Broterwerb schreibt er nebenher noch die Musik zum Film »Das unvergeßliche Jahr 1919«.

Dann bricht ein denkwürdiger Morgen an, auch für Schostakowitsch.

Die Wohnungstür wird ungestüm aufgeschlossen, rasche Schritte nähern sich Schostakowitschs Arbeitszimmer. Ohne anzuklopfen wird die Tür aufgestoßen. Schostakowitsch hält erschrocken inne beim Schreiben an einer Partitur. Jeder weiß, daß er überaus schreckhaft geworden ist, leicht reizbar auch und sehr nervös – und daß er es schon gar nicht liebt, bei der Arbeit gestört zu werden. Verkniffen und ängstlich zugleich blickt er zur Tür – ist es Polizei? Seit Jahren ist dies immer seine erste Frage, sein erster Gedanke. Er wird die Furcht der Jahre 1936/37, als unzählige Menschen, meist mitten in der Nacht, abgeholt wurden, nie mehr los. Jetzt erkennt er, daß seine Tochter Galina so hereingestürmt ist und ihn erschreckt hat. Vorwurfsvoll sieht er die Siebzehnjährige an. »Was ist?« fragt er wenig freundlich, als er merkt, daß das

Mädchen ganz außer Atem ist. »Stalin ist tot – ich habe es eben gehört – unten vor dem Haus, die Männer beim Schneeräumen haben es gesagt – und Unterricht haben wir auch nicht heute« – sprudelt die Tochter heraus, noch immer atemlos vom Laufen in das 4. Stockwerk, und schüttelte den Schnee von ihrer Mütze.

Schostakowitsch blickt seine Tochter schweigend an. Lange Zeit braucht er, um diese Nachricht in ihrer ganzen Tragweite zu erfassen, auch wenn sie nicht so unerwartet kam. Seit 5 Tagen hatten Rundfunk und Presse die offiziellen Bulletins der Ärzte vom Zustand des schwer erkrankten 74-Jährigen veröffentlicht. An diesem Morgen, dem 6. März 1953, um 4 Uhr 7 hatte der Moskauer Rundfunk die Meldung vom Tod Stalins verbreitet, der am Abend zuvor, um 21 Uhr 50 gestorben war. Schostakowitsch hatte die Rundfunknachricht nicht gehört. Stimmlos fragt er jetzt, während er sich eine Zigarette ansteckt und nicht verhindern kann, daß seine Finger zittern, als habe er nicht richtig verstanden: »Stalin ist tot, sagst Du?« »Ja!« Fast schreit Galina die Antwort heraus. Sie ist neben den Vater getreten, hat ihren Arm um ihn gelegt. Sie ahnt, wie tief ihn die Todesnachricht treffen muß, sie weiß, wie sehr auch ihr Vater Stalin gefürchtet hat. Die Mutter hatte ihr erzählt, wie der Vater täglich erwartete, verhaftet zu werden, damals, 1937. »Wird nun alles anders?« fragt Galina mit kindlicher Neugier. Wortlos nickt Schostakowitsch. Kaum hörbar fügt er hinzu: »Hoffentlich!«

Wie befreit Millionen Russen aufatmen, wie sie erst zögernd, staunend, dann erleichtert, freudig die Nachricht vom Tod des Diktators, vom vermeintlichen Ende der Stalin-Herrschaft aufnehmen, kann sich nur der vorstellen, der jahrelang selbst in psychischer Qual, in Angst und Not und in physischer Gefangenschaft gelebt hat. Über 200 Millionen Sowjetbürger waren betroffen, ratlos, voller Hoffnung und Sorge.

Stalin war ja nicht nur der Diktator, der große Führer und Lehrer, der 1. Sekretär der KPdSU, der Herrscher über Leben und Tod von 200 Millionen Menschen, er war Gott ähnlich geworden, stand irgendwo zwischen Erde und Himmel auf einem Podest, war nicht mehr primus inter pares gewesen, Erster unter Gleichen im Führungskader der Partei; er war nicht nur oberster Chef der Roten Armee, oberster Chef auch des Kulturlebens, oberster Wirtschaftsführer – er war längst den Menschen entwachsen – war, wie gesagt, »gott-ähnlich«, in Worten und Liedern verherrlicht, gepriesen, vergöttert worden. Plötzlich war der »Thron« leer.

Von den Millionen, die er hatte umbringen lassen, sprach niemand. Nur die engsten Verwandten der Toten gedachten ihrer. Noch sprach niemand von Stalins Un-taten, noch pries man seine Taten.

Dennoch: ein Aufatmen geht durch das Riesenreich der Sowjetunion, das ein Sechstel der Erde bedeckt. Wird sich nun endlich alles zum Besseren wenden? Wer wird Stalins Nachfolge antreten? Wird man nun freier leben dürfen?

Zehn Millionen Menschen nehmen in einem in diesem Ausmaß nie zuvor gesehenen Trauerzug Abschied von dem in der Säulenhalle des Moskauer Gewerkschaftshauses aufgebahrten Stalin. Ob Schostakowitsch unter diesen zwei Millionen war, die am offenen Sarg des toten Diktators vorbeidefilierten, ist unbekannt. Wenige Tage später, bei der Beisetzung Stalins an der Seite Lenins, stand fest, wer die schwere Last der Nachfolge des gott-ähnlichen Herrschers übernehmen würde: Grigorij Malenkow.

Doch schon zwei Jahre später war aus anhaltenden Machtkämpfen ein Mann Sieger geblieben, der Malenkow ablöste: Nikita Chruschtschow, ein kaum in allen Republiken der Sowjetunion und schon gar nicht im Ausland bekanntes Mitglied des Politbüros, ein früherer Parteichef der Ukraine. Ein

Politfunktionär, der bäuerisch wirkte und niemals verheimlichte, wenn er es nicht sogar absichtlich herausstrich, daß er aus der Landwirtschaft, aus der Schwarzerde-Getreidekammer, der Ukraine, stammte, daß er etwas von Getreideanbau und Viehzucht verstand. Er war nicht der Fuchs, der Schakal, der listige, machtbesessene Diktatortyp, wie ihn Stalin verkörpert hatte, Chruschtschow wirkte jovialer, volksverbundener, derb-geradezu, fast kumpelhaft. Hoffnungen keimten auf, fühlten sich bestätigt – es würde nun manches anders werden, besser.

Ein Kollege Schostakowitschs, Rivale, Mitstreiter und Leidensgenosse der Stalin-Ära, Sergej Prokofjew, hatte das Ende der dunkelsten Etappe der russischen Geschichte nicht mehr erlebt. Genau an dem Tag, an dem Stalin starb, hatte Prokofjew seine Augen für immer geschlossen.

Schostakowitschs Aufatmen, sein Gefühl, von einer tonnenschweren Last befreit zu sein, manifestiert sich in einem neuen Werk, einer großen, seiner 10. Sinfonie, die er bald nach Stalins Tod begonnen hat. Den ganzen Sommer 1953 über ist er mit der Partitur beschäftigt. Die letzten Wochen des Jahres 1953 bringen ihm höchste künstlerische Anspannung: am 13. November wird in Moskau sein 5. Streichquartett, am 3. Dezember, ebenfalls in Moskau, das seit 4 Jahren fertiggestellte 4. Streichquartett uraufgeführt, und am 17. Dezember folgt in Leningrad die erste Aufführung seiner 10. Sinfonie.

Acht Jahre lang hatte der Sinfoniker Schostakowitsch geschwiegen – die 9. Sinfonie war zum Debakel geraten, die 8. Sinfonie hielt er noch immer zurück.

Die Uraufführung der 10. Sinfonie, von der Krzysztof Meyer sagt, sie überrage die vorangegangenen Sinfonien durch eine bei Schostakowitsch selten zu findende »Einheitlichkeit und Reinheit des Stils«, wird zu einem großen Erfolg für den Komponisten, löst aber sogleich auch heftige Kontroversen aus. Lobeshymnen stehen Schmähungen gegenüber. Wenig später diskutieren nach der 1. Aufführung des Werkes in Moskau Kritiker, Komponisten und Musiker im Komponistenverband drei Tage lang über Schostakowitschs 10. Sinfonie! Doch die Atmosphäre ist wesentlich entspannter und ungefährlicher als 1948. Auch Schostakowitsch ergreift das Wort, und an der Ausführlichkeit, mit der er sich an der Diskussion beteiligt, wird deutlich, daß sich nach Stalins Tod »die Zeiten geändert haben«. Schostakowitsch steht Rede und Antwort, ohne Angst vor Repressalien, ohne Sorge um seine künftige Existenz und sein weiteres Schaffen. In Heft 6/1954 hat die Zeitschrift »Sowjetskaja Musyka« Schostakowitschs Ausführungen veröffentlicht. Danach sagte der Komponist:

»An der 10. Sinfonie arbeitete ich im Sommer vorigen Jahres und beendete sie im Herbst. Wie auch andere meiner Werke komponierte ich sie sehr schnell. Das ist übrigens kein Vorzug, eher ein Nachteil, denn bei einem solchen Arbeitstempo gelingt es nicht, viel und Gutes hervorzubringen. Sobald ich ein Werk beendet habe, verläßt mich der Enthusiasmus. Wenn ich die Mängel des neuen Werkes sehe, mitunter beachtliche, denke ich, daß es gut wäre, diese in den nächsten Arbeiten zu vermeiden und zu der bereits komponierten nicht mehr zurückzukehren.

Deshalb rate ich allen – in erster Linie aber mir selbst –, sich nicht zu überstürzen; besser, man komponiert länger und beseitigt im Schaffensprozeß alle Fehler.

Die Sinfonie besteht aus vier Sätzen. Wenn ich den ersten Satz kritisch betrachte, sehe ich, daß es mir nicht gelang, das zu schaffen, wovon ich seit langem träume: ein echtes Sonatenallegro. Es ist auch dieser Sinfonie nicht geraten, so wie es in den vorangegangenen mißlang. Dennoch hege ich die Hoffnung, daß irgendwann in der Zukunft mir ein solches Allegro zu schreiben gelingt. Im ersten Satz meiner Sinfonie gibt es mehr langsame Tempi, mehr lyrische Episoden als heldenhaft-dramatische und tragische (ähnlich wie in den ersten Sätzen der Sinfonien Beethovens, Tschaikowskis, Borodins und anderer Komponisten).

Der zweite Satz entspricht, wie mir scheint, im großen und ganzen meinen Absichten und nimmt im Zyklus den Platz ein, der ihm zugedacht war. Obwohl dieser Satz, insbesondere wenn man ihn mit dem ersten und dem dritten, aber auch dem vierten vergleicht, die ziemlich lang sind, vielleicht doch zu kurz geraten ist. Demzufolge wurde hier die zyklische Konstruktion etwas gestört. Möglicherweise fehlt noch ein weiterer Satz, der zusammen mit dem zweiten die Architektonik des gesamten Werkes ausgleichen würde.

Was aber den dritten Satz anbetrifft, so möchte ich meinen, daß hier die Grundidee ganz gut realisiert wurde, obwohl es auch in diesem Satz einige Längen gibt, während anderswo, umgekehrt, etwas fehlt. Es wäre für mich sehr wertvoll, zu diesem Thema die Meinungen meiner Kollegen zu hören. Im Finale ist die Einleitung etwas zu lang, obgleich ich beim letzten Hinhören zu dem Schluß kam, daß sie ihre Funktion erfüllt und mehr oder weniger zur Ausgewogenheit des ganzen Satzes beiträgt. Die Komponisten sagen gern über sich: ich bemühe mich, ich habe versucht und anderes mehr. Ich aber beabsichtige nicht, so über mich zu reden. Weitaus mehr interessierte mich, was die Hörer fühlen. Ich möchte ihre Bemerkungen hören. Sagen möchte ich nur noch eines: In diesem Werk wollte ich menschliche Empfindungen und Leidenschaften wiedergeben«.

Die Ausführungen Schostakowitschs vor dem Komponistenverband wurden absichtlich so ausführlich zitiert, weil sie zwei Dinge verdeutlichen: Auch wenn sich der Komponist der 10. Sinfonie (und es ist typisch für ihn) umständlich und

vorsichtig und fast in jedem Satz mit Einschränkungen ausdrückt, offenbart er hier erstaunlich freimütig die Art seines Schaffensprozesses. Und er gesteht Fehler ein, um im gleichen Satz zu bekennen, daß er die selbst erkannten Unzulänglichkeiten nicht zu korrigieren bereit ist, weil der »Zeugungsprozeß« beendet ist für ihn. Er übergibt ein Werk, auch wenn er weiß, daß es in dem und dem Satz hätte besser ausfallen können. Dieses offene Eingeständnis zeigt aber auch die veränderte Atmosphäre in Moskau: die Diskussion verläuft sachlich, emotionsfrei, frei auch von Angst vor Folgen für den Künstler, dessen Werk erörtert wird, und für die Diskussionsteilnehmer. Die Situation im sowjetischen Musikleben nach der Uraufführung von Schostakowitschs 10. Sinfonie hat Krzysztof Meyer sehr treffend beschrieben:
»Die Verwirrung, die die 10. Sinfonie auslöste, war für das sowjetische Musikleben der fünfziger Jahre von großer Bedeutung. Die zweifellos sehr interessante, ja leidenschaftliche Diskussion hatte einen tieferen Sinn. Beurteilt wurde nämlich das erste nach 1948 entstandene Werk, das sich über die im Beschluß zur Oper »Die große Freundschaft« und die auf dem letzten Kongreß des Komponistenverbandes formulierten Forderungen hinwegsetzte. Die letztlich positive Aufnahme der 10. Sinfonie kündigte gewisse Veränderungen an, die sich nach und nach im musikalischen und kulturellen Leben der Sowjetunion durchzusetzen begannen und deren nächste Etappe die Beratungen des XX. Parteitages der KPdSU sowie der Beschluß des ZK vom Jahre 1958 waren...

Indessen wurde im Westen, insbesondere aber in den USA, die 10. Sinfonie als eines der hervorragenden sinfonischen Werke unserer Zeit anerkannt. Sie gewann schnell eine Popularität, wie sie bis dahin nur wenige Werk Schostakowitschs (zum Beispiel die 1., 5. und 7. Sinfonie) erringen konnten. In New York erhielt sie den Kritikerpreis. Im Triumphzug eroberte sie fast alle europäischen Länder. Die besten Dirigenten – Mitropoulos, Stokowski, Ormandy – nahmen sie in ihr Repertoire auf. Heute gehört die 10. Sinfonie zu den repräsentativsten Partituren von Schostakowitsch und büßte bislang nichts an Frische ein...«[63] Später wurde die Absicht Schostakowitschs bekannt, den 2. Satz, das ganz ungewöhnlich kurze, furiose und ständig in fortissimo gehaltene Scherzo als ein Porträt Stalins zu begreifen.

Das Jahr 1953 brachte mit Stalins Tod nicht nur eine tiefe Zäsur in der Geschichte der Sowjetunion, es bedeutete auch im Leben und im musikalischen Schaffen Schostakowitschs einen bedeutsamen Einschnitt. Er hoffte wie Millionen Landsleute, das Schlimmste in seinem Leben überstanden und nunmehr einen leichteren, glücklicheren Weg vor sich zu haben.

V. Ruhmreiches Leben mit Kompromissen (1953–1966)

1. Das große Aufatmen

Das Jahr 1954 bringt Schostakowitsch neue Erfolge mit Aufführungen seiner 10. Sinfonie in London, Paris, Tokio, New York, Wien, in der DDR, der Schweiz, in Italien und Griechenland.

Über die stürmischen Diskussionen in Moskau wurde schon berichtet – Schostakowitsch verließ diese Debatten schließlich als Sieger. Seine Auslegung der formalen Gestaltung im Sinne der Partei und ihres Beschlusses von 1948 hatte die Mehrzahl der Diskussionsteilnehmer gebilligt, ja für beispielhaft erklärt. Die Erfolge, die gerade seine so heftig umstrittene 10. Sinfonie im Ausland errang, taten ein übriges, um seine Position zu stärken. Er wurde bald darauf mit dem Titel »Volkskünstler der UdSSR« ausgezeichnet, dann mit einem »Internationalen Friedenspreis« geehrt, und schließlich erhielt er 1954 seine erste ausländische Ehrung: er wurde zum Ehrenmitglied der Schwedischen Königlichen Musikakademie ernannt. Ein an äußeren Erfolgen und Auszeichnungen reiches Jahr also.

Stalins Tod hatte lebhafte Diskussionen auch im Musikbereich ausgelöst. Die reglementierten Komponisten versuchten, sich zu befreien. Schon am 1. Januar 1954 ging Schostakowitsch in der Zeitschrift »Sowjetskaja Musyka« zum Angriff gegen die Zentrale der Reglementierung über, den

Komponistenverband. In erstaunlicher Direktheit schrieb er: »Mir scheint, daß der Verband unsere Komponisten nicht vor der Suche nach dem Neuen, vor dem Marschieren auf selbständigen, noch nicht ausgetretenen Straßen der Kunst 'beschützen' sollte. Man muß nicht das kühne schöpferische Suchen fürchten, sondern das 'glückliche' Abgleiten in Oberflächlichkeit, Blutleere und Schablone. Das Streben der Glättung der scharfen Ecken im Schaffen erscheint mir als eine der eigentümlichsten Erscheinungen der fehlerhaften 'Theorie der Konfliktlosigkeit'. Je eher wir diese nivellierenden Tendenzen aufgeben, desto besser wird das für die Entwicklung der Sowjetunion sein.«

Mutiger noch und aggressiver äußerte sich Chatschaturian: »Ich denke, daß die Zeit gekommen ist, unser eingerichtetes System institutioneller Vormundschaft über die Komponisten zu revidieren. ...Wir müssen die falsche Praxis der Eingriffe in die schöpferischen Prozesse der Komponisten durch Beamte der Musikinstitutionen energisch zurückweisen. Schöpferische Probleme können nicht durch bürokratische Methoden gelöst werden... Die weise Planung und Sorge bei der Lenkung der Musik des Landes sollte nicht durch den Eingriff selbst in den Prozeß der Komposition oder Aufführung ersetzt werden, indem Beamte der Musikinstitutionen, die der schöpferischen Arbeit fernstehen, aber glauben, 'über' dem Schaffen zu stehen, dem Komponisten ihren Geschmack aufdrängen.«[64] Aram Iljitsch Chatschaturian umriß mit seinen offenen Worten das Ausmaß der damals üblichen Bevormundung der Komponisten.

Immer öfter und immer vernehmlicher erklang die Forderung nach einem »neuen Kurs« im Musikwesen.

Schostakowitsch hatte nicht zu hoffen gewagt, daß er schon so schnell nach Stalins Tod würde aufatmen können, würde befreit sein. Um so erstaunlicher: sein kompositorisches

Schaffen war seit der Vollendung der 10. Sinfonie im Herbst 1953 gering. Er wartete die innenpolitische Entwicklung ab.

Er stellte eine Ballett-Suite aus den Balletten »Das goldene Zeitalter«, »Der Bolzen«, »Der helle Bach«, aus dem Film »Mitschurin« und der Schauspielmusik »Menschliche Komödie« zusammen. Er schrieb 1953 ein Concertino für zwei Klaviere in fis-moll (opus 94), das am 24.1.1954 in Moskau uraufgeführt wurde. Zusammen mit Alla Maloletkowa trat Schostakowitschs 16jähriger Sohn Maxim zum erstenmal öffentlich als Pianist auf.

1954 schrieb Schostakowitsch die Musik zum Film »Einheit« und stellte eine Transkription der 10. Sinfonie für zwei Klaviere her, und er erfüllte wieder eine politische Aufgabe: zur Gedenkfrier der Oktoberrevolution komponierte er eine »Festliche Ouvertüre« für Orchester in A-Dur (opus 96), die am 6. November 1954 bei den offiziellen Feiern in Moskau uraufgeführt wurde.

Ferner schrieb er 1954 nach Texten von Dolmatowski »5 Romanzen für Singstimme und Klavier«. Alle diese 1953 und 1954 geschaffenen Werke sind nicht überragend, sie sind eher konventionell, mehr auf Massengeschmack ausgerichtet. Dies gilt nicht für die »Romanzen« – sie wurden erst 1956 in Kiew zum erstenmal aufgeführt. Ganz offensichtlich nutzte Schostakowitsch die mit der 10. Sinfonie errungene besondere Stellung nicht aus, er baute seine Position nicht »zur Festung« für möglicherweise aufkommende Stürme aus. Nichts Glanzvolles, nichts Herausragendes entstand in den ersten zwei Jahren nach Stalins Tod. Es war vermutlich auch eine Phase des Tastens, des Erprobens für alle Künstler: wie weit kann man in der neuen, noch nicht deutlich erkennbaren Ära gehen? Wie viel größer ist der Spielraum für das künstlerische Schaffen geworden?

Auf Schostakowitsch kamen in dieser Zeit in seinem privaten Bereich, über den es nur sehr wenige Anmerkungen gibt, zwei Ereignisse zu, die möglicherweise zu dem erwähnten geringen »Ausstoß« künstlerischer Werke beigetragen haben: am 5. Dezember 1954 starb – fern von der Familie in Armenien – seine Frau Nina Wassiljewna. Und 1955 starb in Leningrad seine Mutter. Zu ihr hatte Dmitrij Schostakowitsch zeitlebens ein sehr inniges Verhältnis. Darüber hat Sofia Chentowa 1975, im Todesjahr des Komponisten, geschrieben: »Zwischen der Mutter und dem Sohn bestand eine sehr starke Bindung. Niemand vermochte sich so wie sie in seine Psyche einzufühlen, niemand glaubte so stark an sein Genie, an die Kraft seiner Musik wie sie, die Mutter, eine grauhaarige Dame, die bei allen seinen Konzerten anwesend war, in den letzten Stuhlreihen saß und niemals ihre Rolle bei seiner Erziehung unterstrich, ja überhaupt selten über ihn sprach ... Ihre Bescheidenheit war ungewöhnlich ... vielleicht war dies der Grund, daß Schostakowitsch eine so starke seelische Bindung zu ihr empfand ... Sie starb wie sie gelebt hatte – bemüht, niemanden mit ihrer Person zu behelligen. Sie verließ die Welt fast unbemerkt in Anwesenheit ihrer ältesten Tochter. Sie hatte gebeten, daß ihr Begräbnis auf das bescheidenste ausfalle, nicht wie das der Mutter des großen Schostakowitsch, sondern einfach einer Mutter und Großmutter«.[65]

Auch wenn Schostakowitschs Ehe nicht problemlos gewesen war, wozu ganz sicher seine Überempfindlichkeit, Nervosität und leichte Reizbarkeit beigetragen hatten, so bedeutete der Tod der Ehefrau, die ihm über 20 Jahre auf seinem oft leidvollen Weg gefolgt war, einen schweren Verlust. Und der Tod der Mutter wenige Monate später trug weiterhin dazu bei, daß Schostakowitsch sich zurückzog, daß der Quell seines musikalischen Schaffens vorübergehend versiegte.

Zwei Ereignisse, die für ihn zum Höhepunkt im Jahr 1955 wurden, dürften für ihn Trost gewesen sein: am 14. Januar wagte er die Uraufführung seiner »Jüdischen Volkslieder«, sieben Jahre nach ihrer Entstehung, und am 29. Oktober 1955 wurde in Leningrad sein 1. Violinkonzert aufgeführt, unter Mitwirkung des Solisten David Oistrach, dem er das schon 7 Jahre zuvor geschriebene und jetzt geringfügig umgearbeitete opus gewidmet hatte.

»Die Uraufführung findet offiziell keine Resonanz« notierte Krzysztof Meyer. War der Spielraum für die Künstler doch nicht erweitert worden? Wie sonst ist es erklärbar, daß die Uraufführung eines Werkes, das einer der berühmtesten sowjetischen Komponisten geschaffen und 7 Jahre zurückgehalten hatte, schweigend, kritiklos, ohne Echo in Presse und Rundfunk vonstatten gehen konnte?

David Oistrach, der Solist, war von diesem Tatbestand so betroffen, daß er im Juli 1956 in der Zeitschrift »Sowjetskaja Musyka« massive Kritik übte und dem Komponistenverband die Schuld daran gab. Nachdem Oistrach das Werk ausführlich und nicht ohne Kritik besprochen hatte, beschuldigte er in erstaunlicher Direktheit (als ausübender Künstler war Oistrach nicht Mitglied des Komponistenverbandes) die Kritiker und Musikwissenschaftler der Unterlassung von Pflichten, die sie zu erfüllen hätten. Diese mutige und offensichtlich ohne Korrektur, das heißt Zensur abgedruckte Philippika zeigt, daß in der Ära nach Stalins Tod der Spielraum für die Künstler tatsächlich größer geworden war – nur zögerten noch viele, zum Beispiel die Kritiker, davon Gebrauch zu machen und eigene Urteile abzugeben, bevor »von ganz oben«, das heißt vom ZK der KPdSU, zuerst die Linie der vom ZK gewünschten Reaktion festgelegt worden war. David Oistrach nahm das neueste Werk Schostakowitschs im Dezember 1954 mit auf eine Konzerttournee nach den USA. So kam es, daß das 1. Violinkonzert eher in Amerika und erst 1956 in Moskau aufgeführt wurde.

Boris Schwarz, ein in Petersburg geborener Musikwissenschaftler, der als junger Mensch schon zum Studium nach Berlin ging und seit Jahrzehnten in den USA lebt, war in New York Augenzeuge: »Das Konzert in der Carnegie Hall fand am 29. Dezember 1955 unter der Leitung von Mitropoulos statt und wurde in einer Schallplattenaufnahme verewigt, eine Interpretation von seltener Vollkommenheit. Doch nichts kann die Erregung, die damals in der Carnegie Hall herrschte, beschreiben – die einzigartige Erfahrung, gleichzeitig eine große Komposition und einen großartigen Virtuosen zu entdecken. Diejenigen, die das Glück hatten, es mitzuerleben (und ich gehörte dazu) werden diese Erfahrung nie vergessen ... Metropoulos antwortete auf den begeisterten Beifall, indem er in einer symolischen Geste die Partitur des Konzertes dem Publikum entgegenhielt, wie um das Werk an den Ovationen, die der meisterhaften Aufführung galten, teilhaben zu lassen.«[66]

David Oistrach hatte ganz wesentlich dazu beigetragen, daß Schostakowitschs Ruhm weiter gefestigt wurde, auch in Amerika.

2. Gefragt – gefordert – geehrt

Sieht man von zwei unbedeutenden Filmmusiken ab, so muß im Rückblick auf 1955 festgestellt werden, daß die Schaffenspause bei Schostakowitsch anhielt. Das Schweigen des Künstlers fällt gerade in diesen »Kultur-Flitterwochen«, wie Boris Schwarz die erste Zeit nach Stalins Tod nennt, besonders auf.

Erst 1956 beginnt Schostakowitsch endlich ein neues Werk,das 6. Streichquartett, das er dem Andenken seiner Frau Nina widmet. Doch das Jahr 1956 hält einige Überraschungen bereit, auch für ihn. Daß man im Herbst seinen 50. Geburtstag gebührend feiern würde, konnte er sich ausmalen. Aber sich vorzustellen, was im Februar 1956 geschehen würde, dazu reichte seine Phantasie nicht aus.

Nach vierjähriger Pause wurde – erstmals nach dem Tod Stalins – wieder ein Parteitag abgehalten, der XX., und er sollte Geschichte machen. Man tagte vom 14.–25. Februar. Am letzten Abend, kurz vor Mitternacht, begann Nikita Chruschtschow – seit wenigen Monaten Parteichef – eine siebenstündige Rede, die die Parteifunktionäre ihre Müdigkeit schnell vergessen, die sie von Stunde zu Stunde wacher werden ließ: der Parteichef stieß Stalin, den 25 Jahre lang Vergötterten, den »großen Lehrer des Volkes«, den »ruhmbedeckten Helden«, den »klugen Herrscher« von seinem Denkmalssockel. Es war die Sensation des XX. Parteikongresses. Chruschtschow räumte – natürlich nach eingehender Absprache mit den übrigen Mitgliedern des ZK der KPdSU – radikal und ohne jede Pietät den Stalin-Kult beiseite, er entlarvte den verstorbenen Diktator derartig, daß nur noch ein Wrack voller menschlicher Schwächen und Charakterlosigkeit übrigblieb, mehr noch: Chruschtschow nannte die großen, mörderischen Säuberungen der Jahre 1936/37 und ihren Initiator ohne Rücksicht beim Namen. Was das Kulturwesen betraf, gab Chruschtschow zu, daß das ZK zum Beispiel 1948 Beschlüsse gefaßt habe, die auf verzerrten Anschauungen beruht hätten. Man habe Werke und Künstler ungerechtfertigt angegriffen und unterdrückt, im übrigen wurde der »neue Kurs« akzeptiert. Die Sensation war perfekt.

Zwar wurde der Wortlaut der Rede (zunächst) nicht veröffentlicht, aber Moskau schwirrte in den Tagen nach dem 25. Februar 1956 von Gerüchten, bald waren auch Auszüge seiner Rede bekannt, es wurde allen deutlich, daß die Sowjetunion an einem Wendepunkt stand.

Der Komponistenverband der Sowjetunion hatte für März 1956 seine Jahresversammlung geplant. Doch Chruschtschows Rede hatte alle Tagesordnungspunkte über den Haufen geworfen. Es galt, zunächst einmal die Wirkungen, die Richtlinien des XX. Parteitages, sofern sie die Komponisten betrafen, abzuwarten. Der Komponisten-Kongreß wurde um ein Jahr vertagt.

Bis dahin verfestigten sich die zwei Lager, die zwei Fronten gleichkamen: hier die »Fortschrittler«, die den »neuen Kurs« gefordert und durchgesetzt hatten, (ohne jedoch grundsätzlich den sozialen Realismus im kompositorischen Schaffen abzulehnen) – dort die »Konservativen«, deren Weltbild durch Stalins Tod und die sich abzeichnende Liberalisierung einzustürzen drohte.

Schostakowitsch, der natürlich zu den »Fortschrittlern«, den Verfechtern des neuen Kurses zählte, äußerte sich am 17. Juni 1956 in der »Prawda«. Er schrieb rückblickend auf die Stalin-Ära:

»Von äußerem Pathos durchdrungene Werke wurden zu lebensbejahenden erklärt und spießbürgerliche Idylle mitunter als lyrisch verherrlicht. Noch häufiger wurde das Pathos knarrender Dithyramben und hochtrabender Lobpreisungen gepflegt, die man dann Heldenepen nannte. Die Anmaßung dieser Werke war direkt proportional zu ihrer inneren Kälte... Mir scheint, daß hier in vielem unsere ganze musikalisch-schöpferische Atmosphäre, besonders der Stab unseres gesellschaftlich-musikalischen Denkens – das Sekretariat des Komponistenverbandes der UdSSR – schuld ist. Hier wurden in der Praxis der alltäglichen Arbeit die Prinzipien und Kriterien der realistischen Kunst, des Volkstümlichen und des Programmatischen sehr vereinfacht. Infolgedessen begann man, die Ansprüche an die ideell-künstlerischen Qualitäten der Werke herunterzuschrauben.«[67]

Auch die Tatsache, daß diese deutliche Kritik an der »geheiligten« Zentrale des Komponistenverbandes in der »Prawda« gedruckt wurde, belegt den bereits zwei Jahre nach Stalins Tod sichtbaren Wandel in der Sowjetunion.

Im Herbst 1956 feierte die sowjetische Musikwelt Dmitrij Schostakowitsch anläßlich seines 50. Geburtstages. Viele seiner Werke, auch und gerade die 1948 heftig kritisierten, wurden aufgeführt, nach 8 Jahren ebenfalls zum erstenmal endlich wieder die 8. Sinfonie. Am 7. Oktober 1956 erklang in Leningrad auch zum erstenmal das Streichquartett Nr. 6. Schostakowitsch wurde in ganz besonderer Weise geehrt: Chruschtschow verlieh die höchste Künstler-Auszeichnung, den Lenin-Preis, zum erstenmal – an Dmitrij Schostakowitsch.

Er wurde auch von der Accademia di Santa Cecilia in Rom ausgezeichnet: sie ernannte ihn zum Ehrenmitglied und verlieh ihm die Ehrendoktorwürde. Schostakowitsch durfte aus diesem Anlaß zum erstenmal nach Italien reisen. Filmaufnahmen aus Roms berühmter Musikakademie zeigen einen selten aufgelockerten, fast heiteren Schostakowitsch mit Doktorhut.

In der Tat war er durch die Rehabilitierung des XX. Parteitages, durch die zahlreichen Aufführungen seiner Werke und die vielseitigen Ehrungen in der Heimat in einer bei ihm seltenen euphorischen Stimmung. Sie allein dürfte auch die Ursache für einen ungewohnt schnellen Entschluß sein: er heiratete wieder – Margarita Andrejewna Kainowa. Er hatte die Funktionärin der Jugendorganisation KOMSOMOL im Komponistenverband kennengelernt. (Doch die Ehe, übereilt geschlossen, wurde schon 1958 wieder geschieden.)

1957, in der schon beschriebenen Hochstimmung, entstanden zwei bedeutende Werke: sein 2. Klavierkonzert, das er für den nun 19jährigen Sohn Maxim schrieb, und die 11. Sinfonie (opus 103), die dem Jahr 1905 gewidmet ist, der Erinnerung an eine erste Revolution in Petersburg, oder genauer: an eine zunächst friedliche Demonstration, die dann auf Befehl des Zaren blutig niedergeschlagen wurde.

(Nachgetragen werden sollte, der »runden Zahl« wegen, Schostakowitschs 100. opus, das er 1956 komponiert hatte: »Sechs spanische Lieder« für Sopran und Klavier).

Das Klavierkonzert Nr. 2 in F-Dur, das am 10. Mai 1957 in Moskau uraufgeführt wird, gefällt. Besonders der an diesem Tage 19 Jahre alte Maxim Schostakowitsch debütiert als Pianist mit Erfolg und beweist sein Talent. (Im April 1981 wird – ein Kuriosum in der Musikgeschichte – der ebenfalls 19jährige Sohn Maxims, der wie sein Großvater Dmitrij heißt, dieses Klavierkonzert seines berühmten Großvaters unter der Leitung Maxims unter anderem in Mainz aufführen, wenige Tage, bevor sich beide entschlossen, das sowjetische Radio-Sinfonie-Orchester, mit dem sie eine Konzerttournee durch die Bundesrepublik unternahmen, heimlich zu verlassen und als sowjetische Emigranten nach den USA zu gehen.)

Kann man das Klavierkonzert Nr. 2, mit hörbarem Vaterstolz für den 19jährigen Sohn geschrieben, als konventionell, nicht ohne Show-Effekte für den Pianisten, als ein künstlerisch nicht besonders hochstehendes Werk bezeichnen, das Schostakowitsch auch schon hätte 10 oder 20 Jahre zuvor komponieren können, so gilt dieses Urteil nicht für seine 11. Sinfonie.

Er verwendete hier volkstümliche revolutionäre Lieder in verschiedenen Varianten, und er verlangte eine doppelte Orchesterbesetzung; es ist, im weitesten Sinn, »Programm-Musik«, aber in einer besonders gelungenen Form. Das Urteil des Musikwissenschaftlers Krzysztof Meyer: »Der Aufbau der 11. Sinfonie ist einzigartig in der gesamten zeitgenössischen Musik. Schostakowitsch schuf hier einen völlig neuen

Typus der Sinfonik, der auf der Verbindung verschiedener Elemente... zu einem einheitlichen integralen Ganzen beruhte.«[68]

Das Urteil des amerikanischen Musikwissenschaftlers Boris Schwarz lautet: »Es ist ein großangelegtes Werk über die erste Revolution, eine Komposition, die den sozialistischen Realismus verkörpert. Ungeachtet der Tendenz westlicher Kritiker, dieses Werk mit spöttischer Verachtung zu behandeln, ist Schostakowitschs Sinfonie '1905' für das sowjetische Volk die Erfüllung des Traums von einer großen sozialistischen Kunst.«[69]

Ohne Zweifel lag das Thema »1905 in St. Petersburg« Schostakowitsch in besonderer Weise am Herzen; jener blutige Sonntag war ein Stück tragischer Geschichte seiner Heimatstadt, der er sich immer stärker verbunden fühlte als zum Beispiel Moskau.

Der erste Satz der 11. Sinfonie trägt den Titel »Platz vor dem Palast« und beschreibt den großen Platz vor dem Winterpalast in Petersburg, schneebedeckt, noch menschenleer.

Der 2. Satz ist »9. Januar« überschrieben und schildert sehr realistisch das Massaker jenes Sonntags, der in die russische Geschichte als »Blutiger Sonntag« eingegangen ist.

Während der 3. Satz eine gewaltige Totenklage enthält – überschrieben »Ewiges Gedenken« – endet die 11. Sinfonie im 4. Satz (mit dem Titel »Die Sturmglocke«) heroisch, einen künftigen Sieg »trotz allem« verheißend.

Schostakowitsch hat außer überall bekannten und gesungenen revolutionären Liedern (einige stammen sogar aus der polnischen Freiheitsbewegung des vergangenen Jahrhunderts!) auch zwei der 1951 von ihm komponierten Lieder aus »10 Poeme für Chor a cappella« eingefügt, wenn auch variiert.

Man hat später spekuliert, Schostakowitsch habe mit dieser Sinfonie nicht nur das blutige Gemetzel vom Jahr 1905 in

Petersburg, sondern das Niederschlagen des ungarischen Aufstandes durch die Sowjets 1956 beschrieben. Möglich ist dies. Volkow gegenüber äußerte sich Schostakowitsch so:

»Mir scheint, daß sich in der russischen Geschichte vieles wiederholt. Natürlich wiederholt sich ein Ereignis nicht genau in derselben Weise. Selbstverständlich sind da Unterschiede. Aber vieles wiederholt sich trotzdem. Diese Wiederholbarkeit wollte ich in der 11. Sinfonie zeigen. Ich komponierte sie 1957. Und sie bezieht sich auf die Gegenwart von 1957, obwohl ich sie »Das Jahr 1905« genannt habe.«[70]

Jacques Wildberger, Basel, kommentiert diese Äußerung mit den Worten: »Wir gehen wohl nicht fehl in der Annahme, daß Schostakowitsch hier auf die blutige Unterdrückung des Ungarnaufstandes durch die sowjetischen Truppen im Jahre 1956 anspielt. Die Frage für uns Westeuropäer bleibt natürlich offen, ob Schostakowitsch, der am Ende eines tragischen Lebens Bilanz zieht und das Bedürfnis hat, eventuelles unheldenhaftes Fehlverhalten zu rechtfertigen, solche Zweitprogramme nicht nachträglich bewußt oder unbewußt in die Werke hineinprojiziert.«[71]

Tatsache ist: für die 11. Sinfonie, die zur Gedenkfeier des 40. Jahrestages der Oktoberrevolution geschrieben wurde, wird Schostakowitsch wiederum mit dem Lenin-Preis ausgezeichnet – doch war diese nur eine von zahlreichen Ehrungen in aller Welt, die das Jahr 1958 dem Komponisten bescherte.

Schostakowitsch wird zum Ehrenmitglied der Königlichen Musikakademie Großbritanniens ernannt. Er erhält den Ehrendoktorhut der Universität Oxford verliehen. Er wird in Paris (als erster Ausländer!) zum Commandeur des französischen Ordens für Kunst und Literatur ernannt. Er wird Ehrenpräsident der Österreichisch-Sowjetischen Gesellschaft. Nach Strawinsky und Hindemith wird ihm als drittem Komponisten der internationale Sibelius-Preis verliehen.

Mit diesen Auszeichnungen waren auch einige Auslandsreisen verbunden. Er durfte zum Beispiel nach Paris fahren, wo seine 11. Sinfonie aufgeführt wurde, dann nach Prag, nach Ostberlin. Er führte dort sein 2. Klavierkonzert auf und spielte selbst den Solopart. Sein Ansehen in der Sowjetunion und in der übrigen Welt war gewaltig gestiegen.

Doch wir sind etwas vorausgeeilt. Noch einmal zurück zum Jahr 1957: Vergleichsweise gering, aber doch voller Bedeutung für seine Einstellung zum sowjtischen Staat nach Stalins Tod wiegt die Tatsache, daß Schostakowitsch 1957 zum Sekretär, das heißt Vorsitzenden des von ihm mehrfach öffentlich kritisieren Komponistenverbandes gewählt wurde – allerdings nur zum Vorsitzenden des Komponistenverbandes der russischen Sowjetrepubliken (das heißt eines Teilverbandes im Allunions-Verband, aber des an Mitgliedern stärksten) und diese Wahl annahm. Ein Amt, das er pflichtgetreu 11 Jahre lang ausübte. Er war damit zum erstenmal Funktionär geworden. Außerdem, und das ist besonders erstaunlich, würde er in seinem Amt häufig mit dem Vorstandsvorsitzenden des Gesamtverbandes, Tichon Chrennikow, zusammenzuarbeiten haben, den er seit Jahren haßte, für einen servilen, wetterwendischen, heimtückischen »Speichellecker« des jeweils herrschenden Parteichefs hielt. Sie hatten mehr als eine Fehde in der Vergangenheit miteinander auszufechten gehabt. Chrennikow war ebenfalls Komponist, Stalinpreisträger sogar, doch gehörte er zu den konservativen Künstlern, die den »neuen Kurs« ablehnten – und schon deshalb in Gegnerschaft zu Schostakowitsch stand.

Vor dieser Amtsübernahme hatte vom 28. März bis zum 5. April 1957 endlich der im Jahr zuvor vertagte Komponistenkongreß stattgefunden. Hatte 1948 auf dieser die jeweiligen Richtlinien festlegenden Jahreshauptversammlung aller sowjetischen Komponisten Shdanow den Ton angegeben, war jetzt, nach Shdanows Tod, der ehemalige Chefredakteur der »Prawda«, das ZK-Mitglied Dmitrij Schepilow der führende Kopf (er war übrigens 1956 für kurze Zeit sogar Außenminister gewesen, aber sehr schnell abgelöst worden). Er hielt 1957 das Hauptreferat auf der Komponistenversammlung. Er überbrachte die Leitgedanken, besser: die Richtlinien des ZK der KPdSU. Seine Ausführungen machten deutlich, daß sich in der äußeren Form manches gegenüber 1948 geändert hatte, in der Sache selbst dagegen wenig.

Schepilow sagte unter anderem: »Die sowjetische Musik kann sich weder mit flacher Primitivität noch mit ästhetisierendem Formalismus abfinden ... Wir sind für Schlichtheit, für eine Musik, die dem Volk verständlich und vertraut, reich an Gedanken und Gefühlen und von den großen Ideen der Gegenwart erfüllt ist, für eine begeisternde, durch ihre Melodik, schöne künstlerisch vollendete Musik«.[72] Schostakowitsch hatte ebenfalls ein Referat übernommen. Er sagte darin unter anderem: »Viele Mängel der vergangenen Etappe könnten wir schnell und erfolgreich überwinden, wenn sich unter unseren Komponisten die breite schöpferische Diskussion entwickeln könnte. Leider ist das bisher noch nicht der Fall ... Der Entwicklung der Diskussion steht vor allem ein Überbleibsel des Personenkults entgegen ... Unhaltbare Methoden des Debattierens, wie das Anschwärzen einer der streitenden Parteien. Sobald die eine der streitenden Parteien ideologisch in Mißkredit gebracht wird, ist der Streit faktisch abgebrochen. Dabei ist es doch völlig klar, daß diejenigen, die debattieren, fest auf dem Boden der sowjetischen Ideologie stehen und alle nach den gleichen Zielen streben, nur eben auf verschiedenen Wegen«. Hier wurde Schostakowitsch von Beifall unterbrochen. Dann fuhr er fort: »Wozu denn eigentlich diese bösartige Demagogie, die... die schöpferische Diskussion, die wir doch so nötig brauchen, nur hemmt? Leider hat das Sekretariat des sowjetischen Komponistenverbandes mehr zur Erstarrung der Diskussion als zu ihrer Entwicklung beigetragen«.[73] Vielleicht haben diese kritischen Äußerungen Schostakowitschs mitbewirkt, daß er wenig später zum Sekretär des Komponistenverbandes der russsichen Sowjetrepubliken gewählt wurde.

Insgesamt muß das Jahr 1957 Schostakowitsch heiter gestimmt haben, anders ist es kaum erklärbar, daß er ein ganz neues Genre erprobt: er schreibt eine Operette! Und – zweites Kuriosum – er schreibt sie zum XXI. Parteitag! Am 27. September1958 wird die Operette in Moskau uraufgeführt. Ihre Melodien, im Stile Jacques Offenbachs, mit manchem Zitat aus Schostakowitschs eigenen Werken, sind eingängig, der Humor der bewußt breite Massen ansprechenden Operette kommt an. »Moskwa-Tscheremuschki« ist der Titel, nach einem Moskauer Vorort mit den in aller Welt zu findenden ausdruckslosen Wohnblöcken benannt. Der Stoff ist banal, satirisch gestaltet. Er schildert die Alltagssorgen und -erfahrungen Millionen sowjetischer Wohnungssuchender mit Behörden, bestechlichen Hausmeistern, mit dünnen Wänden und zu kleinen Räumen.

Das Publikum konnte schmunzeln, sich identifizieren mit dem Bühnengeschehen, es amüsierte sich. Trotz guter Kritiken wurde diese Operette in den nächsten Jahren erstaunlicherweise nicht sehr oft aufgeführt. 1963 stand sie gerade noch auf den Spielplänen von zwei Theatern: in Sibirien und in Kasachstan.

Als sie in Moskau uraufgeführt wurde, schrieb Schostakowitsch in einer Radio- und Fernsehzeitschrift: »Meines Erachtens sollte sich jeder echte Komponist auf allen Gebieten erproben. In der leichten Muse darf er nichts Böses oder gar Gefährliches erblicken. Mozart oder Beethoven schrieben auch leichte Musik, und niemand verübelte es ihnen.«[74] Eine moderne, bei uns auch heute noch umstrittene Auffassung!

Mit seinen die Operette erläuternden Worten hat im übrigen Schostakowitsch einmal hinter die Maske, die er trug, blicken lassen. Er, der zumeist sehr ernst, furchtsam-besorgt, mitunter verkniffen, lust- und freudlos aussah, hatte viel Sinn für Humor, für Groteske, für Satire. Und daß er, der mit 11 Jahren die bolschewistische Revolution erlebt hatte und in diesem Regime groß geworden war – in jeder Beziehung –, ein Verfechter der These »Kunst für das Volk«, »Komponieren, um sich dem Volk verständlich zu machen« war, wird bestätigt durch ein Essay, das er acht Wochen nach der Uraufführung seiner 11. Sinfonie in der Zeitung »Iswestija« veröffentlichte. Darin schrieb er: »Jede schöpferische Arbeit ist unfruchtbar, wenn der Schriftsteller, Künstler oder Komponist nicht eng mit dem Leben des Volkes verbunden ist. Nur wer den Herzschlag und den Geist der Zeit fühlt, kann auch den Gedanken des Volkes wirklich Ausdruck verleihen. Nur unter diesen Voraussetzungen ist ein großes Werk der realistischen Kunst möglich«.[75]

Über das kompositorische Schaffen und die zahlreichen Ehrungen und Konzertreisen im Jahr 1958 wurde schon berichtet. Politischer Höhepunkt war 1958 – auch mit weitreichenden Folgen zum Beispiel für die sowjetischen Musiker – ein Beschluß, den das ZK der KPdSU am 28. Mai 1958 faßte. Darin wurden »Fehler in der Einschätzung der Opern ›Die große Freundschaft‹, »Bogdan Schmelnizky« und »Von ganzem Herzen« eingeräumt. Der ZK-Beschluß von 1948, soweit er die allgemeine Richtung des sowjetischen Musikschaffens betraf, wurde dagegen erneut vollauf bestätigt. Wörtlich hieß es dann: »Gleichzeitig waren in diesem Beschluß enthaltene Beurteilungen des Schaffens einzelner Komponisten in einer Anzahl von Fällen unbegründet und ungerecht ... Talentierte Komponisten wie die Genossen Schostakowitsch, Prokofjew, Chatschaturian, Sebalin,

Popow, Mjaskowski und andere, bei denen sich in einzelnen Werken falsche Tendenzen zeigten, wurden als Vertreter einer volksfeindlichen, formalistischen Richtung in Bausch und Bogen verdammt.«[76]

Das parteiamtliche Organ »Prawda« erläuterte am 8. 6. 1958 diesen ZK-Beschluß, indem einleitend die unangetastete Rolle der Partei hinsichtlich der Richtlinien auch für das Musikschaffen unterstrichen wurde: »Die wichtigste Methode der Partei bei der Erziehung der künstlerischen Intelligenz war und bleibt die Methode der Überzeugung, der Erläuterung der wichtigsten Aufgaben des Aufbaus des Kommunismus. Die Partei dringt tief in die Prozesse des künstlerischen Schaffens ein, unterstützt leidenschaftlich alles Fortschrittliche und entwickelt die schöpferische Initiative und Aktivität der Kunstschaffenden.«[77]

Nunmehr konnte sich Schostakowitsch, der neuernannte Sekretär im Komponistenverband, als endgültig rehabilitiert betrachten. Schließlich war er in dem ZK-Beschluß namentlich genannt worden. Aufatmend legte er in seinem Büro in einer stillen Nebenstraße der belebten Gorkistraße die »Prawda« aus der Hand. Sein neues Amt ließ ihm zunächst wenig Zeit für Kompositionen (er schrieb 1958 nur einen Auszug seiner 11. Sinfonie für zwei Klaviere). Im September hatte er in der Jury eines Internationalen Musikwettbewerbs mitzuwirken, im November reiste er zwei Wochen lang durch die DDR, übernahm sogar den Solopart seines 2. Klavierkonzertes. Es war dieses Jahr für ihn ein Jahr der Reisen.

1959 aber komponiert er wieder fleißig und mit Erfolg: Das Konzert für Violoncello und Orchester Nr. 1 in Es-Dur (opus 107). Es wird am 4. Oktober 1959 in Leningrad uraufgeführt unter der Leitung von J. Mrawinski. Der Solopart wurde von Mstislaw Rostropowitsch übernommen, dem Schostakowitsch dieses Werk gewidmet hatte.

Wie sich Schostakowitsch schon 1939/40 der Neuinstrumentierung der Oper »Boris Godunow« von Mussorgski gewidmet hatte – die geplante Aufführung machte der 1941 zwischen Deutschland und der Sowjetunion ausgebrochene Krieg zunichte –, so erhielt er 1959 den ehrenvollen Auftrag, eine neue Orchesterfassung bzw. Ergänzung einiger Teile der weniger bekannten Oper »Chowanstschina«, ebenfalls von Mussorgski, herzustellen. Am 25.9.1960 brachte das Kirow-Theater in Leningrad die neue Opernfassung mit großem Erfolg heraus. Im übrigen wird Schostakowitsch auch 1959 vielfach geehrt: Das Konservatorium in Mexico-City ernennt ihn zum Ehrenprofessor; er wird mit der Mitgliedschaft in der Akademie der Wissenschaften in den USA ausgezeichnet, und er erhält die Silbermedaille des Weltfriedensrates. Im September 1959 kann er zum 3. Musikfestival »Warschauer Herbst« reisen, bei dem sein 1. Klavierkonzert und die Streichquartette Nr. 5 und 6 aufgeführt werden.

Höhepunkt aller Reisen dieses Jahr aber wird Schostakowitschs zweite Reise in die USA, wiederum als Mitglied einer offiziellen Delegation, im Rahmen des nun, im »Tauwetter«, abgeschlossenen amerikanisch-sowjetischen Kulturaustausches.

Am 22. Oktober 1959 startete Schostakowitsch mit vier sowjetischen Komponisten und einem Musikwissenschaftler zu einer vom amerikanischen Außenministerium in Washington organisierten vierwöchigen Reise durch die USA. Chrennikow, der Vorsitzende des Allunions-Komponistenverbandes der UdSSR, war Leiter der Delegation, der außer Schostakowitsch noch Dmitrij Kabalewski, der Aserbeidshane Fikret Amirow, der Ukrainer Konstantin Dankewitsch, dessen Oper »Bogdan Chmelinszkij« 1951 verurteilt und 1955 rehabilitiert worden war, und der Musikwissenschaftler und Musikkritiker Jarustowski angehörten. Außer Kabalewski, der etwas englisch sprach, mußten sich alle übrigen der Dolmetscher bedienen. Sie taten es diplomatisch, wichen geschickt harten Fragen aus, vermieden Polemik und unterließen, vermutlich einer Weisung aus Moskau folgend, politische Angriffe, wie sie 1949 die sowjetische Delegation einschließlich Schostakowitsch in New York geführt hatte. Nicht zuletzt deswegen war sie damals zur Abreise aufgefordert worden. Aber das politische Klima hatte sich seitdem ohnehin geändert, man machte in »Koexistenz«. So war man jetzt sehr höflich miteinander. Die amerikanischen Gastgeber überboten sich in Freundlichkeit und gaben sich jede erdenkliche Mühe, die sowjetischen Gäste zu erfreuen, zu informieren, zufriedenzustellen.

Schostakowitsch wurde in einem Bericht vom 1. 12. 1959 in »Musical America« nicht unfreundlich, aber recht treffend als »überaus nervöser Kettenraucher, mit zuckendem Blick und unruhigen Händen, meist angespannt wirkend« geschildert, er sei brisanten Themen geschickt ausgewichen oder habe eine diffizile Diskussion mit dem Bedauern, er sei sehr müde, höflich, aber bestimmt abgelehnt. Die fünf Komponisten, von denen eigentlich nur Schostakowitsch in den USA bekannt war, brachten einige ihrer Werke mit. Sie wurden in mehreren Konzerten an der Ost- und Westküste, aber auch im Landesinnern aufgeführt. Die Resonanz, der Beifall nahm mit wachsender Größe der Städte ab, das heißt: in den anspruchsvollen, von kritischem Publikum besuchten Konzerten etwa in New York oder Los Angeles war der Beifall sehr viel zurückhaltender als zum Beispiel in Louisville, einer 320 000-Einwohner zählenden Stadt in Kentucky. Am 6. November wurde in Philadelphia unter Mitwirkung des Cellisten Rostropowitsch Schostakowitschs 1. Cellokonzert aufgeführt, kurz darauf auch seine 10. Sinfonie in Washington. Der Erfolg des zum erstenmal in den USA dargebotenen

Cellokonzertes war deutlich geringer als der des 4 Jahre vorher von David Oistrach aufgeführten 1. Violinkonzertes – und das, obwohl diesmal der Komponist anwesend war.

Die vierwöchige Reise mit zahlreichen Besichtigungen von Musikinstituten, mit Diskussionen, Vorträgen und Informationsgesprächen hatte einmal mehr deutlich gemacht, wie tief der Graben in Theorie und Praxis des Musikschaffens zwischen beiden Staaten war. Schostakowitsch und seine Kollegen hatten auch erfahren müssen, daß das Interesse des amerikanischen Konzertpublikums am zeitgenössischen Schaffen der sowjetischen Komponisten gering war. Hinzu kam die Unvereinbarkeit der unterschiedlichen Bewertung zum Beispiel der Zwölftonmusik, die in der Sowjetunion völlig abgelehnt wurde. Schostakowitsch hatte sich schon früher heftig gegen die Zwölftonmusik ausgesprochen, zuletzt wenige Wochen vor der USA-Reise, als er sich beim »Warschauer Herbst« ausführlich zu diesem Thema geäußert und sich besorgt gezeigt hatte, daß »gewisse polnische Komponisten«, vor allem der jungen Generation, sich an die ›Offenbarung‹ der Zwölftontechnik klammerten und darin die Musik der Zukunft sahen. »Ich möchte Sie in aller Aufrichtigkeit vor dieser Verblendung warnen«, so hatte Schostakowitsch in Warschau ausgerufen, »und Ihnen raten, sich aufmerksam und einfühlend der nationalen Tradition der polnischen Musik, der Tradition der großen polnischen Klassiker, Chopin und Szymanowski, zu widmen ... Die westliche avantgardistische Musik, die am Warschauer Festival gespielt wurde, steht im Gegensatz zur menschlichen Natur und zur erhabenen menschlichen Kunst der Musik«.[78] Das war Schostakowitschs unverrückbarer Standpunkt. Er hat ihn auch in Moskau bei vielen Anlässen wiederholt und bekräftigt. In diesem Punkt war er völlig in Übereinstimmung mit den parteipolitischen Kultur-Direktiven – vorerst noch.

Nun war also Schostakowitsch aus den USA wieder heimgekehrt. Einmal mehr hatte ihn »die westliche Welt«, hatten ihn die USA, besonders die Zeitungsreporter mit ihren oft rücksichtslosen, zuweilen jede Fachkenntnis entbehrenden Fragen abgestoßen, wie er auch an dem Lebensstil des Westens keinen Gefallen fand. Man kann ohne Übertreibung sagen, daß Schostakowitsch gern wieder in die Sowjetunion zurückkehrte.

Andererseits drängt sich die Frage auf: warum hat er nicht schon früher, als er hart gerügt wurde und in Angst lebte, eine seiner zahlreichen Auslandsreisen dazu benutzt, um sich »abzusetzen«? Er war weltberühmt, er hätte sein Auskommen leicht gefunden. Doch so lange seine Kinder klein waren, solange deren Mutter noch lebte (die Ehefrau durfte ihn niemals ins Ausland begleiten), war es für Schostakowitsch selbstverständlich, daß er zur Familie zurückkehrte. Aber seine 1. Ehefrau war 1954 gestorben, seine 2. Ehe geschieden, die Kinder mittlerweile erwachsen. Vielleicht trifft Yehudi Menuhin den Grund genau, wenn er zu dieser Frage antwortete: »Was man auch nie vergessen darf mit den Russen, ist die Liebe zur Heimat. Oistrach hätte auswandern können, Schostakowitsch auch. Aber sie liebten ihre Heimat viel zu sehr, sogar die jetzt außerhalb Rußlands leben und nicht zurückgehen dürfen – es bleibt immer eine Wunde.«[79] Maxim Schostakowitsch, der Sohn Dmitrijs, antwortete, als er einige Wochen nach seiner Flucht in New York gefragt wurde, ob sein Vater diesen Schritt – gemeint war die gemeinsame Flucht des Sohnes und des Enkels – gebilligt haben würde und warum der Vater nicht selbst diesen Schritt getan hätte:

»Mein Vater hat nicht so gehandelt wie ich, aber ich glaube nicht, daß er mich verurteilen würde. Er wäre einverstanden gewesen, denn meine wesentliche Aufgabe ist es zu interpretieren, ist der Dienst an der Musik ... Schostakowitsch (gemeint ist der Vater) wollte mit seiner Musik, mit seinem Werk dem Volk dienen. Er war ein echter Patriot.« Und er fügte nachdenklich hinzu: »Gewiß, die Familie war ein Grund. Aber das wichtigste Motiv war wohl, was Anna Achmatowa so schön (in ihrem »Requiem«, 1961) formulierte:

'Nicht unter fremdem Himmel,
nicht unter fremdem Schutz,
ich blieb auch dann bei meinem Volk
dort, wo es im Unglück war.«[80]

Ein Vergleich drängt sich hier auf mit einem deutschen Dirigenten und Komponisten, mit dem 20 Jahre älteren Wilhelm Furtwängler. Obwohl sie in der Musik voneinander Welten trennten, obwohl sie einander niemals begegnet sind – auch Furtwängler lehnte es ab, sein Heimatland, das nationalsozialistische Deutschland zu verlassen (er hätte mehr als einmal dazu Gelegenheit gehabt), Furtwängler blieb, wollte auch seine Berliner Philharmoniker nicht im Stich lassen, mit denen er noch im Januar 1945 im bombenzerstörten Berlin Konzerte gab und den notleidenden Berlinern damit Stunden der Erbauung schenkte, die unvergeßlich geblieben sind. Erst als die Gestapo Furtwängler verfolgte, entwich er über Wien in die Schweiz – um nach dem Krieg schwere Vorwürfe, Gehässigkeiten in Deutschland zu erfahren, weil er geblieben und nicht emigriert war (während ihn zum Beispiel die Franzosen für diese seine Haltung mit Ovationen bedachten!).

Das Jahr 1960 begann für Schostakowitsch mit Krankheit. Er hatte unter anderem Beschwerden in der rechten Hand, die zuweilen wie gelähmt schien. Andere Symptome gaben den Ärzten zunächst Rätsel auf. Dennoch war der Künstler in den ersten Monaten des Jahres sehr produktiv: er vollendete das 7. Streichquartett in fis-moll (opus 108), das am 15. Mai 1960 in Leningrad, dann das 8. Streichquartett, das am 2. Oktober ebenfalls in seiner Heimatstadt uraufgeführt wurde, beide

Male vom Beethoven-Quartett. Er schrieb im gleichen Jahr ein merkwürdiges kleines Werk, den Liederzyklus »Satiren«, für Sopran und Klavier, mit dem Untertitel »Bilder aus der Vergangenheit«, nach Texten von Sascha Tschernow. Dieser Liederzyklus wurde mit der Sopranistin Galina Wischnewskaja, der das Werk auch gewidmet ist, und mit deren Ehemann Mstislav Rostropowitsch am Flügel am 22.2.1961 in Moskau erstmals aufgeführt. Eine Reaktion ist nicht bekannt.

Die schon im Jahr zuvor von Schostakowitsch fertiggestellte Neufassung der Mussorgskij-Oper »Chowantschinna« wird nun am 25.9.1960 in Leningrad erstaufgeführt. Dann erhält Schostakowitsch den Auftrag, die Musik zum Film »Fünf Tage – fünf Nächte«, einen Film über die Zerstörung Dresdens 1945, zu schreiben. Er reist dafür im August nach Dresden, um sich an Ort und Stelle mit der Stadt und mit den Dreharbeiten zu befassen. Dabei konzipiert er das dem Untergang Dresdens gewidmete 8. Streichquartett. Nach der Rückkehr nach Moskau schreibt er es innerhalb von nur drei Tagen nieder, wobei auffällt, daß er viele Motive aus seiner 11. Sinfonie aufgreift.

Zuvor aber reiste er nach Großbritannien, wo er der Aufführung seines 1. Violinkonzertes beiwohnte. Die Reise ging weiter nach Paris. Dort erklang, mit großem Erfolg, seine 8. Sinfonie.

Gerade in diesen Septembertagen, als er in Paris weilte, wird in Moskau über einen Antrag entschieden, den Schostakowitsch noch vor Antritt seiner Auslandsreisen gestellt hatte – er wollte Mitglied der KPdSU werden. Mit diesem Schritt hatte der nun 55jährige endgültig seinen Frieden mit dem bolschewistischen Regime geschlossen. Er war Funktionär geworden, er war weltgereister, weltberühmter Komponist, vielfach durch Lenin- und Stalin-Preise ausgezeichnet und durch zahlreiche Ehrendoktorhüte und andere Ehrungen

BILDTAFELN

Der 13jährige Dmitrij Schostakowitsch. Zeichnung von B. Kustodiew, 1919

Dmitrij Schostakowitsch als Student, 1923

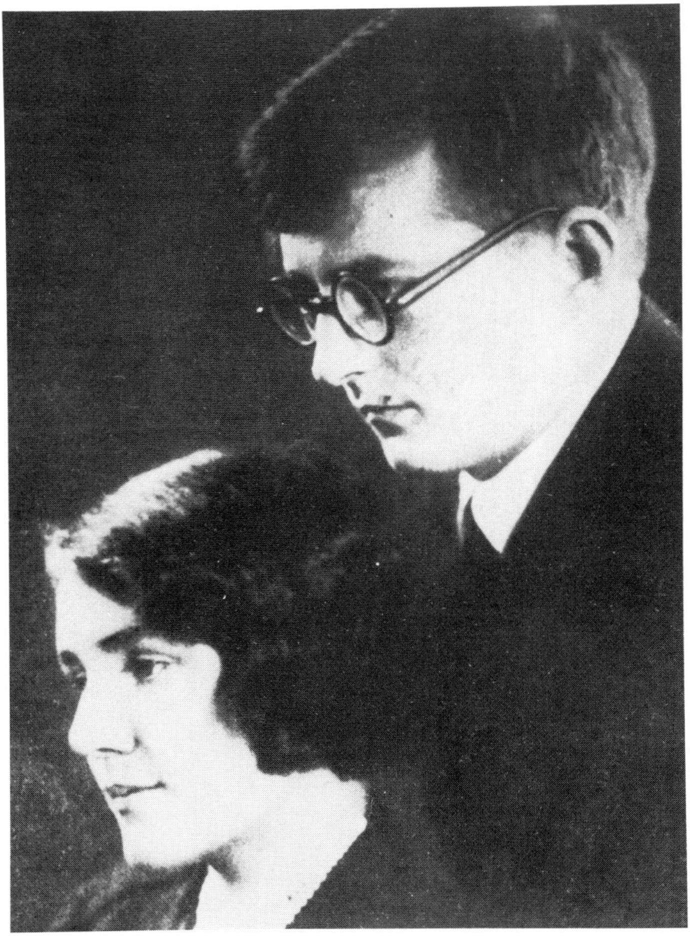

Dmitrij Schostakowitsch mit seiner Frau Nina Wassiljewna, Anfang der dreißiger Jahre

Dmitrij Schostakowitsch. Russische Karikatur aus dem Jahre 1933

Dmitrij Schostakowitsch in den dreißiger Jahren

Dmitrij Schostakowitsch in den vierziger Jahren in seinem Arbeitszimmer in Leningrad

Dmitrij Schostakowitsch mit seiner Tochter Galina, Anfang der fünfziger Jahre

Dmitrij Schostakowitsch in den fünfziger Jahren

Dmitrij Schostakowitsch mit seinem Sohn Maxim Schostakowitsch (10. Mai 1938) in den sechziger Jahren*

Dmitrij Schostakowitsch in seinem Arbeitszimmer

Dmitrij Schostakowitsch / Dr. Sikorski (Hamburger Verleger)

Dmitrij Schostakowitsch mit seinem Enkel, Sohn von Galina

Handschrift Schostakowitschs: Symphonie Nr. 15 A-Dur, op. 141 (Part. 1. Satz)

Dmitrij Schostakowitsch in seinen letzten Lebensjahren

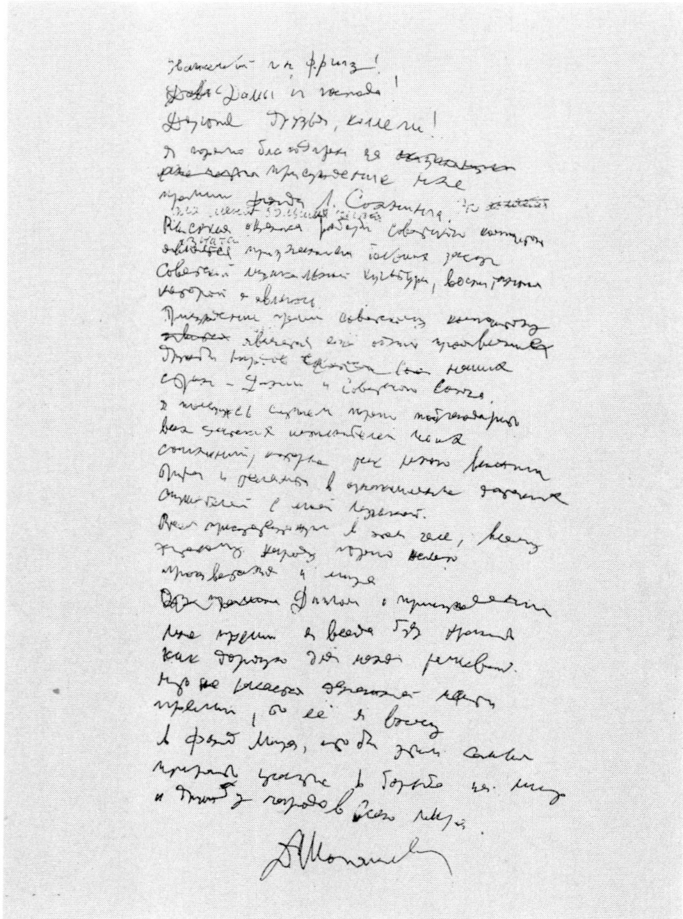

Eigenhändiger Entwurf der Dankesrede Schostakowitschs anläßlich der Verleihung des Sonning-Preises. Kopenhagen, 1973

auch im Ausland dekoriert. Jetzt, so schien es, war Schostakowitsch überzeugt, daß sich der Kurs in der Sowjetunion endgültig geändert hatte. Er honorierte das »In-Ruhe-Gelassen-werden« auf seine Weise: er wollte Parteimitglied werden. Dieser Wunsch stand vermutlich auch in Einklang mit der Forderung, daß der Vorsitzende des russischen Komponistenverbandes ein deutliches Zeichen seiner politischen Haltung setzte – auch wenn, wie Fred K. Prieberg ermittelte, nur jedes 2. Mitglied des Komponistenverbandes Mitglied der KPdSU war.

Schostakowitsch hatte sich arrangiert und schrieb nun seine 12. Sinfonie, die dem Andenken Lenins gewidmet ist und aus Anlaß des XXII. Parteitages am 15.10.1961 in Moskau in festlichem Rahmen uraufgeführt wurde.

Schon ein Jahr vorher war diese »Lenin-Sinfonie« angekündigt worden. Die Absicht, das neue Werk beim »Prager Frühling«, dem tschechoslowakischen Musikfestival, aufzuführen, mußte aufgegeben werden. Schostakowitsch hatte nur drei Sätze fertiggestellt und tat sich mit dem 4. Satz, dem Finale, schwer. Ein halbes Jahr konzipierte der Künstler einen Entwurf nach dem anderen, verwarf jeden wieder. Dann endlich, im August 1961, schrieb er den 4. Satz in wenigen Tagen – die 12. Sinfonie war vollendet!

Konstantin Iwanow dirigierte die Uraufführung anläßlich des XXII. Parteitages in Moskau, Jewgenij Mrawinski wenige Tage später die erste Aufführung in Leningrad. Die Erwartungen der sowjetischen Musikschaffenden und -interessierten waren hochgespannt. Eine Sinfonie, dem Andenken Lenins gewidmet, eine »musikalische Geschichte der Oktoberrevolution« war angekündigt worden. Als das Finale verklungen war, gab es in Moskau, und gleich darauf auch in Leningrad viele enttäuschte Konzertbesucher. Das Urteil des Musikwissenschaftlers und Komponisten Krzysztof Meyer:

»Obwohl sich wiederum die große Meisterschaft des Komponisten in dieser musikalischen Gattung bestätigte, erwies sich das Material, aus welchem die Sinfonie bestand, nicht von der besten Qualität. Die Thematik enttäuschte mitunter durch Banalität, übertriebenes Pathos und Schwülstigkeit. Es mangelte der 12. Sinfonie auch an Unmittelbarkeit des Ausdrucks, die für ihre Vorgängerin kennzeichnend war. Der musikalischen Sprache, obwohl für Schostakowitsch typisch, fehlte jene Frische, die so oft in anderen Werken des Komponisten bezaubert.«[81]

Der 1. Satz mit dem Titel »Revolutionäres Petrograd« liefert eine furiose Einstimmung. Der langsame 2. Satz ist »Rasliw« betitelt, das heißt »Die steigende Flut«, ist aber auch Synonym für Lenins Versteck vor der Polizei kurz vor Ausbruch der Oktoberrevolution 1917. »Aurora«, der Name des Kreuzers, der mit einer Salve den Petrogradern das Signal zum Beginn der Revolution gab, ist der Titel des 3. Satzes der 12. Sinfonie, und das Finale stellt »die durch Lenins Sieg beglückte Menschheit« dar. Der Wahlamerikaner Boris Schwarz beurteilte im Unterschied zu vielen anderen Kritikern die 12. Sinfonie Schostakowitschs, zumindest die ersten Sätze, positiv: »Nie hatte Schostakowitsch russischer geklungen als im ersten Satz seiner 12. Sinfonie. Dieses typisch Russische ist auch in der ruhigen Kontemplation des 2. und in der aggressiven Lebhaftigkeit des 3. Satzes noch zu spüren. Leider wirkt das Finale – »Morgenröte der Menschheit« – etwas geschwollen und monoton. Sogar russische Kritiker geben diese Schwäche des letzten Satzes zu – doch sie kritisieren ihn meist als zu »statisch« – eine milde Untertreibung.«[82]

Als die 12. Sinfonie 1962 zum erstenmal außerhalb der Sowjetunion, bei den Edinburgher Festspielen, erklang, schrieb der Kritiker der »New York Times«, Peter Heyworth: »Schostakowitsch ist als notorisch unausgeglichener

Komponist bekannt. Trotzdem hat seine neue Sinfonie gute Chancen, als das schlechteste seiner größeren Werke in die Geschichte einzugehen. Die Mehrzahl der in Edinburgh anwesenden Musiker und Kritiker war fassungslos über ihre Unreife und Bedeutungslosigkeit.«

Der Amerikaner, der durchaus Sympathien für Schostakowitsch besaß und zum Beispiel dessen 11. Sinfonie im Gegensatz zu manchen anderen Kritikern der westlichen Welt positiv beurteilt hatte, schloß seinen Bericht aus Edinburgh mit nachdenklichen Anmerkungen:

»Jahrelang hat sich die westliche Welt darin gefallen, in Schostakowitsch ein Opfer des Stalinismus zu sehen, und das ausgezeichnete Violinkonzert und die 10. Sinfonie, mit denen er in den Jahren nach Stalins Tod an die Öffentlichkeit trat, schienen diese Betrachtungsweise zu rechtfertigen. Auch heute ist er möglicherweise kein ›freier‹ Komponist im westlichen Sinne, aber er könnte, wenn er das wollte, über beträchtliche Handlungsfreiheit verfügen. Woran mag es dann liegen, daß dieser Komponist, dem wir Musik von solch herrlicher, menschlicher Wärme, voller Witz und geistvoller Ironie verdanken, seine Zeit mit solch monumentalen Trivialitäten verschwendet?«[83]

Bald waren sich die Kritiker ziemlich einig: Schostakowitschs 12. Sinfonie gehört zu den uninteressanten, schwächeren Werken, geschrieben mit Routine und im starren Blick auf einen großen Revolutionär und Parteiführer.

Der vorletzte Tag des Jahre 1961 brachte Schostakowitsch eine weitere Rehabilitierung: seine 25 Jahre zuvor komponierte 4. Sinfonie – er hatte sie bekanntlich 1936, nach der Parteikritik an seiner Oper »Lady Macbeth von Mzensk« und anderen Werken, kurz vor der Uraufführung zurückgezogen – wurde unter Leitung von Kyrill Kondraschin in Moskau zum erstenmal aufgeführt – und mit rauschendem Beifall bedacht.

Hier erklang nun nach der 12. Sinfonie ein »Jugendwerk«, das der damals kaum 30jährige Schostkowitsch im Jahr seiner tiefsten Niederlage geschrieben hatte, gedemütigt, geängstigt, tief herabgestürzt vom Podest eines erfolgreichen, fast schon berühmten Künstlers, alleingelassen, deprimiert.

Boris Schwarz, als gebürtiger Russe vielleicht besonders befähigt, Schostakowitsch zu begreifen, beschrieb die 4. Sinfonie so:

»Schostakowitschs Vierte ist ... ein titanischer Fehlgriff, der den Zuhörer dennoch seltsam bewegt zurückläßt. Auf den 1. Satz, der sich jeder formalen Analyse widersetzt, folgt der Mittelsatz, der an einen Ländler erinnert, ein kurzer Beruhigungstrank, mit bittersüßem Mahlerschem Nebengeschmack. Und dann das gewaltige Finale, das, wenn nicht mit überzeugender Logik, zumindest nach einem Gesamtplan aufgebaut ist: fünf große Unterteilungen, jede mehr oder weniger in sich geschlossen. In der Pseudo-Trauer der Eröffnung sind natürlich Bruckner und Mahler zu erkennen, denn in seiner Vierten Sinfonie steht Schostakowitsch Mahler so nahe, wie nie zuvor und auch nie mehr danach ... Im Ganzen ist die Vierte reinster Schostakowitsch.«[84]

Es war das Verdienst Kondraschins, mit dem Schostakowitsch dann auch zunehmend befreundet war, daß er den Komponisten überredete, die 25 Jahre unter Verschluß gehaltene 4. Sinfonie hervorzuholen, geringfügig zu überarbeiten und endlich aufführen zu lassen. Schostakowitsch selbst hatte den Eindruck gehabt, dieses Werk sei ihm mißlungen. Deswegen wohl auch ließ er selbst nach Stalins Tod 8 Jahre vergehen, bis er die Partitur einer Aufführung für wert hielt. Wie falsch er sein Werk offenbar beurteilt hatte, bewies das Echo in Moskau. Grigorij Schneerson schrieb in einer Kritik: »Es ist ein Werk mit machtvollem, tragischem Gestus, stürmischer Leidenschaftlichkeit, durchtränkt von Bewegung und

Vitalität. Der junge Schostakowitsch ... zeigt sich uns hier als reifer Meister, der alle Geheimnisse der sinfonischen Dramaturgie, alle Möglichkeiten und Mittel des modernen Orchesters und der zeitgenössischen Polyphonie kennt und beherrscht ... Die sowjetische Musik (und nicht nur die sowjetische) hatte ein großartiges Neujahrsgeschenk erhalten: am 30. Dezember 1961 ist aus der Versenkung eine große Sinfonie zutage gefördert worden, die in die Reihe der besten Sinfonien des 20. Jahrhunderts eingehen wird.«[85]

Den grandiosen Erfolg seiner 4. Sinfonie im Ohr und vor Augen, begann Schostakowitsch 1962 eine neue, seine 13. Sinfonie. doch die Arbeit daran wurde immer wieder unterbrochen durch besondere Ereignisse.

So wird Schostakowitsch, jetzt Mitglied der KPdSU, als Abgeordneter in den Obersten Sowjet gewählt, auf Lebenszeit – eine ehrenvolle Wahl, die einmal mehr bestätigt, daß Schostakowitsch als regimetreu, partei-integer galt, als ein, wenn auch spät, einsichtiger, treuer Staatsbürger.

Auch privat ereignet sich etwas: Schostakowitsch heiratet zum dritten Mal, die wesentlich jüngere Irina Antonowa Supinskaja.

Das schon erwähnte Edinburgh-Festival erfordert im Spätsommer 1962 die Anwesenheit des Komponisten, denn es werden dort einige seiner Sinfonien und alle Streichquartette aufgeführt, auch Teile seiner Oper »Lady Macbeth von Mzensk«, die er in eben diesem Jahr umgearbeitet hat. Sie trägt nun den Titel »Katerina Ismailowa«.

Den Höhepunkt für Schostakowitschs musikalisches Schaffen aber bildet 1962 die Uraufführung seiner Sinfonie Nr. 13 (opus 113) in b-moll für Baß-Solo, Baßchor und Orchester, nach Texten von Jewgenij Jewtuschenko am 18. Dezember 1962 in Moskau, wiederum unter Leitung von Kyrill Kondraschin. (Die langjährige Freundschaft zu Jewgenij Mrawinski, der viele Uraufführungen in Leningrad dirigiert und Schostakowitsch auch in harten Zeiten getreulich zur Seite gestanden hatte, war abgekühlt, ohne daß hierfür ein besonderer Grund zu erkennen wäre). Hatte Schostakowitsch, Sekretär, das heißt Vorsitzender des russischen Komponistenverbandes, Mitglied der Partei, Abgeordneter des Obersten Sowjet, ernsthaft geglaubt, alle schweren Jahre lägen hinter ihm, seit Stalins Tod, genauer: seit Chruschtschow Malenkow abgelöst hatte, herrsche eine erträgliche Atmosphäre, was das Kulturleben anbetraf, und er, Schostakowitsch, sei als weltbekannter und -berühmter Komponist das unangreifbare Aushängeschild der Sowjetunion, so merkte er spätestens bei der Uraufführung seiner 13. Sinfonie, daß er sich geirrt hatte. Auch ein Dmitrij Schostakowitsch war noch immer angreifbar, hatte nicht etwa »Narrenfreiheit«, zumal sich in diesen Monaten schon eine straffere Handhabung auch in der Kulturpolitik durch die Parteiführung bemerkbar machte. Während die Konzertbesucher erschüttert und begeistert zugleich reagierten, schwieg die Presse über die Uraufführung eines Werkes des bedeutendsten sowjetischen Komponisten. Keine Zeile der Kritik wurde gedruckt – hatte das Schostakowitsch nicht schon einmal erlebt?

Krzysztof Meyer war Augenzeuge der Uraufführung im Großen Saal des Moskauer Konservatoriums. Er erinnerte sich später: »Denjenigen, die das Glück hatten, beim Konzert anwesend zu sein, wird es viele Jahre im Gedächtnis bleiben. Als diese tragische, von Kraft und Dynamik erfüllte Musik erklang, hörten sie die Menschen mit höchster Erschütterung. Die Ovationen fanden kein Ende. Viele Zuhörer weinten, Tränen standen auch in den Augen des sich auf dem Podium verbeugenden Komponisten und des ihn begleitenden Jewtuschenko. Die Stimmung war ungewöhnlich – wie während einer rituellen Handlung. Aram Chatschaturian konnte nur ein Wort – 'genial' – hervorbringen, und eben in dieser Weise wurde das neue Meisterwerk von allen Kritikern eingeschätzt: als eines der besten Werke des großen Künstlers.«[86]

Dabei hatte Schostakowitsch, als er das Werk begann, gar nicht die Absicht gehabt, eine Sinfonie zu komponieren – ein Kuriosum für ihn, der alles wochen-, wenn nicht monatelang im Kopf zu konzipieren pflegte, bevor er eine Note niederschrieb. 10 Jahre danach erinnerte sich Schostakowitsch: »Zuerst komponierte ich in Anlehnung an das Gedicht ›Babi Jar‹ von Jewtuschenko etwas, was wie ein vokal-instrumentales Poem anmutete. Erst später kam mir der Gedanke, diese Arbeit fortzusetzen und weitere Gedichte dieses Dichters zu verwenden. Im zweiten Satz benutzte ich das Gedicht ›Humor‹, im dritten das Gedicht ›Im Laden‹. Das Gedicht »Ängste«, auf das ich mich beim Komponieren des vierten Satzes stützte, schrieb Jewtuschenko speziell für mich in Zusammenhang mit meinem neuen Werk. Für das Finale wählte ich das Gedicht »Karriere« ... Die Gedichte waren zu verschiedenen Zeiten veröffentlicht worden und sind unterschiedlichen Themen gewidmet. Ich wollte sie durch die Musik miteinander verbinden. Ich schrieb also eine Sinfonie und nicht eine Reihe einzelner Bilder«.[87]

Am 20. Dezember 1962 fand eine zweite, ebenso begeistert aufgenommene Aufführung in Moskau statt – dann wurde das Werk ignoriert, es vergingen viele Jahre, bis es wieder auf dem Programm eines Konzertes in der Sowjetunion stand.

Was war geschehen? Was hatte Schostakowitsch falsch gemacht? Womit hatte er sich erneut den Unwillen der höchsten Funktionäre zugezogen?

Die 13. Sinfonie, die strenggenommen eine sinfonische Kantate ist, beginnt im 1. Satz mit einer Vertonung des Gedichtes von Jewtuschenko, »Babij Jar«. Es ist ein Protest gegen den Antisemitismus und schildert an 6 Beispielen die Leidensgeschichte des jüdischen Volkes: Auszug aus Ägypten, Kreuzigung Jesu, Affäre Dreyfus in Frankreich (Ende vorigen Jahrhunderts), das große Judenpogrom in Bialystok 1906, das jüdische Mädchen Anne Frank und das Massaker von Babij Jar. Das Juden-Massaker in der Schlucht von Babij Jar, unweit der ukrainischen Hauptstadt Kiew im 2. Weltkrieg, gab der Sinfonie das Gepräge. (Es ist bis heute nicht einwandfrei geklärt, ob die etwa 50 000 jüdischen Männer, Frauen und Kinder von Deutschen ermordet wurden oder einem Progrom ukrainischer Antisemiten zum Opfer fielen oder ukrainische Hilfspolizisten der deutschen SS Handlangerdienste leiteten).

Es war dieses gegen jeden Antisemitismus protestierende Gedicht, das in einigen Zeilen Anstoß »an höchster Stelle« erregt hatte. Hinzu kam, daß in jenen Jahren ohnehin keine judenfreundliche Atmosphäre in der Sowjetunion herrschte. Der Textdichter von »Babij Jar«, der knapp dreißigjährige Jewtuschenko hatte durch seine Lyrik besonders bei vielen jungen Menschen große Anhängerschaft gefunden. Vielleicht auch durch mutige, gewagte, regimekritische Verse. Er wurde von den für Kultur verantwortlichen Parteifunktionären deshalb scharf beobachtet, auch deshalb, weil er Umgang mit bekannten, dem Modernismus huldigenden sowjetischen Malern pflog – und diese Kunstrichtung war in der Sowjetunion verpönt. Hinzu kam, daß gerade in jenen Dezembertagen 1962 Chruschtschow härtere Töne anschlug und anläßlich einer Ausstellung abstrakter Kunst drohend geäußert hatte: »Wir bestehen auf einer strikten Parteilinie in den bildenden Künsten«. Er werde, so fügte der Parteichef hinzu, in ideologischen Dingen keine Koexistenz dulden. Im übrigen wurden Vertreter aller Kunstrichtungen zu einem klärenden Gespräch mit der Parteiführung befohlen, das (zufällig?) am

17. Dezember, also am Tag vor der Uraufführung der 13. Sinfonie, stattfand.

In der stundenlangen Diskussion, an der auch Chruschtschow teilnahm, geriet Jewtuschenko in seiner erstaunlich unbekümmerten, undoktrinären Art, in heftigen Wortwechsel mit dem Parteiführer. Auch dies dürfte kaum dazu beigetragen haben, Chruschtschow versöhnlicher zu stimmen gegenüber dem »rebellischen« Textdichter von »Babij Jar«.

Erschwerend für die 13. Sinfonie und ihren Komponisten war ferner, daß auch einige der anderen Gedichte Jewtuschenkos Kritik an den Zuständen in der Sowjetunion übten, so das 3. Gedicht (»Im Laden«), das das geduldige Schlangestehen der Frauen nach irgendwelchen Dingen des täglichen Bedarfs anprangert, oder der 4. Satz (»Ängste«), der die Erinnerung an die Stalin-Ära mit Denunziantentum und Terror heraufbeschwor.

Der amerikanische Musikwissenschaftler Boris Schwarz war im Rahmen einer längeren Studienreise durch die Sowjetunion zufällig im Dezember 1962 in Moskau Augen- und Ohrenzeuge der Uraufführung der 13. Sinfonie von Schostakowitsch. Er berichtet:

»Die Premiere der 13. Sinfonie wurde in Moskau mit größter Ungeduld erwartet. Diese Erregung war nicht rein musikalischer Natur; man war sich der kulturpolitischen Spannungen hinter den Kulissen bewußt, man wußte von den Treffen zwischen der Intelligenzija und der Partei. Die Stadt schwirrte von Gerüchten, daß die Aufführung möglicherweise in letzter Minute abgesagt würde. Zur Hauptprobe wurden Studenten und Fakultät des Konservatoriums zugelassen. Eine Mitarbeiterin des Glinka-Museums, die von der Hauptprobe zurückkam, wischte meine Frage nach der Musik beiseite. ›... aber die WORTE‹, murmelte sie. – Bei der Premiere blieb die Regierungsloge leer und die geplante Fernsehübertragung fand nicht statt. Ein Zuhörer, der sich am 18. Dezember der Konservatoriumshalle näherte, fand den ganzen Platz von der Polizei gesperrt. Im Inneren war die Halle zum Bersten gefüllt ... Die Spannung steigerte sich unerträglich. Nach dem 1. Satz, ›Babij Jar‹, gab es spontanen Beifall; als das einstündige Werk zu Ende war, brachen Begeisterungsstürme aus, wie man sie nur selten erlebt. Auf der Bühne stand Schostakowitsch, scheu und linkisch, und verbeugte sich steif, neben ihm Jewtuschenko, der sich mit der Leichtigkeit des geborenen Schauspielers bewegte. Zwei große Künstler – zwei Generationen, geeint im Kampf für die Freiheit des menschlichen Geistes. Beim Anblick der beiden geriet das Publikum vollends außer Rand und Band, das rhythmische Klatschen, so typisch für russische Begeisterungsausbrüche, erklang mit doppelter Intensität, skandierte Rufe von »Bra-vo-Scho-sta-ko-witsch« und »Bra-vo-Jew-tu-schen-ko« erfüllten den Raum. Das Publikum schien von Musik und Text gleichermaßen hingerissen, obwohl letzterer, im Gegensatz zu den üblichen Gepflogenheiten, nicht im Programmheft abgedruckt war.«[88]

Schwarz versuchte vergeblich, eine Partitur, notfalls nur zur Einsicht, zu bekommen. Die Aufführung wurde totgeschwiegen, bis sich Schostakowitsch und Jewtuschenko mit der Änderung von einigen Textzeilen einverstanden erklärten – die Musik blieb unverändert. Heute gibt es in der Welt zwei Fassungen der Sinfonie – die mit dem ursprünglichen Text und die mit den wenigen geänderten Zeilen, in denen nun die Sowjetunion verherrlicht wird.

So befriedigt Schostakowitsch mit dem Erfolg der 13. Sinfonie sein konnte, hatte er dennoch, wieder einmal und unerwartet, die Grenzen zu spüren bekommen, die das Regime, dem er nun schon lange treu ergeben diente, auch ihm, dem »verdienten Künstler des Volkes« zog.

Als er sich sichtlich gerührt auf dem Orchesterpodium für den Beifall bedankte, wußten nur wenige im Saal, daß dem Komponisten zwei Tage später eine weitere Aufregung bevorstand: in »plötzlicher«, natürlich wohlgeplanter Abänderung des Spielplans brachte das Moskauer Stanislawsky-Nemirowitsch-Dantschenko-Theater am 20.12.1962 anstelle des »Barbier von Sevilla« von Rossini Schostakowitschs Oper »Katerina Ismailowa«, die 1936 als »Lady Macbeth von Mzensk« verdammt worden war. Schostakowitsch hatte einige derb-sinnliche Stellen »entschärft«, textlich und musikalisch, hatte zwei Zwischenaktmusiken hinzugefügt, im Großen und Ganzen aber war die Urfassung unverändert geblieben. Die Verantwortlichen waren jedoch unsicher, ob der recht puritanisch-prüde Chruschtschow und seine Genossen diese »entschärfte« Opernversion akzeptieren würden. Die Premiere war für den 8. Januar 1963 vorgesehen, jetzt, am 20. Dezember, wollte man hauptsächlich einem Kreis geladener Gäste, unter ihnen die für das Opernwesen zuständige Kultusministerin Furzewa, das Werk vorführen, um die Wirkung zu testen und eventuelle Änderungen noch bis zur Premiere vornehmen zu können.

Es herrschte bei allen »Eingeweihten« dieser Test-Vorstellung knisternde Spannung – und alle atmeten erleichtert auf, als Frau Furzewa, die energische, aber auch mutige Kultusministerin, die Oper in dieser Fassung für die Premiere freigab. Boris Schwarz, ein Augenzeuge dieses Abends, schrieb: »Immer wieder richteten sich alle Augen im Zuschauerraum auf den Komponisten, der im Parkett saß. Seine Umgebung schien für ihn versunken, während er völlig vertieft dem unbarmherzigen Realismus, dem leidenschaftlichen Brausen seines Jugendwerkes lauschte. Die Ovationen, die am Schluß ausbrachen, waren mehr als ein Tribut an den großen Komponisten, es war, als ob sich jeder Zuhörer mit diesem historischen Akt der Wiedergutmachung identifizierte. Als sich Schostakowitsch inmitten der applaudierenden Sänger auf der Bühne zeigte, war sein sensibles Gesicht hager und von der emotionalen Anspannung gezeichnet. Er hatte eine Schlacht gewonnen – doch zu welchem Preis!«[89]

Am 8. Januar 1963 bereitete dann das Premieren-Publikum dem Komponisten ebenfalls eine großartige Ovation, als wollte es ihn die Rehabilitierung für die erlittene Schmach von 1936 fühlen lassen. Immer wieder mußte Schostakowitsch zusammen mit dem Dirigenten und den Sängern auf die Bühne treten und dem begeistert Beifall spendenden Publikum danken. Im Gegensatz zur Aufführung der 13. Sinfonie nahm diesmal die Presse nicht nur Notiz, sondern überschlug sich in ausführlichen Berichten geradezu in Lob und positiver Kritik. Selbst die »Prawda« stimmte in den Chor der Begeisterung ein und scheute sich nicht zuzugeben, daß diese Oper 1936 ungerechtfertigt verunglimpft wurde. Schostakowitsch konnte nur staunend Sätze wie diesen lesen: »Eine ganze Generation sowjetischer Komponisten wäre vielleicht nicht gezwungen gewesen, eine Tür aufzubrechen, die Schostakowitsch bereits lange zuvor geöffnet hatte ...«

Der Komponist – stets zu Kompromissen bereit – sagte später in einem Interview des sowjetischen Fernsehens: »Bei der Kritik meiner Oper in den dreißiger Jahren war vieles gerechtfertigt. Für ihre spätere Wiederaufführung unter dem Titel »Katerina Ismailowa« habe ich sie auf alle Fälle neu bearbeitet, das heißt also: die Kritik in den dreißiger Jahren war schon notwendig, einmal ganz abgesehen davon, daß vieles dabei überhitzt war und daß auch viele überflüssig harte Ausdrücke gebraucht wurden.«

Die Neufassung der Oper wurde die Sensation des Moskauer Musiklebens. Jahrelang stand das Werk nun in der sowjetischen Hauptstadt auf dem Spielplan. Sehr bald nach der Premiere wurde die Oper auch in Polen, in der Bundesrepublik Deutschland, in der DDR, CSSR, in Ungarn, Jugoslawien, Italien, Österreich, Großbritannien und in den Niederlanden aufgeführt. Geschäftstüchtige Verleger sahen eine Marktchance: auch die Partitur der Jugendoper »Die Nase« wurde nun weltweit angeboten und führte zu einigen Neuinszenierungen, zum Beispiel auch in Düsseldorf.

Schostakowitsch stand – wieder einmal – hochgeehrt, weltberühmt auf dem Podest des größten lebenden sowjetischen Tonkünstlers. Seine Gesundheit freilich war angeschlagen, er mußte pausieren; das ganze Jahr 1963 über schrieb er lediglich aus Anlaß der 100-Jahrfeier des Anschlusses Kirgisiens an Rußland eine Ouvertüre mit russischen und kirgisischen Themen, eine Auftragsarbeit also, und die Musik zum sowjetischen Film »Hamlet« (opus 116).

Das Jahr 1963 bildet eine deutliche Zäsur im Leben des nun 57-Jährigen. Er holt Luft, sammelt neue Kräfte und bemüht sich, das ihn nun schon drei Jahre quälende Leiden, vermutlich eine inzwischen chronische Entzündung des Rückenmarks, zu bekämpfen, zu ertragen, sich daran zu gewöhnen, daß die rechte Hand zeitweilig den Dienst versagt. Es zeigt sich jetzt, daß Schostakowitsch, der kein draufgängerischer Kämpfer, nicht hart im Geben war, ein unvorstellbares Quantum Leid ertragen konnte, er war hart im Nehmen, sehr hart.

3. Der Funktionär, der Kompromissler, der Mensch Schostakowitsch

»Das Schicksal fügte es, daß Schostakowitsch am Lebensabend, geplagt von physischen Leiden, eine fürsorgliche Pflegerin fand«, schildert Soja Chentowa die häusliche Situation von Dmitrij Schostakowitsch. Die noch sehr junge Irina überbrückte geschickt und taktvoll den beträchtlichen Altersunterschied zu ihrem 58jährigen Ehemann, indem sie, wie Sofia Chentowa beschreibt, »die Rolle der Mutter eines geliebten und schwierigen Kindes übernahm. Durchdrungen von seiner inneren Welt, begriff sie, daß der Wille dieses ungewöhnlichen Menschen nicht beeinflußt werden darf, daß man ihm nur helfen kann. Schostakowitsch, der im Verlauf des ganzen Lebens musikalische Ideen und den Prozeß des Komponierens selbst vor den nächsten Angehörigen nervös zu verbergen trachtete, vermochte nur in ihrer Nähe ruhig zu arbeiten, ohne sich von der Anwesenheit eines anderen Menschen stören zu lassen...«[90]

Seiner jungen Frau Irina widmet Schostakowitsch auch das 9. Streichquartett, das er Anfang 1964 schreibt. Diesem opus, Nr. 117, folgt im Juli in kürzester Zeit die Komposition des 10. Streichquartetts. Beide Werke werden vom Beethoven-Quartett am 20. November 1964 in Moskau uraufgeführt.

Schostakowitsch war trotz aller Leiden ein vielbeschäftigter Mann. Regelmäßig versah er seine Pflichten im Büro des Komponistenverbandes.

Gerd Ruge, langjähriger Rundfunkkorrespondent der ARD in Moskau, beschreibt sehr anschaulich einen Besuch, den er Schostakowitsch abstattete, um ihn in seinem Büro zu interviewen: »Ich erinnere mich besonders an ein langes Interview mit ihm. Das war eines der schwierigsten, vielleicht auch der deprimierendsten, verstörtesten, die ich in meinem Leben überhaupt gemacht habe, weil er eben doch ein schwieriger, sehr gehetzter, sehr verunsicherter Mensch war ... In einen großen, etwas düsteren Raum ... kamen Komponistenwitwen oder Musiker, die sich wegen ihrer Rente erkundigen wollten. Und es kamen junge Leute, die Probleme hatten. Er sprach mit ihnen eigentlich sehr geduldig, einfühlsam. Aber wenn wir dann zum Interview zurückkamen, auf die Fragen, die mich interessierten, nach seinem Werk, das Verhältnis seines Werkes zur Gesellschaft, dann wurde er sehr unsicher ... Er war ein schon damals grauhaariger, schmaler Mann, sehr schmales Gesicht, und die Augen rollten nervös und bewegten sich hin und her, wenn er über etwas nachdachte, was mit seiner Musik und ihrem Verhältnis – vielleicht auch zur Politik – zu tun hatte. Denn beides, glaube ich, konnte er nicht trennen. Zu jener Zeit war er ja rehabilitiert. Er war sehr angesehen, hatte seine Ämter wieder, er wurde viel gelobt. Die Zeit der großen, scharfen Kritik, der Verurteilung, der lebensgefährlichen Verurteilung war ja ... vorbei. Andererseits muß man doch zugeben, er hat in einer Zeit, wo der Antisemitismus sehr stark und offiziell wieder betont wurde, in der Sowjetunion, jüdische Volkslieder komponiert, er hat sich auch für Jewtuschenko eingesetzt, hat ein Gedicht von Jewtuschenko vertont ..., als Jewtuschenko selber in Gefahr stand, aus dem Jungkomsomolzenverband ausgeschlossen zu werden ... Ein Opportunist in der normalen Form war er wohl nicht. Wenn er ein Opportunist war, dann in dem Sinne, daß er jede Auftragsarbeit angenommen hat, auch politische Auftragsarbeiten: das Auftreten auf Kongressen und dergleichen, um das zu sagen, was von ihm gefordert wurde und das abzulesen, was man ihm vorlegte. Er hat das alles getan, um etwas anderes zu tun, was ihm wichtiger erschien: die Arbeiten, die Werke zu komponieren, auf die es ihm wirklich ankam, und das hat eben doch wohl einen großen Unterschied in seinen Werken gemacht, im Schwerpunkt, den er legte, in den Opfern, die er dafür brachte, daß er so etwas komponieren konnte. Und so hat er es, glaube ich, auch gemeint, wenn er sagte, er habe sich in seinem ganzen Werk in 30 Jahren nie geändert.«[91]

Immer wieder, schon zu Lebzeiten, aber auch nach seinem Tode, wurde in der westlichen Welt der Vorwurf erhoben, Schostakowitsch sei im Grunde doch ein Opportunist gewesen. Der weltberühmte Geiger, Pädagoge und Dirigent Yehudi Menuhin – in den USA als Sohn jüdischer Emigranten aus Rußland geboren – ist Schostakowitsch mehrfach begegnet. Er meinte zu diesem Thema:

»Er war ein scheuer und ein ängstlicher Mensch ... Diesem Menschen bin ich das erste Mal begegnet in Prag 1948 ... Jedes Mal hatte ich den Eindruck von einem Menschen, der sehr innerlich lebt, der vieles ausdrücken möchte, der sich nie erlaubt hat, das zu tun – in Worten ... Von Opportunismus kann nicht die Rede sein. Er war ein zu guter und ein zu echter Mensch. Außerdem hatte er nicht den Erfolg, den man gewöhnlich mit Opportunismus verbindet. Er hat sich beugen müssen in gewissen Fällen, aber nie hat er seine innerlichen Überzeugungen gebeugt. Sie waren ganz fest. Das war ... der große Zwiespalt: was er innerlich war und was er äußerlich gezeigt hat«.[92]

Ein anderer Augenzeuge: Kyrill Kondraschin, der Schostakowitschs 4. Sinfonie bei der Uraufführung dirigiert hatte und in den letzten 12 Lebensjahren des Komponisten mit ihm befreundet war. Er hatte sich dann, obwohl seit 1941 Mitglied der KPdSU, Stalinpreisträger und »Verdienter Künstler des Volkes«, 1978 bei einer Konzertreise in den Niederlanden entschlossen, nie mehr in die Sowjetunion zurückzukehren. Er bat um politisches Asyl. Der 64jährige Kyrill Kondraschin schilderte im Dezember 1980, wenige Monate vor seinem Tod, als er in München für den erkrankten Dirigenten Levine einsprang und die 13. Sinfonie von Schostakowitsch dirigierte, seinen verstorbenen Freund Schostakowitsch, an dessen Sarg er Totenwache gehalten hatte, mit den Worten: »Er war ein sehr komplizierter Mensch. Als erstes war er Patriot seiner Heimat. Als er jung war, glaubte er an die Ideale der Revolution. Er schrieb revolutionäre Sinfonien, und sein Verhalten während des Krieges zeigte, daß er wirklich seine Heimat liebte. Aber gleichzeitig mußte er sich anpassen und konnte nicht immer das sagen, was er dachte. Wer die Umstände seines Lebens kennt, wird sich nicht darüber wundern.«[93]

Schostakowitsch hat eine Maske getragen, ohne Zweifel. Er gab sich, wenn er es für klug und erforderlich und für taktisch richtig hielt, als ein in der Revolution groß gewordener, treuer bolschewistischer Staatsbürger, der den gewaltigen Aufbau seiner Heimat pries, der die Führer im Kreml durch artige Elogen vesöhnlich zu stimmen versuchte, der tiefe Demütigungen mit einem wohlberechneten Schachzug in Form eines die Partei zufriedenstellenden musikalischen Werkes zunichte machte. In sein Innerstes ließ er nur ganz wenige sehen. Was er wirklich dachte, schrieb er nicht in Musikzeitschriften oder in der »Prawda«. Er verlas gehorsam die politischen Traktate, die man ihm vorlegte, die er selten selbst verfaßte, bei Friedenskongressen, Verbandstagungen, Jubelfesten. Er wollte nirgends anecken, nicht auffallen, wollte möglichst unbehelligt im Schatten seiner politischen Kantaten und Filmmusiken die Werke schreiben, die er zu schaffen wünschte. Er führte für sich ein Eigenleben – war er ein innerer Emigrant in der Sowjetunion?

Sein Sohn Maxim antwortete auf diese Frage ohne zu zögern: »Ganz sicher – ein Dissident, ein Andersdenkender. Er sah die ihn umgebende Wirklichkeit kritisch – den Stalinschen Terror, die Repressionen. Viele seiner Freunde, bedeutende Künstler, Musiker kamen um. Dagegen protestierte er mit seiner Musik ... Schostakowitsch hatte dem Regime gegenüber nur eine Maske äußerlicher Loyalität getragen ... Nach außen trug er eine Maske, aber im Innern war er ganz anders ... Er war ein sehr bescheidener Mensch, und das hat sich auch in seinen Umgangsformen ausgedrückt ... Der Wunsch zu helfen, etwas zu tun, der Kunst zu dienen mit allen Kräften – das beseelte ihn.«[94]

Wieder ist man versucht, einen Vergleich mit der Situation im 3. Reich unter Adolf Hitler zu ziehen. Nicht jeder Künstler, der gegen Hitler eingestellt war, aber die Aussichtslosigkeit eines erfolgreichen Widerstandes in einem diktatorisch regierten Staat erkannt hatte, konnte und wollte emigrieren. Ihm blieb kaum eine andere Möglichkeit als »in die innere Emigration zu gehen«, für sich zu schreiben, zu denken, zu schaffen – in der Hoffnung, daß irgendwann die Diktatur beendet sein würde.

Andererseits soll auch nicht verschwiegen werden, daß Schostakowitsch nicht mit Dissidenten, mit Bürgerrechtlern oder Protestierenden sympathisierte. Als zum Beispiel die wegen ihrer Begabung von Schostakowitsch sehr geschätzte Pianistin Maria Judina in einem ihrer Konzerte spontan auf dem Podium Verse des gerade von der Parteiführung gemaßregelten Schriftstellers und Dichters Boris Pasternak zitierte, nannte Schostakowitsch diesen mutigen Auftritt, wie sein Sohn mitteilte, einen »kleinen, törichten Affront«, von dem er gar nichts hielt. Der Erfolg stünde in keinem Verhältnis zu den Folgen für den Protestierenden, und diese Erkenntnis hat, so scheint es, Schostakowitsch 50 Jahres eines Lebens geleitet. Er protestierte auf oft nicht erkennbare Weise in seiner Musik. Jedenfalls gibt in diesem Sinne Solomon Volkow viele Gespräche mit Schostakowitsch wieder.

Dazu zählt dann sicherlich auch ein Werk, das der »innere Emigrant«, der doch eine Vielzahl äußerer Ehrungen seines Staates akzeptierte, 1964 schrieb: das »Poem für Chor und Orchester ›Die Hinrichtung des Stepan Rasin‹ (opus 119)«, wiederum nach Versen von Jewgenij Jewtuschenko. Damit zeigte Schostakowitsch, daß er mehr Mut besaß als zuweilen erkennbar wurde. Schließlich war in jenen Jahren Jewtuschenko noch immer ein heftig umstrittener, argwöhnisch beobachteter »rebellischer« Dichter. (Heute ist es um ihn still geworden. Als er im Juli 1983 50 Jahre alt wurde, erhielt er den »Orden vom Roten Banner«, und es wurde öffentlich erklärt, er habe sich um die sowjetische Literatur verdient gemacht!).

Bei Stepan Rasin (in der Koseform wird Stepan auch 'Stenka' genannt) handelt es sich um den legendären Führer aufständischer Bauern, der 1671, in vierjährigem, äußerst grausam geführtem Kampf gegen die Bojaren unterlegen, auf dem Schaffott sterben mußte. Viele Lieder um 'Stenka' sind noch heute russisches Volksgut. Das Werk Schostakowitschs, auch »Vokalsinfonisches Gedicht für Baß, Chor und Orchester« genannt, wurde am 28.12.1964 im Moskauer Konservatorium unter Leitung von Kyrill Kondraschin uraufgeführt. Die Kritiker waren des Lobes voll, sie sprachen von »Intonationsreichtum«, »gewaltiger dramatischer Kraft«, die Sprache des Komponisten sei »demokratisch«, das Werk setze die Linie nationaler Musikdramen Mussorgskys »würdevoll« fort.

Findet sich aber nicht unbeabsichtigt auch ein Konterfei des Komponisten in diesem Werk? Sind die letzten Worte, die Jewtuschenko dem auf dem Schaffott knieenden Stepan Rasin in den Mund legt, nicht auch auf Schostakowitschs Schicksal übertragbar? Haben vielleicht sogar diese Verse des Poems den Komponisten zur Vertonung angeregt, als er wochenlang krank daniederlag und Zeit genug hatte, zurückzublicken, nachzudenken, abzuwägen? Stepan Rasin ruft unter dem Beil des Henkers aus:

»Schuldig bin ich, weil in der Welt von Tücke
ich ein braver Tölpel war.

Schuldig bin ich, weil ich Feind der Knechtschaft
selber ein wenig Knecht war.
Schuldig bin ich, weil ich zu kämpfen meinte
für den guten Zaren.
Nicht sind die Zaren gut, Einfaltspinsel ...«

Hat Schostakowitsch mit der Vertonung dieser Verse einmal für einen kurzen Augenblick seine sonst so sorgsam vorgehaltene Maske gelüftet?

Wochenlange Krankenlager ließen ihm zwangsläufig viel Zeit zur Besinnung, zur Rückerinnerung, zur Bilanz seines Lebensweges.

Als ich Professor Krzysztof Meyer fragte, was ihm bei den Begegnungen mit Schostakowitsch an dessen Charakter am meisten ins Auge gefallen wäre, antwortete er, ohne auch nur eine Sekunde zu zögern: »Bescheidenheit und Güte«. Alle, die Schostakowitsch kennengelernt haben, beurteilen ihn zumindest darin übereinstimmend: Sein Ruhm, seine vielen Auszeichnungen, sein umfangreiches musikalisches Gesamtwerk haben den größten Komponisten der Sowjetunion in diesem Jahrhundert nicht eitel, stolz oder arrogant werden lassen. Er ist geblieben, was er schon in Jugendjahren gewesen war – vielleicht ein Erbteil seiner Mutter –: bescheiden, jedoch nicht ohne Selbstbewußtsein und stets hilfsbereit. Er wäre, beschrieb ihn Krzysztof Meyer mir gegenüber in Hamburg 1981, »quer durch Rußland gefahren, um eine dringend benötigte Medizin für einen kranken Freund zu holen«. Das Stichwort »Freund« aufgreifend, wollte ich wissen, ob Schostakowitsch, von dem gesagt wurde, er sei ausgesprochen introvertiert, kontaktscheu, distanziert gewesen, ob er viele Freunde gehabt hätte. Prof. Meyer, der seit 1964, so oft es ihm möglich war, von seiner Heimatstadt Krakau nach Leningrad oder Moskau reiste, um Schostakowitsch zu treffen, zögerte diesmal mit der Antwort. Nein, so meinte er schließlich,

Schostakowitsch habe nur wenige Freunde gehabt. Er sei ein schwieriger Mensch gewesen, besonders in den letzten Lebensjahren. Aber, fügte Meyer hinzu, er hätte »großes Taktgefühl und Hochachtung für jedermann« besessen.

Fest steht, daß Schostakowitsch nur wenigen, sehr guten Bekannten, und auch dies erst nach langer Zeit, das vertrauliche »du« anbot. Kyrill Kondraschin sagte zum Thema »Freunde«: »Er war sehr kompliziert. Er hatte viele Bekannte, aber nicht viele Freunde. Sein bester starb schon sehr früh« (er meinte vermutlich Marschall Tuchatschewski oder Iwan Sollertinski).

Während das sowjetische Schrifttum kaum in einem Satz »Menschliches«, Privates über Schostakowitsch berichtet (einzige Ausnahme sind die schon zitierten Schilderungen von Sofia Chenatow), hat der polnische Biograf Meyer das Leben Schostakowitschs nicht nur unter musikwissenschaftlichen Aspekten beschrieben, sondern sehr anschaulich auch die menschliche Sphäre des Komponisten geschildert, soweit er Gelegenheit hatte, sie bei seinen Besuchen zu beobachten und zu erleben: »Ich erinnere mich, wie mich seine ungewöhliche Nervosität elektrisierte, die denkbar einfache und dabei etwas zerstreute Art zu sprechen erstaunte, die selten von der Spur eines Lächelns begleitet wurde.«[95] Besonders gern und oft und zuweilen in völlig sinnloser Weise benutzte Schostakowitsch das Wort »tak skasatj« (d.h. ›sozusagen‹), was den Gesprächspartner stark irritieren mußte, wie Schostakowitschs Unentschlossenheit, ein bestimmtes Werk, z.B. von Brahms, zu beurteilen: Er lobte die 1. Sinfonie, fand sogleich die 2. hervorragend, steigerte sich zu emphatischem Lob für die dritte, um schließlich die 4. als die zu nennen, die er eigentlich, »sozusagen«, am liebsten hätte (wobei feststand, daß er Brahms überhaupt nicht mochte ...)

»Während solcher Gespräche,« erinnerte sich Prof. Meyer,

»die meistens in seinem Arbeitszimmer geführt wurden, das enorm groß war, brach der Hausherr nicht selten ganz unerwartet die Diskussion ab, schnellte vom Stuhl empor, trat an einen der Flügel oder ging für einen Augenblick ins Nebenzimmer. Er machte den Eindruck eines erregten, gereizten Menschen. Ich wußte niemals, weshalb er so plötzlich die Konversation unterbrach, was nicht selten mehrmals innerhalb einer Stunde geschah und nicht länger als etwa eine Minute dauerte.«[96] Meyer erlebte auch einmal einen völlig exaltierten Schostakowitsch, der ihm im 4. Stockwerk die Tür öffnete und sich minutenlang entschuldigte, daß er, der zwanzigjährige Besucher, habe die vielen Stockwerke herauflaufen müssen, da der Fahrstuhl defekt war. Zusammenfassend sagte Krzysztof Meyer: »Trotz der mehrjährigen Bekanntschaft blieb er für mich immer bis zu einem bestimmten Grade unfaßbar, unbekannt. Ich muß zugeben, daß ich mich oft mit einem Gefühl der Erleichterung ans Klavier setzte, um mit ihm zu musizieren, denn jedes Gespräch schuf in mir eine Spannung der Erwartung vor etwas Überraschendem und Unbekanntem.«[97]

Der »enorm große Arbeitsraum«, von dem K. Meyer sprach, war nicht sehr komfortabel ausgestattet. Schostakowitsch hatte seine Stadtwohnung gleich im Haus des Komponistenverbandes, in der Neshdanow-Straße. Neben der Tür des Arbeitszimmers stand ein altes, ziemlich ramponiertes Besuchersofa, daneben ein kleines Bücherregal und darüber hing ein von Kustodijew gemaltes Poträt des 13jährigen Dmitrij in Petrograd. Gegenüber an der Wand standen nicht weniger als zwei Flügel, beide meist etwas verstimmt, was aber Schostakowitsch offensichtlich nicht störte, er komponierte ohnehin immer am Schreibtisch. Über den Flügeln hingen Plakate von den letzten Konzerten mit seinen Werken, hingen Urkunden, Diplome, Fotos von Mussorgski, Mahler, von seiner 1. Ehefrau Nina, von ihm selbst. Der Schreibtisch stand zwischen zwei Fenstern. Er war gewaltig, aber keinesfalls von besonderem Wert. Auf ihm stand eine Lampe mit auffallend großem Schirm, es lagen Schreibutensilien, Zigaretten, Briefe herum. Es standen dort auch gerahmte Fotografien von Zyganow, dem ersten Geiger des von Schostakowitsch hoch geachteten Beethoven-Quartetts, sogar von Strawinski, den er zeit seines Lebens nicht akzeptierte. An der Wand hing eine Nachbildung der Totenmaske Beethovens. Eine große, alte Standuhr tickte sehr laut und schlug alle dreißig Minuten, aber Schostakowitsch störte sie nicht mehr, er hatte sich an den Klang gewöhnt. Neben dem Schreibtisch stand auf einem kleinen Tischchen auch ein Tonbandgerät – doch es wird erzählt, daß Schostakowitsch niemals gelernt habe, es zu bedienen ...

1964 hatte man sich eine besondere Ehrung für Schostakowitsch einfallen lassen, vielleicht in Erinnerung an das Edinburgh-Festival von 1962, das fast ausschließlich dem Schaffen Schostakowitschs gewidmet gewesen war. Nun wurde in der nordöstlich von Moskau gelegenen Stadt Gorki ein Schostakowitsch-Festival veranstaltet. Fast alle seine Streichquartette und Sinfonien erklangen, und auch die Oper »Katerina Ismailowa« wurde aufgeführt. Schostakowitsch selbst ließ sich überreden, zum ersten (und letzten) Mal zu dirigieren: seine »Festliche Ouvertüre« und das 1. Cellokonzert. Doch er merkte sehr schnell, daß er viel zu nervös, stets von »Lampenfieber« gepeinigt war, um souverän Sinfonieorchester und Solisten zu leiten. Auch bei seinen Soloauftritten als Pianist hatte er niemals große Nervosität, eben das »Lampenfieber«, abschütteln können.

In den letzten Monaten des Jahres 1964 erlebte er die Uraufführung seines 9. und 10. Streichquartett, und am 28. Dezember die des Poems »Die Hinrichtung des Stenka Rasin«.

Politisch hatte das Jahr 1964 mit einem Paukenschlag geendet: am 14. Oktober war Nikita Chruschtschow ganz plötzlich »zurückgetreten«, wie es offiziell hieß. Wieder brach die Unruhe der Monate nach Stalins Tod aus. Besonders die Künstler hatten sich während der Chruschtschow-Ära nicht zu beklagen gehabt. Der Parteichef hatte mitunter gepoltert, streng ermahnt, aber auch mit sich reden lassen, wie es Ilja Ehrenburg oder Jewgenij Jewtuschenko, um nur zwei Beispiele zu nennen, erfahren hatten, ohne irgendwelche Folgen für ihre erstaunlich freimütigen Äußerungen zu erleiden. Auch im Komponistenverband hatte man sich ganz gut arrangiert gehabt. Chruschtschow hatte immer Sympathie für den Vorsitzenden Chrennikow gezeigt; er hatte den Musikschaffenden keine »Knüppel zwischen die Beine« geworfen, nur immer wieder mal gedroht, er würde nicht zulassen, daß die Musikschaffenden »in Koexistenz machten«, also vom Wege der von der Partei für richtig befundenen Ideologie abwichen. Er hatte an ihr sozialistisches Gewissen appelliert, sie bei der Stange gehalten.

Die damalige Stimmung dürfte der Amerikaner Alexander Werth treffend wiedergeben, der nach einer Informationsreise durch die UdSSR schrieb, daß die sowjetischen Künstler und die Intelligenz überhaupt wünsche, Chruschtschow möge noch lange an der Regierung bleiben, denn unter seinem Nachfolger könne es nur schlimmer werden.

Die Künstler sollten mit ihrer Vermutung recht behalten. Chruschtschows Alleinherrschaft wurde abrupt beendet. Zwei gestrenge Parteifunktionäre ersetzten ihn: Alexej Kossygin als Ministerpräsident und Leonid Breschnew als Parteichef. Nikita Chrustschow aber wurde vom ZK sein eigenmächtiges, fast autoritäres Regieren vorgeworfen, vielleicht auch, daß er die Zügel manchmal hatte schleifen lassen. Der 70-Jährige wurde nach 9 Jahren Regierungszeit in den Ruhestand »verbannt« – eine milde Strafe, denkt man an frühere Jahre in der Sowjetunion.

War es Zufall oder doch die Schostakowitsch zur Gewohnheit gewordene vorsichtige, abwartende Haltung: wie in den Jahren des Machtkampfes nach Stalins Tod verharrte der Komponist auch jetzt nach Chruschtschows Sturz zunächst in Stillschweigen, in Passivität. Nirgendwo, auch nicht als Sprachrohr des Vorsitzenden des russischen Komponistenverbandes, ist eine Äußerung zu den innenpolitischen Vorgängen zu finden. Schostakowitsch wartete mit tausenden anderen Künstlers ab, wie sich die Lage klären würde.

Diese Zeit der Ungewißheit nutzten avantgardistische Musiker aus. In Leningrad, das nach wie vor im Musikwesen tonangebend und im Vergleich mit Moskau »freier« war, hatte es schon 1964 eine ausschließlich modernen amerikanischen Komponisten gewidmete Konzertreihe gegeben. Jetzt, 1965, wagte es der junge Dirigent Blaschkow, Schostakowitschs 3. Sinfonie, »1. Mai«, wieder aufzuführen, obwohl sie lange Zeit als »formalistisch« von den Konzertprogrammen verbannt worden war.

Schostakowitsch ist so erfreut, daß er dem jungen, mutigen Dirigenten daraufhin die Uraufführung seines bereits 1935, in der Zeit seiner großen Experimentierfreude geschaffenen Werkes, opus 42, »Fünf Fragmente für Orchester« anvertraut. 30 Jahre nach der Niederschrift erklingt dieses Werk nun am 24. April 1965 in Leningrad, ohne daß irgendwelche Partei- oder Kulturfunktionäre oder übereifrige Kritiker Anstoß daran nähmen.

Während also das Jahr 1965, abgesehen von diesem Ereignis in Leningrad, für Schostakowitsch ruhig, »ohne besondere Vorkommnisse« verläuft, wird 1966 für Schostakowitsch wieder ein produktives Jahr: er schreibt das 2. Cellokonzert und das 11. Streichquartett. Dabei war dieses Jahr, in dem sein 60. Geburtstag gefeiert werden sollte, zunächst sehr mißlich für den Künstler:

Ende Mai erlitt er einen Herzinfarkt, der ihn für viele Wochen auf das Krankenbett warf. Noch am 28. Mai 1966 hatte er in Leningrad als Solist auftreten können und war stolz darauf gewesen, durch eisernes Training besonders seine rechte Hand wieder soweit kuriert zu haben, daß er noch einmal öffentlich auftreten konnte. Dieses Konzert fand im Rahmen der seit einigen Jahren in Leningrad veranstalteten »Weissen Nächte« (das sind die kurzen Nächte um die Mittsommernacht) statt, ein zehntägiges Musikfestival, das 1966 ausschließlich dem Werk von Schostakowitsch gewidmet war. Es bedeutete für den Künstler den letzten Auftritt als Pianist. Ein Kursiosum am Rande des Konzerts: Schostakowitsch führte ein nur zweieinhalb Minuten dauerndes opus (Nr. 123) für Baß und Klavier auf, daß auf einem Puschkin-Zitat basierend den komischen Titel trägt: »Vorwort zu der vollständigen Sammlung meiner Werke und eine kurze Betrachtung zu diesem Vorwort«. Ein ironisches Werk, das vielleicht mit der heiteren Stimmung und in Erwartung der Feier des 60. Geburtstages im Jahr 1966 zu begründen ist.

Zu den vielfältigen Feiern zu seinem 60. Geburtstag ist Schostakowitsch gerade soweit wiederhergestellt, daß er – entgegen den Ratschlägen der Ärzte – am 25. September anläßlich eines Festkonzertes im Moskauer Konservatorium der Aufführung seines 2. Konzertes für Violoncello und Orchester in g-moll (opus 126) beiwohnen kann. Mstislaw Rostropowitsch ist der Solist, J. Swetlanow der Dirigent. Grigorij Schneerson hat diesen Schostakowitsch gewidmeten Abend miterlebt und später so beschrieben:

»Seine Freunde und Verehrer hatten Gelegenheit, persönlich ihre grenzenlose Verehrung, Hochachtung und Liebe für diesen großen Künstler, Menschen und Staatsbürger auszudrücken ... Schwer zu beschreiben ist die Bewegung, die die Anwesenden ergriff, als der Jubilar im Konzertsaal eintraf ... Nach den Begrüßungsworten von Dmitrij Kabalewski, der sehr schön über die Bedeutung des schöpferischen Weges des Komponisten sprach ... wurde der Saal von stürmischen Ovationen erschüttert. Aller Augen richteten sich auf eine der seitlichen Logen, in deren Tiefe sich der Komponist zeigte, sehr aufgewühlt und glücklich über diese erste Begegnung mit den Zuhörern nach den durch die Krankheit erzwungenen längeren Pausen«.[98]

Überall in der Sowjetunion fanden Schostakowitsch-Geburtstagskonzerte statt, und er wurde in ungewöhnlichem Maße geehrt: er erhielt den Titel »Held der sozialistischen Arbeit«, der noch nie zuvor einem Künstler verliehen worden war.

Die Königliche Philharmonische Gesellschaft Großbritanniens ehrte ihn mit der Goldmedaille, die UNESCO berief ihn als Mitglied in den Internationalen Musikrat. Und, last not least, weil mit einer hohen Geldsumme verbunden: Schostakowitsch wird erneut mit dem Lenin-Preis ausgezeichnet. Der äußere Glanz freilich steht in hartem Kontrast zur schwer angeschlagenen Gesundheit des Künstlers, oder, mit den Worten des Polen Krzysztof Meyer: »Es ist tragisch, daß in dem Augenblick, da der Komponist endlich die allgemeine Anerkennung in seinem Lande errungen hatte, da er nicht mehr Objekt ständiger Diskussionen und Kritiken war und er sich endlich der wohlverdienten Hochachtung und Ehre hatte freuen können, er seine ganze Kraft für den Kampf gegen die unvermeidliche Invalidität mobilisieren mußte, einen Kampf, an dessen positiven Ausgang er noch lange glaubte.«[99]

VI. Die letzten Werke und der letzte Kampf (1967–1975)

1. Ohne Arbeit kann er nicht leben

Wenn man berücksichtigt, daß Schostakowitsch in seinen letzten Lebensjahren abwechselnd im Krankenhaus und im Sanatorium lag, sich in der Zwischenzeit wochenlang in seiner Datscha, seinem Wochenendhaus, das er wie jeder Prominente vor den Toren Moskaus hatte, erholte oder sich viele Wochen im Komponisten-Erholungs- und Feriendorf Repino bei Leningrad aufhielt, so muß man voller Staunen feststellen, wie viele Kompositionen trotz aller Krankheit und Genesung in diesen Jahren entstanden sind.

1967 komponierte Schostakowitsch die »Sieben Romanzen nach Worten von Alexander Block« sowie das Konzert für Violine und Orchester Nr. 2 in cis-moll. Die Uraufführung beider Werke im Oktober 1967 in Moskau konnte Schostakowitsch zu seinem großen Leidwesen nicht persönlich miterleben, denn er hatte sich wenige Wochen zuvor zum zweitenmal innerhalb von 9 Jahren das Bein gebrochen, ein komplizierter Bruch, der ihn für vier Monate ans Bett fesselte. Erhebliche Gehbeschwerden konnten nie mehr auskuriert werden.

Die »Sieben Romanzen für Sopran, Violine, Violoncello und Klavier nach Worten von Alexander Block« (opus 127) werden an einem besonderen Höhepunkt des Jahres 1967 uraufgeführt: anläßlich der sich über viele Wochen erstrekkenden Jubiläumsfeiern zur Erinnerung an die Oktober-Revolution vor 50 Jahren. Die Romanzen widmet er der Sopranistin Galina Wischnewskaja, die sie auch bei der ersten Aufführung singt.

Ebenfalls in einem festlichen Konzert aus Anlaß der 50-Jahr-Feier der Oktoberrevolution wurde am 26.10.1967 in Moskau auch Schostakowitschs 2. Violinkonzert uraufgeführt. Der Komponist hatte es dem Geiger David Oistrach zu dessen 60. Geburtstag widmen wollen – und ein Brief an den geschätzten Musiker bietet einen seltenen Einblick in Schostakowitschs sonst sehr besorgt abgeschirmtes Wesen, es zeigt die Herzlichkeit, derer er fähig, und die Bescheidenheit, die ihm eigen war.

Am 20. Mai 1967 schrieb er an Oistrach:

»Teurer Dodik! Soeben beendete ich ein neues Violinkonzert. Ich schrieb es in Gedanken an Sie ... Zu gern möchte ich es Ihnen vorführen, obwohl es zu spielen mir unsagbar schwerfällt ... Wenn das Konzert bei Ihnen keine Einwände hervorruft, werde ich sehr glücklich sein. Und wenn Sie es auch noch spielen, wird mein Glück so groß sein, daß es im Märchen selbst nicht erzählt noch beschrieben werden könnte. Wenn Sie nichts dagegen hätte, würde ich das Konzert gern Ihnen widmen. Kräftig drücke ich Ihre Hand. Bitte, rufen Sie mich an. Ihr D. Schostakowitsch«![100]

Das Violinkonzert, erstaunlich traditionell und konventionell geschrieben (im Gegensatz etwa zum 2. Cellokonzert) wird ohne allzu große Begeisterung vom Konzertpublikum angehört – doch boten Moskau und auch Leningrad in jenen Wochen und Monaten eine solche Vielzahl von kulturellen Veranstaltungen, von Ur- und Erstaufführungen aller Musikgattungen, daß dadurch das relativ schwache Echo auf Schostakowitschs neues Werk leicht erklärbar wird. Im übrigen hatte sich Schostakowitsch mit der Widmung an David

Oistrach geirrt – der Geiger wurde 1967 erst 59 Jahre alt. Schostakowitsch korrigierte seinen Irrtum, der ihm sehr peinlich war, weil er seiner Korrektheit nicht entsprach, indem er im folgenden Jahr pünktlich zum 60. Geburtstag Oistrachs diesem eine Violinsonate widmete.

Verse von Block zu vertonen, ein neues Violinkonzert zu schreiben, sind anerkennenswerte Leistungen, besonders wenn der Komponist viele Monate krank war – aber zum 50-Jahr-Jubiläum der Oktoberrevolution erwartete die Parteiführung in Moskau mehr, nämlich eine politisch-relevante Komposition. Also setzte sich der noch immer nicht genesene Schostakowitsch folgsam hin und schrieb ein »Sinfonisches Poem« in cis-moll (opus 132), dem er den unmißverständlichen und damit in Konkurrenz zu den vielen hundert ähnlichen Werken jenes Jahres tretenden Titel »Oktober« gibt. Das Werk wird ebenfalls im Oktober 1967 in Moskau uraufgeführt und fand nur in dem einen Punkt Beachtung: zum ersten Mal stand Schostakowitschs 29jähriger Sohn Maxim am Dirigentenpult, um ein Werk seines Vaters uraufzuführen. Man nahm das pflichtschuldig komponierte Werk zur Kenntnis; der Künstler hatte, für jedermann hör- und sichtbar, gezeigt, daß er ein politisch denkender und reagierender Komponist war ...

Er hatte es auch mit einem anderen 1967 geschriebenen Werk bewiesen: zur Erinnerung an die Schlacht von Stalingrad, die 25 Jahre zuvor wütete, hatte er ein »Trauer- und Triumph-Präludium zum Gedenken an die Schlacht der Helden von Stalingrad« komponiert (opus 130), ein Werk, über das nähere Angaben und Reaktionen unbekannt sind.

Daß Schostakowitsch in diesen Jahren schwerer Erkrankungen auch noch die Musik zu drei großen Filmen schrieb (»Die Gefangenen von Altona«, »Ein Jahr wie ein Leben« und »Sofia Perowskaja«), sei nur am Rande notiert.

Sein Fleiß, seine Zähigkeit sind fast unglaublich. »Ohne Arbeit kann ich nicht leben«, hat Schostakowitsch einmal bekannt – und nach dieser Devise hat er gelebt bis zum letzten Atemzug.

Da ihn Reisen zunehmend anstrengten und er auch das Amt des Vorsitzenden des russischen Komponistenverbandes oft monatelang nicht ausüben konnte, bat er 1968 um Entlastung von diesen Pflichten. Er wollte die Kraft, die ihm sein Leiden noch beließ, zu produktiver künstlerischer Arbeit verwenden. Er komponierte 1969 sein 12. Streichquartett und die schon erwähnte Oistrach gewidmete Violinsonate in G-Dur, opus 134.

2. *Die Sinfonie des Todes*

Im Frühjahr 1969, als es ihm nach vielen Wochen in Krankenhäusern und Sanatorien etwas besser ging, schrieb er in kurzer Zeit seine 14. Sinfonie. Am 25. April 1969 erinnerte sich Schostakowitsch in einem in der »Prawda« abgedruckten Interview, garniert mit den üblichen und gerade in der »Prawda« gewünschten politischen Phrasen:

»Komponiert habe ich die Sinfonie ziemlich schnell. Das erklärt sich damit, daß ich die Idee dieses Werkes schon lange in mir trug. Erstmals kam mir der Gedanke daran schon im Jahre 1962 ... Ich orchestrierte damals Mussorgskis Vokalzyklus »Lieder und Tänze des Todes«, ein großartiges Werk, schon immer bewunderte ich es. Damals dachte ich, daß ein gewisser ›Mangel‹ dieses Werkes seine ... Kürze sei: im ganzen Zyklus nur vier Lieder ... Ob man nicht Mut fassen und vesuchen sollte, den Zyklus fortzusetzen, dachte ich ... Ich war erschüttert, mit welch tiefer Weisheit und künstlerischer Ausdruckskraft in ihnen die ›ewigen Themen‹ der Liebe, des

Lebens und des Todes gestaltet wurden, obwohl ich in meiner Sinfonie an diese Thematik anders herangehe ... Ich wünschte mir, daß der Hörer sich beim Nachdenken über meine neue Sinfonie, die ich dem englischen Komponisten Benjamin Britten gewidmet habe, darauf besinnt ..., daß man immer ehrlich und tätig leben sollte, zum Ruhme seines Volkes, seines Vaterlandes, zum Ruhme der besten fortschrittlichen Ideen, die unsere sozialistische Gesellschaft vorwärtsbringen ... Die Sinfonie wurde für ein Kammerorchester (Streicher und einige Blasinstrumente) und zwei Solisten (Sopran und Baß) komponiert. Die Auswahl der Texte kann in gewissem Sinne überraschend wirken. Es sind Gedichte von Frederico Garcia Lorca, Guillaume Apollinaire, Rainer Maria Rilke und Wilhelm Küchelbecker ... Ganz zufällig fiel mir sein Buch in die Hände, und ich war von der Tiefe und der Schönheit seiner Lyrik beeindruckt ... Bei den Klassikern kommt nach den tragischsten Episoden oft ein Moment der Aufheiterung ... Verbunden ist das mit der Religion, mit dem Glauben an eine Leben nach dem Tode ... Ich aber sehe dieses Problem von Grund auf anders. In meiner Sinfonie gibt es nichts Religiöses, Besänftigendes und schließlich Beruhigendes.«

Vertraute Besucher Schostakowitschs berichteten mehrfach, daß der Komponist in seinem Heim aufgeräumt, witzig, redselig gewesen sei. Er habe bissig ironisiert, sarkastisch formuliert, habe gescherzt und gelacht – wie er ja in manchen seiner Werke bis zur Burleske heiter sein konnte –, er habe mit sichtlicher Freude sich fast der Clownerie hingegeben, habe besonders gern und täuschend echt irgendeine bekannte Persönlichkeit imitiert oder auch einen unbekannten Zollkontrolleur auf dem Moskauer Flughafen – man habe Tränen gelacht über den doch eigentlich sehr kranken Schostakowitsch.

Das war die eine Seite des Künstlers.

Die andere, von größerer Dimension, war gekennzeichnet durch tiefen Pessimismus, durch in bitterer Erfahrung erworbenes Mißtrauen, zuweilen auch durch Lebensüberdruß, durch Todesahnung. Diese andere Seite einundderselben Persönlichkeit trat, je älter Schostakowitsch wurde, desto stärker zutage. Wenn dann ein ihm sympathischer, vertrauenswürdiger junger Musikverständiger wie der Redakteur Solomon Volkow stundenlang aufmerksam zuhörte, vielleicht auch dabei das eine oder andere Glas Wodka getrunken wurde bei den Gesprächen, die ja eigentlich Monologe waren, dann fiel Schostakowitsch in tiefsten Pessimismus, dann war ihm sein ganzes Leben vergällt, dann formulierte er überspitzt, zuweilen zynisch, sich und andere nicht schonend.

Obwohl die äußeren Umstände weitaus erfreulicher waren als etwa zehn Jahre zuvor, schrieb Schostakowitsch seine 14. Sinfonie in tiefster Melancholie – eine Sinfonie des Todes, für das Verständnis der Hörer vielleicht die schwierigste, die er je schrieb. Erst bei wiederholtem Hören dieser Musik erfasse man alle ihre ungewöhnlichen Schönheiten, urteilte der Musikwissenschaftler Krzysztof Meyer. Grund genug, gerade diese Sinfonie ausführlicher zu besprechen.

Bei allem schon geäußerten Vorbehalt gegenüber den von Volkow herausgegebenen Memoiren sollen aus den Gesprächen gerade Schostakowitschs Bemerkungen über die 14. Sinfonie zitiert werden, zumal sie nur ihn selbst und keinen seiner Kollegen oder Widersacher betreffen. Sie geben Aufschluß über Schostakowitschs Einstellung zum Leben, zum Tod, und liefern so den Hintergrund zum besseren Verständnis dieses Werkes, aber auch der folgenden, der letzten Werke, die schon deshalb eingehender besprochen werden müssen.

»Angst vor dem Tod«, sagte Schostakowitsch zu Volkow, »ist vielleicht das stärkste Gefühl, das ein Mensch haben kann. Ich denke manchmal, daß es ein tieferes, intensiveres Gefühl wohl nicht gibt. Die Ironie liegt darin, daß gerade unter dem Druck der Todesangst Menschen große Gedichte, Prosa, Musik schaffen. Sie versuchen, dadurch Bindungen an die Lebenden zu festigen und ihren Einfluß auf sie zu verstärken (vgl. seine 4. Sinfonie von 1937!) ... Auch mich haben diese unangenehmen Gedanken nicht verschont. Ich habe mir eingeredet, man brauche den Tod nicht zu fürchten, und folgte dabei Schoschtschenkos Gedankengängen. Doch bald kamen mir seine Überlegungen naiv vor. Wie soll man denn auch den Tod nicht fürchten? Für unsere Kunst ist der Tod kein Thema. Und über den Tod zu schreiben, ist als schneuze sich jemand in anständiger Gesellschaft in den Rockärmel. Aus dieser Einstellung entstanden Untertitel wie »Eine optimistische Tragödie«! Kompletter Unsinn! Eine Tragödie ist eine Tragödie. Optimismus kann es in ihr nicht geben ... Wahrscheinlich stehe ich mit meinen Gedanken über den Tod nicht allein. Ich glaube, daß auch andere Menschen dieses Thema beschäftigt, obwohl sie in der sozialistischen Gesellschaft leben, in der man eine Tragödie mit dem Adjektiv ›optimistisch‹ versieht ... Ich habe eine Reihe von Werken geschrieben, die meine Auffassung in dieser Frage spiegeln. Optimistisch sind diese Arbeiten nicht. Für die wichtigste halte ich hier meine 14. Sinfonie. Zu ihr habe ich eine besondere Beziehung ... Ich glaube, die Arbeit an diesen Werken hat sich positiv auf mich ausgewirkt. Die Angst vor dem Tod ließ nach. Richtiger: ich gewöhnte mich an den Gedanken des unvermeidlichen Endes. Schließlich kann niemand sich einem Naturgesetz entziehen. Man muß zu einer rationalen Einstellung dem Tod gegenüber gelangen und muß mehr über ihn nachdenken. Man darf es nicht dahin kommen lassen, daß einen die Todesfurcht unverhofft packt. Man muß sich an sie gewöhnen. Ein Weg, sich mit ihr vertraut zu machen ist, über sie zu schreiben ... Ich halte das nicht für ein Krankheitssymptom, über den Tod nachzudenken oder zu schreiben.«

Die 14. Sinfonie in g-moll für Sopran, Baß und Streichorchester (opus 135) besteht aus 11 Teilen oder 4 Gruppen von sehr unterschiedlicher Länge, aber auch Instrumentation.

Zu Beginn die Verse des spanischen Lyrikers Frederico Garcia Lorca »Mit Blut durchtränkt sind die Straßen Andalusiens«. Sie vermitteln in der Vertonung durch Schostakowitsch grenzenlose Einsamkeit und unendliche Trauer. Im 2. Gesang tanzt der Tod in einer Taverne die Malgagueña. Guillaume Apollinaire, der französische Dichter, gab mit »Lorelei« und »Die Selbstmörderin« den Stoff für die folgenden Musiksätze. Besondere Beachtung fand die Vertonung seiner Verse »Im Kerker«. Schostakowitsch selbst hat sich dazu im Gespräch mit Solomon Volkow geäußert:

»Den Tod und seine Macht begreifen, ist sinnlos. Ob Du ihn negierst oder nicht, sterben mußt Du doch. Das zu akzeptieren bedeutet nicht, sich vor ihm zu verneigen. Ich betreibe keinen Todeskult, verherrliche den Tod nicht ... Gegen den Tod zu protestieren, ist dumm. Es ist schlimm, daß in früheren Zeiten die Menschen an Seuchen und Hungersnot starben. Noch schlimmer ist es, wenn Menschen einander umbringen ... Dieselben Gedanken fanden ihren Niederschlag in der Vierzehnten. In ihr protestiere ich nicht gegen den Tod, sondern gegen die Henker, die an Menschen die Todesstrafe vollziehen ... Besäße ich Apollinaires Talent, hätte ich mich mit solchen Versen an Stalin gewandt. Ich tat es mit meiner Musik. Stalin gibt es nicht mehr. Aber Tyrannen gibt es noch genug ... Ich dachte über die Gefängniszellen nach, die entsetzlichen Löcher, in denen Menschen lebendig begraben wurden. Sie warteten ständig darauf abgeholt zu werden, horchten auf jedes Geräusch. Furchtbar ist das. Man kann vor Angst verrückt werden. Viele, die die dauernde

Spannung nicht aushielten, verloren den Verstand. Ich kenne solche Fälle. Warten auf die Exekution ist eines der Themen, die mich mein Leben hindurch gemartert haben. Viele Seiten meiner Musik sprechen davon.«[103]

Im 9. Lied vertonte Schostakowitsch Verse von Wilhelm Küchelbecker, einem Opfer des Dezemberaufstandes von 1825. Er verdammt darin die Tyrannen und endet mit einem Lobgesang auf die Unvergänglichkeit von Kunst und von Freundschaft. Die 14. Sinfonie endet schließlich mit der Vertonung von Rainer Maria Rilkes Meditationen über den »Tod des Dichters« und über die grausame Tatsache, daß auch in der Stunde höchsten Glücks der Tod ständig auf der Lauer liege und seine Schatten vorauswerfe. Zweifellos ist die 14. Sinfonie von Schostakowitsch ein Werk voller Gedankentiefe, Mitgefühl, das aber auch deprimiert, Pessimismus verbreitet, trotz zuweilen überirdischer Klänge und zartester Tonmalerei. Die Uraufführung der 14. Sinfonie fand am 29.9.1969 in Leningrad statt und für Moskau am 6. Oktober. Mitwirkende waren: Galinka Wischnewskaja, Sopran, Mark Reschetin, Baß, das Kammerorchester leitete R. Barschai. Die gesamte Kulturprominenz war in Moskau anwesend, der Erfolg grandios – was sehr überrascht, oder hatten sich die Zeiten unter Breschnews Parteiführung so geändert? Schließlich war es eine Protestsinfonie, ein Werk zudem, das die seit Jahrzehnten in der Sowjetunion verpönte Zwölftonmusik anklingen ließ. Es bleibt unerklärbar, aber die einschlägige Musikkritik lobte das Werk über die Maßen. Kurz nach der Aufführung in Moskau wurde eine Schallplatte aufgenommen und nicht genug damit: als im Laufe des nächsten Jahres die 14. Sinfonie in Großbritannien und dann auch in den USA erklang, sind sich Musikkritiker aus Ost und West zum ersten Mal in der Beurteilung einer Schostakowitsch-Sinfonie einig – sie wird einhellig mit Beifall bedacht!

Merkwürdigerweise kamen die einzigen negativen Kritiken aus den Reihen von Freunden und Bekannten des Komponisten, der kopfschüttelnd deren Abqualifizierungen zur Kenntnis nahm und einen endgültigen Strich unter das Echo zog, als der damals schon politisch umstrittene Schriftsteller Solschenizyn ablehnte, bei einer Tasse Tee seine Vorbehalte mit Schostakowitsch zu diskutieren (wenig später mußte der Schriftsteller für immer die Sowjetunion verlassen, er wurde eines der ersten Opfer der neuen sowjetischen Form der »Verbannung«: man erkannte ihm die sowjetische Staatsbürgerschaft ab. Schostakowitschs Freund, dem Cellisten Rostropowitsch, wird es ein paar Jahre später ebenso ergehen).

1970 bleibt Schostakowitsch nur Zeit und Kraft für eine größere Komposition: sein 13. Streichquartett. Aber da in diesem Jahr der 100. Geburtstag Lenins gefeiert wird, erwartet die Sowjetführung von ihrem tonangebenden, hochdekorierten, hervorragend besoldeten und privilegierten und immer wieder von den besten Ärzten des Staates behandelten Star-Komponisten ein politisches Bekenntnis-Werk, ein Pflicht-Werk. Er schreibt es: den Chor-Zyklus »Treue«, opus 136. Es sind acht Balladen nach Versen von Dolmatowski, für Männerchor a cappella gesetzt. Am 5. Dezember 1970 wird das Werk uraufgeführt – in der estnischen Hauptstadt Tallin, nicht sehr weit von Leningrad, aber »in der Provinz«. Der Grund für die Wahl dieser Stadt und den dortigen Chor ist unbekannt, ebenso das Echo dieser »Kompromiß-Musik«, wie man Schostakowitschs derartige politische Kompositionen später betitelte. Doch in diesem Lenin gewidmeten Jubel-Jahr schrieb jeder sowjetische Komponist – und es gab deren ein paar hundert! – ein Werk zu Ehren des großen Revolutionärs, zum eigenen Ruhme und oft auch in der Hoffnung, »da oben« angenehm aufzufallen.

Andere Veranstaltungen beschäftigten den immer wieder akut kranken Schostakowitsch: im Juni 1970 übernahm er den Vorsitz im Organisationskomitee, das den Internationalen Tschaikowsky-Wettbewerb in Moskau auszurichten hat. Im Juli hielt die Internationale Gesellschaft für Musikerziehung ihren Jahreskongreß ebenfalls in Moskau ab, an dem über 1000 Deligierte aus 40 Ländern teilnahmen. Die letzten Wochen des Jahres 1970 bieten Anzeichen dafür, daß die Parteiführung die Zügel wieder straffer anzuziehen beabsichtigt. Der noch immer amtierende, wendige Chrennikow fand im Dezember bereits wieder zu seinen aus früheren Epochen bekannten härteren Tönen zurück. So wartete alles gespannt auf den XXIV. Parteitag der KPdSU im April 1971.

Dieser Parteitag bestätigte: die Parteiführung warnte die Künstler, »dem Revisionismus zu verfallen, ausdrucksschwache Formen und seichten Inhalt« zu produzieren. Der Komponistenverband nahm gehorsam Lob und Tadel hin, versprach Besserung und begann aktiver mit einer breiteren Volksbildungsarbeit.

Schostakowitsch aber hatte nach dem anstrengenden und heißen Sommer 1970 Moskau verlassen und sich im Komponisten-Feriendorf Repino bei Leningrad zu erholen versucht. Er litt ohnehin immer unter der Sommerhitze, mied, wenn es irgend ging, die Sonne und freute sich über jeden trüben, regnerischen und kühlen Tag, er war kein »Sommer-Mensch«. In Repino schrieb er im August 1970 die Musik zu der Shakespeare-Verfilmung »König Lear« (Regie: Grigorij Kosinzew). Der leidende und immer noch so oft gefragte Künstler fand sogar Zeit, einen Marsch für die sowjetische Miliz (opus 139) zu komponieren.

Schostakowitsch zog es immer gern nach Repino, lag doch das Erholungsdorf, in dem er wie jeder anerkannte sowjetische Musikschaffende bis zu acht Wochen im Jahr wohnen durfte, in der Nähe seiner Heimatstadt, inmitten von Birkenwäldern, unweit der See. Man hatte hier eine relativ bequeme Unterkunft, ein Holzhaus, aber massiv gebaut, man wurde aus der Gemeinschaftsküche verpflegt, gut verpflegt, man konnte sich mit anderen Künstlern, wenn man wollte, im Gemeinschaftshaus, treffen, konnte diskutieren, auch mal in feucht-fröhlicher Runde zusammensitzen, auch fachsimpeln. Schostakowitsch hatte in jüngeren Jahren wie viele Russen gern und reichlich getrunken, er hatte auch, neben dem Fußball, viel Interesse für das Schachspiel aufgebracht und, im Unterschied zum Fußball, Schach sogar aktiv gespielt. In den letzten Jahren jedoch lebte er in Repino mit seiner jungen Frau Irina isoliert. Von den Kollegen geachtet, vielleicht bewundert oder auch wegen seines Gesundheitszustandes bemitleidet, mied er engere Kontakte. Die Kollegen respektierten den Wunsch. Er wollte in Ruhe gelassen werden. Die Journalistin Sofia Chentowa hat ihn in Repino besucht, sie wohnte in Leningrad, und hat im Mai 1975 den damals schon schwer leidenden Künstler beschrieben:

»... die Anwesenheit von Schostakowitsch, obwohl er sich unter den Kollegen kaum sehen ließ, drückte dem ganzen Leben in Repino seinen Stempel auf. Er selbst ging nirgends hin. Dreimal täglich kam Irina ... in den Speiseraum, um die Mahlzeiten zu holen. Sie wartete geduldig, bis ihr die Kellnerinnen die Teller füllten. Sie ging wieder, nur selten mit jemand ein paar Worte wechselnd ... Schostakowitsch trat aus dem Gartenhaus Nr. 20, das er bewohnte, auf die Waldlichtung und ging langsam ... auf und ab. Er war sorgfältig angezogen, die graue Hose war frisch gebügelt, in dem weißen Hemd mit kurzen Ärmeln fiel besonders der schmale rechte Arm mit dem unnatürlichen Knick des Handgelenks auf. Im Haar überwog deutlich das Grau. Seine Brille hatte sehr starke Gläser ... dann begleitet von nervösem Zucken, sagte er traurig: ›Ständig bekomme ich Post, Berge von Briefen. Sicher halten mich die Leute für sehr unhöflich, dabei kann ich nicht antworten. Ich lerne mit der linken Hand zu schreiben ... aber mir gelingt das nicht, ich muß diktieren. Das Diktieren liegt mir aber auch nicht. Ich bin gewohnt, selbst zu schreiben ...‹ Plötzlich gab er sich einen Ruck und lief davon ... er lief eilig, ohne die Knie zu beugen. Er hatte sich erinnert, daß er jemanden anrufen wollte ...«[104]

3. Die letzte Sinfonie

Im Juli und August 1971 schrieb Schostakowitsch in Repino seine 15. Sinfonie, die er zuvor während einer Spezialbehandlung in einem Sanatorium im Ural konzipiert hatte – es sollte seine letzte Sinfonie werden.

Ein eigenartiges Werk – es war, als rekapituliere Schostakowitsch noch einmal die letzten 45 Jahre seines Schaffens. Da erinnert manches heitere Motiv, manche Burleske des 1. Satzes an sein 1. Klavierkonzert, auch an seine 9. Sinfonie oder an seine frühen Ballette »Das goldene Zeitalter« und »Der Bolzen«. Da traut man seinen Ohren nicht, wenn deutlich mehrmals Motive aus der Ouvertüre von Rossinis Oper »Wilhelm Tell« ertönen, abgelöst jeweils von 12-Ton-Themen. Wollte Schostakowitsch ein Volk (das schweizerische) in seinem Kampf um Freiheit und Unabhängigkeit ironisieren oder exemplifizieren? Aber welcher sowjetische Konzertbesucher würde schon diese musikalische Andeutung kennen und verstehen? »Es ist ein amüsantes Spiel mit Tönen, und, zugegeben, ein meisterliches Spiel«, schreibt Krzysztof Meyer über den 1. Satz der letzten Sinfonie Schostakowitschs.[105] Dem Allegro des 1. Satzes folgt in hartem Kontrast das Adagio – eine Trauermusik, die erkennbar anknüpft an Trauermusiken der 1., der 6., der 7. und auch der 10. Sinfonie.

»Der Trauermarsch als Ausdruckstyp bildet eine zentrale Konstante in Schostakowitschs sinfonischem Schaffen«, stellt der Schweizer Musikwissenschaftler und Komponist Jacques Wildberger fest und résumiert den 2. Satz mit den Worten: »Das Ganze wirkt wie eine Ansammlung von Trümmern im leblosen Licht völliger Desintegration. Es ist eine Musik trostloser Resignation.«[106] Auch im 2. Satz zitiert Schostakowitsch, der ohnehin nicht zimperlich war im Zitieren eigener Werke, aber auch bekannter anderer Kollegen; er zitiert diesmal Richard Wagner: aus dem 2. Akt der Oper »Die Walküre« klingen tief Posaunen und Tuben. Man schrickt zusammen, man hält es für schwer möglich (zumal Schostakowitsch kein Wagner-Freund war) – dann ahnt man nach längerem Nachdenken vielleicht den Zusammenhang, den politischen Bezug: ein Ereignis, das zwar mehr als 30 Jahre zurücklag, aber Schostakowitsch dennoch als Symbol des Protests dienen sollte. Beim plötzlichen Kurswechsel der sowjetischen und deutschen Außenpolitik schloß bekanntlich die Sowjetunion mit Hitler am 23.08.1939 einen Nichtangriffspakt, völlig überraschend für beide Völker. Und um die deutsche Regierung friedlich und freundlich zu stimmen (die Teilung Polens war in einen geheimen Zusatzprotokoll durch Stalin und Hitler vereinbart), wurde in Moskau befohlen, sofort Richard Wagners »Ring« zu inszenieren. Den getauften Juden Eisenstein traf der Befehl, die Regie für »Die Walküre« im Bolschoi-Theater zu übernehmen (während die Sowjets andererseits keine Skrupel hatten, bekannte jüdische Schauspieler oder Sänger von der Bühne zu entfernen, einige Juden wurden sogar an Hitler ausgeliefert. Übrigens wurde im Zuge dieser »Freundschaft« mit Hitler auch der jüdische Volkskommissar für das Äußere, Litwinow, sofort abgelöst, durch Molotow.)

Als Hitler knapp zwei Jahre später trotz des Nichtangriffspakts die Sowjetunion überfiel, war das makabre Opern-Zwischenspiel rasch beendet. Wollte nun 1971 Schostakowitsch mit seinem Wagner-Zitat an jene peinliche Sache erinnern? Niemand hat es zu ergründen vermocht, er nahm seine Meinung dazu mit ins Grab, er äußerte sich nicht, welche Absicht hinter den Wagner-Tönen steckt.

Anderes fällt in der 15. Sinfonie auf: Schostakowitsch verwendet ungeniert 12-Ton-Klänge, wie schon in der 14. Sinfonie. Manche Passage erinnert stark an Strawinsky. Es gibt in diesem Werk auch keine gewaltigen tutti, kein großes Finale – im Gegenteil: fast kammermusikalisch, verbrämt nur durch ungewöhnliche Paarung von Schlaginstrumenten, klingt die Sinfonie aus, so als verabschiede sich der Komponist, als gehe er bescheiden fort mit dem Wunsche, kein Aufsehen zu erregen, sondern unbemerkt abzutreten, in letzten hingetupften Schritten verklingend. Ein polnischer Dirigent sagte über den Schluß des Werkes treffend: »Musik, die bis auf den Grund eingeäschert, ausgebrannt ist ...«. Jacques Wildberger aus Basel doziert: »Der Schluß der 15. ist oft als tröstlich interpretiert worden. Wir müssen hier unsere Zweifel anmelden. Uns scheint nämlich in diesem Sinfonieschluß die Desintegration auskomponiert zu sein; die Themenrudimente vermitteln den Charakter des Zerbrochenen. Der kalte leere Quintenklang und der Schlagzeugrhythmus wirken wie ein Fragezeichen, wie etwas Offenes, das nicht nur Hoffnung aufscheinen läßt.«[107] Der deutsche Musikkritiker Joachim Kaiser urteilte in der »Süddeutschen Zeitung« vom 2.3.1974: »... Die Sinfonie ist ... auch ein Dokument ... tiefer, unaufdringlicher Verzweiflung, herber Einsamkeit, Tagebuch des Altwerdens«. Bemerkenswert aber ist nicht nur die Anwendung der 12-Ton-Technik, sondern daß in der 15. Sinfonie auch deutliche Anklänge an Schostakowitschs 4. Sinfonie und an sein 2. Cellokonzert hörbar sind und daß Schostakowitsch im letzten

Satz Wagners »Walküre« zitiert mit dem Schicksalsmotiv (Brünhilde als Todesengel zu Siegmund: »Ich bin's, der bald du folgst!«) – und zusätzlich noch ein drei Töne umfassendes Motiv aus dem Vorspiel zu »Tristan und Isolde«. Ferner hat Schostakowitsch wie in der 10. Sinfonie und im 8. Streichquartett und in seinen beiden Violinkonzerten seine Initialien hörbar gemacht: D-S-C-H.

Wollte er damit den autobiografischen Sinngehalt andeuten oder ist es nur eine »Spielerei«?

Bei der 10. Sinfonie hatte Jacques Wildberger die Initialien so gedeutet: »Die daraus entwickelten Themen sind einerseits vielleicht auch Zeichen eines Rückzugs ins Private, also eine Geste der Resignation, andererseits aber gewiß auch Zeichen des ganz persönlichen Protestes gegen eine als negativ empfundene Außenwelt. Zum Zeichen eines derartigen Protestes gegen Unmenschlichkeit und zugleich des Willens, diesem Unheil durch persönliches Engagement Einheit zu gebieten, wird das D-Es -C-H-Motiv unüberhörbar im 4. Satz an einer zentralen Stelle, wo in einer beängstigenden Steigerung das Stalinbild des 2. Satzes noch einmal aufersteht, um am Schluß des Abschnittes durch das Initialien-Motiv gebannt zu werden.«[108]

Die Proben für die Uraufführung der 15. Sinfonie fanden unter für einen Komponisten geradezu idealen Umständen statt: Schostakowitschs Sohn Maxim wurde zum erstenmal mit einer derartigen Aufgabe betraut und studierte das Werk mit dem Moskauer Radio- und Fernseh-Sinfonieorchester ein. Vater und Sohn arbeiteten bei den Proben eng zusammen – eine traumhafte Kollegialität. Dann, am 8. Januar 1972 erklang das Werk zum ersten Male. Über dieses Konzert berichtete der Moskauer Korrespondent der »Washington Post« in der Ausgabe vom 9.1.1972: »Die 15. Sinfonie erlebte eine stürmische und gefühlsgeladene Premiere. Das Publikum, das bei dieser Welturaufführung im Vergleich zu den üblichen biederen Moskauer Maßstäben elegant und aufgelockert wirkte, klatschte und schrie am Ende der Aufführung fast zehn Minuten lang begeistert Beifall ... Schostakowitsch, jetzt schon 65, verbeugte sich immer wieder mit seinem 33 Jahre alten Sohn Maxim ... Für das Moskauer Konzertpublikum, das seit Monaten wußte, daß Schostakowitsch ernsthaft erkrankt war, war es ein emotioneller Augenblick ... Sein Gang war schleppend ... und auf der Bühne küßte er seinen Sohn und schüttelte allen Musikern in seiner Reichweite die Hände«. Am 10.1.1972 brachte auch die »New York Times« einen Konzertbericht aus Moskau und zitierte darin Tichon Chrennikow, den offenbar alle Machtwechsel im Kreml unbeschädigt überstehenden Vorsitzenden des Gesamtverbandes der sowjetischen Komponisten, der über die 15. Sinfonie Schostakowitschs geäußert haben soll: »Dies ist eines der tiefsten Werke Schostakowitschs. Es ist voller Optimismus, Lebensbejahung und Vertrauen in die unerschöpfliche Kraft des Menschen«.

Das Urteil des alten Kollegen und Widersachers Chrennikow erstaunt besonders, (nicht nur wegen des Optimismus-Zitates), denn auch seinem Gehör – er war schließlich nicht nur linientreuer Funktionär, sondern auch Komponist und Pianist – konnte nicht entgangen sein, daß Schostakowitsch in der 15. Sinfonie eindeutig gegen alte Beschlüsse der Partei verstoßen und die verpönte 12-Ton-Technik benutzt hatte. Ganz offensichtlich aber stand der schwer leidende, bewunderungswürdig gegen die sichtbaren Folgen der Krankheit kämpfende Künstler damals schon »unter Denkmalsschutz«, so daß auch ein Chrennikow nicht wagte, die kleinen Schritte des Komponisten vom Pfad der Partei-Beschlüsse anzuprangern. Hinzu kam, daß die junge Generation den schon unter Chruschtschow begonnenen Liberalisierungsprozeß dazu benutzte, um sich durch ausländische Schallplatten und ausländische Radiosendungen über »westliche« Musik zu informieren, selbst neue Wege in der Musik zu suchen. Für sie war Schostakowitsch längst Angehöriger einer alten, abtretenden Generation.

Und tatsächlich hatte Schostakowitsch, als er der Uraufführung seiner 15. Sinfonie beiwohnen konnte, am Rande des Grabes gestanden. Kaum hatte er die letzte Note in die Partitur der 15. geschrieben, erlitt er im Herbst 1971 einen Herzinfarkt, seinen zweiten. Es war wie ein Wunder, daß er im Dezember seinem Sohn bei den Proben mit Rat und Tat beistehen konnte. Aber er war gezeichnet – und nichts hätte besser seinen Zustand beschreiben können als das verklingende Adagio im Finale der 15. Sinfonie, von dem Tichon Chrennikow behauptete, es strahle Optimismus aus ... Mit ungeheurer Zähigkeit und Energie bäumte sich Schostakowitsch noch einmal auf, absolvierte gymnastische Übungen, ließ sich ungezählte Injektionen geben. Die Fotos und die Filmaufnahmen jener Zeit zeigen häufig einen von Medikamenten im Gesicht aufgedunsenen alten Herrn, der, in seiner stets korrekten Kleidung fast wie ein Bourgeois wirkend, mit durchgedrückten Knien und kleinen, tippelnden Schritten spazierengeht, sich an den im Schnee tummelnden Enkelkindern erfreut, vorsichtig von der besorgten Irina am Arm geleitet wird. Zuweilen aber auch zeigen diese Aufnahmen einen verbitterten, tief pessimistisch gestimmten, leidenden Menschen, den Kopf mit der lädierten rechten Hand stützend, in großer Einsamkeit seine Umwelt gar nicht mehr wahrnehmend. Unermüdlich war seine Frau um ihn bemüht, nahm ihm die immer lästiger werdenden kleinen Dinge des Alltags ab, versuchte, ihm das Leben zu erleichtern, ihn zu erfreuen. Die wenigen Besucher, die er zu sehen wünschte auch im Krankenhaus, berichteten, wie überaus höflich und zuvorkommend Schostakowitsch selbst noch im Krankenbett sei. Auch wenn es ihm noch so schwer fiele und die Ärzte jede Bewegung untersagt hätten, würde er sich zur Begrüßung eines jeden Gastes stets im Bett aufrichten, ihm die Hand reichen.

Ganz langsam besserte sich sein Zustand. Er konnte nach einigen Monaten sogar wieder auf Reisen gehen.

Einige Ehrungen und Auszeichnungen jener Zeit sollen noch erwähnt, sollen nachgeholt werden, schon um der Vollständigkeit willen und um zu zeigen, wie weit sein Ruhm gedrungen, wie sehr man ihn auch im Ausland anerkannte und Anteil an seinem Leiden nahm.

1967 hatte er den »Orden des Silberzeichens für Verdienste in der österreichischen Musik« erhalten, 1968 für »Die Hinrichtung des Stepan Rasin« den Glinka-Staatspreis der UdSSR. Außerdem war er zum »Korrespondierenden Mitglied der Bayerischen Akademie der Künste« berufen und zum »Mitglied des Weltfriedenskomitees« ernannt worden. 1969 konnte er bei einer Reise nach Wien die ihm vom Vorstand der Mozart-Gesellschaft verliehene Mozart-Gedenkmedaille entgegennehmen. 1970 ernennt man ihn zum Ehrenmitglied des finnischen Komponistenverbandes, und 1971 erhält er, vermutlich für seinen musikalischen Beitrag zum Lenin-Jubiläum, den »Orden der Oktoberrevolution«. 1972 zeichnet ihn der italienische »Club der Freunde der Musik« mit der »Goldenen Lyra« aus, die Universität von Dublin verleiht ihm die Ehrendoktorwürde und die DDR ehrt ihn mit dem »Stern der Völkerfreundschaft« in Gold – ein mit Ehren überhäufter Komponist.

Trotz seines schlechten Gesundheitszustandes reist Schostakowitsch im Mai 1972 in die DDR, zunächst nach Ostberlin. Von dort aus macht er einen Abstecher »durch die Mauer« und folgt einer offiziellen Einladung nach Westberlin. 4 Tage hält er sich in der von Todesstreifen, Stacheldrähten, Schußanlagen und einer Mauer abgeriegelten Stadt auf, trägt sich in das Goldene Buch Westberlins ein und erlebt die Westberliner Erstaufführung seiner 15. Sinfonie durch das ein Gastspiel gebende Moskauer Staatsorchester. Es ist ein festlicher Abend in der Philharmonie. Der Komponist, erstaunlich gelassen wirkend, kann herzlichen Beifall der über 2 000 Konzertbesucher entgegennehmen.

Die Bundesrepublik Deutschland hat Schostakowitsch niemals besucht, dieser Besuch in Westberlin war sein einziger in der »Inselstadt«, während er nach Ostberlin mehrmals gereist war.

Daß Schostakowitsch alles versuchte, um sein Leiden zu heilen, zumindest zu lindern, daß er selbst den Vorwurf in Kauf nahm, die besten sowjetischen Ärzte genügten ihm offenbar nicht oder besäßen nicht mehr sein volles Vertrauen, beweist die Tatsache, daß er von Berlin aus zunächst nach Dresden reist und dann im nahegelegenen Sanatorium von Gohrisch deutsche Ärzte konsultiert. Aber auch sie können ihm nicht helfen, auch sie sind ratlos. Enttäuscht kehrt er heim nach Moskau, immer mehr in sich gekehrt, sich abkapselnd. Es wird still um ihn, wochenlang.

Im November 1972 reisten im Rahmen des britisch-sowjetischen Kulturaustausches ein paar sowjetische Dirigenten (u.a. Maxim Schostakowitsch), Chöre und Solisten (u.a. Tichon Chrennikow, der als Pianist in seinem Klavierkonzert auftritt) nach England. 12 Konzerte in London und 10 weitere in anderen Städten Englands stehen auf dem umfangreichen Programm. Auch Dmitrij Schostakowitsch – er fühlt sich zur Überraschung vieler wieder besser – fährt nach London, denn seine 15. Sinfonie soll dort aufgeführt werden. Zwar hatte die BBC schon eine Bandaufnahme der Moskauer Aufführung gesendet, aber die Anwesenheit des prominenten Komponisten in der königlichen Loge der London Festival Hall machte dieses Konzert zu einem Premierenerlebnis. Die Musiker des London Symphony Orchestra applaudierten nach Schluß der von Maxim Schostakowitsch dirigierten Sinfonie stehend gemeinsam mit dem Publikum begeistert dem sowjetischen Komponisten. Man sprach von einem »öffentlichen Triumph«. Ein paar Tage danach erlebte auch Schostakowitschs 13. Streichquartett seine Londoner Premiere durch das Moskauer Glinka-Quartett. Gleichzeitig führte an anderen Orten das britische Fitzwilliam-Quartett, das sich bevorzugt mit den späten Streichquartetten Schostakowitschs befaßt und inzwischen einen internationalen Ruf hierfür genießt, sowohl das 13. als auch ein paar andere Streichquartette des aus Moskau angereisten Komponisten auf.

Schostakowitsch kehrt zurück nach Moskau und beginnt 1973 in Repino sein 14. Streichquartett zu komponieren, immer wieder unterbrochen durch Behandlungen, durch Krankenhausaufenthalte, die ihn jedoch nie lange von der Arbeit abhalten können. Er komponiert, liest Korrekturbögen, verfaßt Aufsätze – es ist unglaublich, was dieser Mensch seinem kranken Körper abringt.

4. Die letzten Reisen ins Ausland

Im Mai ist er soweit wieder gebessert, daß er eine Reise nach Kopenhagen antreten kann, wo seine Oper »Katerina Ismaila« und auch seine 15. Sinfonie zum erstenmal für Dänemark aufgeführt werden. Er erhält als besondere Auszeichnung den Léonie-Sonning-Musikpreis.

Als ihm die amerikanische North Western University in Evanston die Ehrendoktorwürde verleiht und ihn einlädt, beschließt er, über Großbritannien in die USA zu reisen, mit einem sowjetischen Schiff. Begleitet von seiner Frau Irina trifft Schostakowitsch am 11. Juni in New York ein, reist nach Chicago weiter, wo er nicht umhin kann, eine Pressekonferenz zu geben. Er hatte sein Leben lang eine Aversion gegen Reporter. Auch hier in Chikago muß er sich sehr direkten, für einen sowjetischen Bürger ungewohnten Fragen stellen wie z.B. der, ob es für einen sowjetischen Komponisten, der unter dem sozialistischen Regime arbeiten muß, auch Nachteile gäbe. Er antwortete, was vorauszusehen war, mit einem knappen »Njet«. Vorher hatte er, sich erinnernd, daß die Reise in die USA schließlich eine besondere Vergünstigung war, im Propagandaton wie einst als Funktionär des russischen Komponistenverbandes die Fürsorge des Verbandes, die Arbeitsbedingungen der Komponisten in der Sowjetunion gelobt, die günstigen Honorare für Auftragsarbeiten herausgestellt.

In einem anderen Interview wurde er auf die überraschende Verwendung von 12-Ton-Klängen in seinen letzten Werken angesprochen, z.B. im 12. Streichquartett und in der Violinsonate. Schostakowitsch antwortete:

»Ich habe 12-Ton-Elemente in diesen Werken verwendet. Es ist selbstvertändlich, daß, wenn man eine Theorie nimmt, und nur mit dieser Theorie arbeitet, meine Reaktion sehr negativ wäre. Wenn aber ein Komponist der Meinung ist, daß er diese oder jene Technik braucht, so kann er alles benutzen, was vorhanden ist, und es so benutzen, wie es ihm gefällt. Dazu hat er das Recht.«[109] Eine erstaunlich offene Antwort, die zugleich zeigt, daß sich einiges im Musikleben der UdSSR geändert hatte – 5 Jahre vorher hätte Schostakowitsch sicherlich eine derartige Äußerung, noch dazu in den USA, nicht gewagt.

Im übrigen konsultierte Schostakowitsch, sicherlich nicht ohne Genehmigung aus Moskau, auch amerikanische Fachärzte. Sie untersuchten ihn gründlich, ohne zu einer eindeutigen Diagnose zu gelangen – oder verschwiegen sie etwas?

Bereits am 20. Juni kehrte das Ehepaar Schostakowitsch, wieder mit dem Schiff, nach Europa zurück. Die nächsten Monate verbrachte Schostakowitsch wieder abwechselnd in seiner Datscha in Moskau, in Repino, im Krankenhaus, im Sanatorium. Einziger Lichtblick: die Uraufführung seines 14. Streichquartettes im November in Moskau. Nach fast einjähriger Pause hatte Schostakowitsch endlich wieder Kraft gefunden zu komponieren. Er hatte das dreisätzige Quartett in Repino geschrieben. Berücksichtigt man seine physische und seine psychische Verfassung, ist dieses Quartett von auffallender Heiterkeit, Ausgelassenheit, es erinnert ein wenig in seiner Leichtigkeit, zumindest in einigen Teilen, an sein 6. Streichquartett. Schostakowitsch widmete das 14. Streichquartett dem Cellisten des Beethovenquartetts, Sergej Schirinski.

In den letzten Monaten des Jahres 1973 kamen ihm Gedichte der 1941 freiwillig aus dem Leben geschiedenen Marina Zwetajewa in die Hände. Er fand Gefallen daran und vertonte sechs dieser im Ton sehr privaten, persönlich gehaltenen Gedichte der sowjetischen Lyrikerin. Prof. Boris Schwarz schrieb über diesen Liederzyklus: »Schostakowitsch verstand es, die Zärtlichkeit, die Ironie und die innere Kraft mit besonderer Feinfühligkeit einzufangen. Kühn kontrastierte er tonale und atonale Konzepte – die geschmeidige und intensive Zwölfton-Phrase des ersten Liedes (›Meine Verse‹) neben dem einschmeichelnden, tonalen Refrain des zweiten (›Woher solche Zärtlichkeit‹). Am Schluß steht das Gedicht »An Anna Achmatowa«, die Dichterin, die in den vierziger Jahren so schwer unter den unflätigen Grobheiten Shdanows zu leiden hatte (gemeint sind die Diffamierungen Shdanows, der die Dichterin »halb Hure, halb Nonne« tituliert hatte).

Schostakowitsch kannte und bewunderte die Achmatowa, obwohl er keines ihrer Gedichte vertonte; doch was er empfindet, spiegelt sich in den Versen Marina Zwetajewas: wenn der Name 'Anna Achmatowa' fällt, ist die Musik in warme, leuchtende Akkorde getaucht, die ausdrucksvoller sind als alle Worte.«[110]

Am 2. April 1974 wurde in Moskau der 5. Allunions-Kongreß des sowjetischen Komponistenverbandes, der Dachorganisation der nationalen Verbände, eröffnet. Und wieder entrichtet Schostakowitsch seinen »Tribut«, wie sein Sohn dies später genannt hat. Es bleibt für ausländische, auch für wohlwollende Beobachter des Lebensweges von Dmitrij Schostakowitsch rätselhaft, warum sich dieser seit Jahrzehnten schwerkranke Mann, dem auch ein strenges Regime jede »Arbeitsfähigkeit« abgesprochen hätte, sich immer wieder zu offiziellen Auftritten hergibt. Niemand hätte ihm verübelt, wenn er seinen schlechten Gesundheitszustand, der jedem Besucher deutlich sichtbar war, als Absagegrund benutzt hätte. Vielleicht war es so etwas wie Fairneß, Dankbarkeit des hochgeehrten, privilegierten Komponisten, dem Staat gegenüber, seiner Partei, die ihm die beste ärztliche Versorgung gewährte, auch Reisen ins Ausland, sogar – was ganz ungewöhnlich war – wie 1973 mit Ehefrau. Oder war es doch Opportunismus oder die Meinung, ohne ihn sei der Kongreß aller sowjetisschen Komponisten nicht durchführbar? Kurz: Schostakowitsch übernahm die Eröffnungsrede am 2. April, wobei ungeklärt bleibt, ob er den Text selbst verfaßt oder vorgelegt bekommen hat. Die offizielle Komponistenzeitschrift »Sowjetskaja Musyka« (Heft 6/1974) hat den Wortlaut abgedruckt. Danach ging Schostakowitsch zunächst der Frage nach, was die sowjetische Musik zum Aufbau des Kommunismus beitrage. Er wandte sich gegen die Auffassung, Kunst diene der reinen Unterhaltung oder sie sei nur für eine kleine elitäre Gruppe des Volkes bestimmt. Er zitierte Karl Marx, der konstatiert habe, der glücklichste Mensch sei der, der die meisten Menschen glücklich mache. Diese Devise müsse für sie alle gelten, sagte Schostakowitsch, und er versicherte, daß er entsprechend handeln würde – und er sprach immer wieder von »unserer lieben Partei«, wie überhaupt seine ganze Rede von Parteipolitik durchsetzt war und wenig Rücksicht auf die zahlreichen Gäste aus dem Ausland, Delegierte von Komponistenverbänden in aller Welt, nahm. Bei dem umfangreichen Konzertprogramm aus Anlaß des Kongresses fiel auf, daß keines der Werke Schostakowitschs auf dem Programm stand. Aber das kann damit erklärt werden, daß den ausländischen Gästen vornehmlich die jüngere Komponistengeneration vorgestellt werden sollte – was jedoch nicht ganz zutrifft, weil einer der Programmhöhepunkte die Premiere der schon für 1917 geplant gewesenen Oper von Prokofjew, »Der Spieler«, im Moskauer Bolschoi-Theater war.

Schostakowitsch zieht sich nach Ende des Kongresses wieder zurück, von Krankheit geplagt. Er freut sich über die Verleihung des Glinka-Staatspreises für seinen Chor-Zyklus »Die Treue«, 1970 komponiert, und für das 14. Streichquartett. Und besondere Freude bereitet ihm, daß seine Jugendoper »Die Nase«, die seit der Uraufführung 44 Jahre zuvor kaum auf die Bühne gebracht war, nun im September 1974 eine »Wiederauferstehung«, gleichsam eine Rehabilitierung erfuhr.

5. Vom Tode umkreist

Es waren vermutlich für ihn die einzigen erfreulichen Erlebnisse dieses Jahres. Er durchlitt schwere Monate, dunkle Tage voller Depressionen, Verzweiflung, Hoffnungslosigkeit.

Wenige Wochen nach der Rückkehr aus den USA hatte eine erneute ärztliche Untersuchung einen alarmierenden Befund erbracht: nicht nur, daß die Lähmungen an Beinen und Armen fortschritten, sondern Schostakowitsch, der zeitlebens ein starker Raucher war, litt, wie man nun wußte, zusätzlich an einem Lungenkarzinom. Viele Wochen brauchte Schostakowitsch, um über diesen Schock hinwegzukommen. Jetzt wußte er, daß seine Lebensuhr mit großer Geschwindigkeit und unaufhaltsam ablief. In dieses Jahr seiner Todesgewißheit fielen ein paar Ereignisse, die Schostakowitsch weitere tiefe Depressionen brachten und die ihn zu resignierenden Feststellungen veranlaßten: »Um mich kreist der Tod«.

Es starb in diesen Monaten Sergej Schirinski, ein Mitglied des von Schostakowitsch sehr geschätzten und ihm seit vielen Jahren eng verbundenen Beethoven-Quartetts. Nun lebte nur noch ein Mitglied der vier Begründer des auch international anerkannten Ensembles.

Es starb die Kultusministerin Furzewa, deren couragierter Großzügigkeit Schostakowitsch den Erfolg seiner neugefaßten Oper »Katerina Ismailowa« mitzuverdanken hatte.

Es starb der Filmregisseur Grigorij Kosinzew, zu dessen Filmen seit 1928 fast ausnahmslos Schostakowitsch die Musik geschrieben und der auch in schwierigen Zeiten zu ihm gehalten hatte.

Es starben nicht weniger als drei Schul- und Studienfreunde, darunter der Pianist Lew Oborin, mit dem zusammen Schostakowitsch als junger Künstler den Chopin-Wettbewerb in Warschau bestritten hatte und in dessen Elternhaus er bei seinen Moskauer Besuchsreisen ein- und ausgegangen war.

Es starb seine Sekretärin, mit der er viele Jahre eng zusammengearbeitet hatte.

Es starb – und dies war wohl der schwerste Schlag für Schostakowitsch – der ihm befreundete Geiger David Oistrach, auf einer Konzerttournee, am 24.10.1974 in Amsterdam.

Hinzu kamen in diesem Jahr einige politische Ereignisse, die ihn als Delegierten im Obersten Sowjet, als politisch engagierten Künstler berührten:

da wurde der (von ihm allerdings nicht so sehr geschätzte) Schriftsteller Solschenizyn gewaltsam in ein Flugzeug gesetzt und außer Landes gebracht, auch wurde ihm zwangszweise die sowjetische Staatsbürgerschaft aberkannt. Da durfte sein Freund, der Cellist Rostropowitsch, erst nach massiver Beschwerde bei Breschnew persönlich, mit seiner Frau, der Sopranistin Wischnewskaja, zu Konzerten ins Ausland reisen – sie kehrten nie mehr in die Sowjetunion zurück. Da wurde der Atomforscher Sacharow, den der Friedenskämpfer Schostakowitsch nicht schätzte, weil er maßgeblich an der Forschung zur Herstellung von Wasserstoffbomben beteiligt und nach seiner Meinung »nur auf dem Papier« ein »Bürgerrechtler« war, nach Gorki verbannt. Da kam es im Juli zu dem bedeutsamen Treffen in Moskau zwischen Breschnew und US-Präsident Nixon (und knapp drei Wochen später zum Rücktritt des amerikanischen Präsidenten, zum Watergate-Skandal).

Das alles hatte der todkranke Komponist innerhalb von knapp zehn Monaten erlebt und hatte es zu verkraften. Er beschrieb seine damalige Stimmung, sein Leid in dem in diesen Sommermonaten in Repino bei Leningrad komponierten Streichquartett Nr. 15 in es-moll (opus 144). Es wurde am 14. November 1974 in Leningrad vom Tanajew-Quartett uraufgeführt. Prof. Krzysztof Meyer hat diesen ihm vergeßlichen Konzertabend beschrieben:

»Es fällt schwer, mit Worten wiederzugeben, was bei der Uraufführung ... geschah ... Im überfüllten Saal saß im Sessel in Begleitung seiner Frau der alte Mann, wie immer von nervösen Gesichtszuckungen geplagt und fast unfähig, sich zu bewegen. Das Gesicht Schostakowitschs war bereits durch Medikamente ... verquollen und entstellt, die grauen Augen blickten durch dicke, gewölbte Gläser ... Alle Anwesenden waren sich bewußt, daß der geniale Künstler wahrscheinlich bald schon keine Konzerte mehr würde besuchen können. Als pianissimo die letzten Akkorde des Quartetts verklangen, war im Saal längere Zeit absolute Stille, danach standen alle schweigend auf, um den Schöpfer dieses großen Werkes zu ehren. Später nahmen die Ovationen kein Ende, aber der Komponist konnte nicht mehr auf die Bühne kommen und sich verbeugen; ratlos lächelnd und bestürzt versuchte er lediglich sich vom Platz zu erheben«.[111]

Über das Werk selbst urteilte der polnische Musikwissenschaftler Meyer: »Das 15. Streichquartett ist wahrscheinlich die tragischste und pessimistischste Musik, die Schostakowitsch je geschaffen hat ... Schostakowitschs Fähigkeit zur Gestaltung von Tragik, Melancholie und Trauer wird erneut offenbar. Im ganzen Werk gibt es keine einzige heitere Stelle«.[112] Das Werk besteht aus sechs pausenlos ineinander übergehenden Sätzen, alle »adagio«, alle in es-moll gehalten. Schostakowitsch hat die 6 Sätze wie seine 1927 für Klavier komponierten »Aphorismen« betitelt: »Elegie«, »Serenade«, »Recitativo«, »Nocturno«, »Trauermarsch« und »Epilog«. So schloß sich rein äußerlich nach 47 Jahren für ihn ein Kreis – aber welch ein Unterschied zwischen den im Jugendalter geschriebenen »Aphorismen« und diesem an der Schwelle des Todes komponierten Streichquartett! 35 Minuten dauert der große Mittelsatz, der, obwohl als Adagio geschrieben, den Hörer atemlos in Spannung hält. Es ist ein Meisterwerk, das aus dem so umfangreichen Gesamtwerk Schostakowitschs herausragt.

Doch kaum hatte er in Repino dieses Meisterwerk vollendet, beginnt er trotz aller Mühsal, die ihm seine Krankheit, seine Hinfälligkeit verursacht, ein neues Werk: eine Suite nach Worten von Michelangelo, für Baßstimme und Klavier.

In den letzten zwölf Lebensjahren komponierte Schostakowitsch vorzugsweise textbezogene Werke. Er hatte sich in Gesprächen, u.a. auch mit Solomon Volkow, häufig beklagt, daß seine Musik falsch interpretiert würde, daß die Hörer die Botschaft mißverstanden hätten, die er habe vermitteln wollen durch seine Musik; es sei daher besser, eindeutige, unmißverständliche Texte zu vertonen, um zu vermeiden, daß etwas in seine Musik hineingeheimnist würde, was nie in seiner Absicht gelegen habe. Das geschah schon mit der 13., dann mit der 14. Sinfonie, setzte sich fort in den Vokalwerken »Die Treue«, mit der Vertonung von Texten von Alexander Block und Marina Zwetajewa. Nun also hatte er Verse von Michelangelo gewählt. Aus den mehr als 200 Sonetten und Gedichten des großen Künstlers der Renaissance suchte sich Schostakowitsch elf aus. Die Zahl 11 spielt bei Schostakowitsch mehrfach eine Rolle, z.B. bei der 14. Sinfonie, die aus 11 Teilen besteht, oder in den »Liedern aus jüdischer Volkspoesie«, die ebenfalls 11 umfassen. Die Verse Michelangelos, die Schostakowitsch ausgewählt hatte, waren im Laufe des langen Lebens des italienischen Künstlers entstanden. Sie handeln von Auflehnung und Leidenschaft, von Unterdrückung, Zorn und Sinnlichkeit, aber auch, und das entspricht der Stimmung Schostakowitschs in jenen Sommermonaten 1974, von Todesahnung.

»Der Komponist ist«, so beschreibt Boris Schwarz dieses Spätwerk Schostakowitschs,« von jedem Wort des Dichters durchdrungen, und das musikalische Idiom steht oft Mussorgskij nahe. Damit nimmt Schostakowitsch Abschied vom Leben, doch es ist kein trauriger Abschied. Das letzte

Gedicht, ›Unsterblichkeit‹, ist zu einer kindlich-naiven Musik gesetzt, die sich in der Ferne verliert, morendo al fine. Die Worte entsprechen dieser Stimmung:

»... Doch bin ich nicht tot, auch wenn ich in der Erde liege,
ich lebe in Euch, deren Klagen ich höre ...
Ich lebe mit Tausenden in den Herzen
All der Liebenden, und bin so nicht Staub ...
Und im Tode unberührt vom Zerfall...«[113]

Bemerkenswert an diesem Werk sind – neben der 11-Teilung – der meisterhaft auf ein Minimum reduzierte Klavierpart und wiederum Zitate eigener Werke, z.B. in den Michelangelo-Versen »Die Nacht« aus dem vorletzten Teil seiner 14. Sinfonie und im letzten Sonett, »Die Unsterblichkeit« betitelt, greift Schostakowitsch sogar eingangs auf ein von ihm als Kind 1916 komponiertes Klavierstück zurück, einen Bogen von 59 Jahren spannend.

Diese Suite mit den Sätzen Die Wahrheit, Der Morgen, Die Liebe, Die Trennung, Der Zorn, Dante, Dem Verbannten, Das Schaffen, Die Nacht, Der Tod, Die Unsterblichkeit – diese Suite, für die Schostakowitsch gleich noch eine Orchesterfassung schrieb, widmete er seiner Frau Irina. Am 23.12.1974 wurde die Suite in Leningrad uraufgeführt mit Jewgenij Nesterenko, Baß, und E. Schenderowitsch, Klavier.

Und wie schon öfter im Gesamtwerk Schostakowitschs schlägt das Pendel kurz nach der anderen Seite aus: auf die ernsten, die Grundfragen des Lebens aufgreifenden Sonette Michelangelos folgen 4 heitere Lieder nach Texten von Dostojewski, aus »Die Dämonen«. Schostakowitsch, der sich vorübergehend offensichtlich besser fühlte und sich zu solch amüsanten Liedern bereitfand, nannte sie »Gedichte des Hauptmanns Lebjadkin« (opus 146) und vertonte sie ebenfalls für Baßstimme und Klavier. Schon die vier Titel der Lieder zeigen ironische Heiterkeit an: »Die Liebe des Hauptmanns Lebjadkin«, »Die Schabe«, »Wohltätigkeitsball für Gouvernanten«, »Eine hehre Persönlichkeit«. Am 10. Mai 1975 wurden diese Lieder in Moskau uraufgeführt mit den beiden Künstlern der Premiere der Michelangelo-Suite.

6. Abschied

Ende Februar 1975 reiste Schostakowitsch mit seiner Frau nach Leningrad, und er blieb, obwohl es ihm gesundheitlich keineswegs gut ging, vier Wochen in der von ihm immer geliebten Heimatstadt. Er besuchte, sorgsam von Frau Irina geführt, die Theater, vor allem aber reizte ihn die Inszenierung einer neuen Oper des von ihm sehr geschätzten Komponisten Moissej Weinberg mit dem Titel »Die Madonna und der Soldat«. Weinberg hatte er übrigens auch sein 10. Streichquartett gewidmet. Er nahm regen Anteil am Leningrader Musik- und Theaterleben, es schien ihn zu stimulieren, es ging ihm augenscheinlich besser. Dennoch begab er sich, nach Moskau zurückgekehrt, zur weiteren Behandlung ins Barwich-Sanatorium. Dort besserte sich sein Zustand, und als er das Sanatorium nach ein paar Wochen verließ, entwarf er das Konzept für eine Oper, nach der Novelle von Tschechow »Der schwarze Mönch«. Für den August plante er den Beginn der Partiturarbeit.

Er wollte dafür ein paar Wochen in dem kleinen Ort Jadrino bei Tschebokssary verbringen, denn die Einwohner dieses Ortes hatten ihn neuerdings zu ihrem Deputierten im Obersten Sowjet gewählt. Er hatte den Wunsch, den Ort und seine Wähler kennenzulernen. Doch dazu kam es nicht mehr.

Im Juli hatte Schostakowitsch in kürzester Zeit in Moskau die Sonate für Viola und Klavier, opus 147, fertiggestellt, ein dreisätziges Werk, dessen großer 3. Satz, ein Adagio, an Beethovens »Mondscheinsonate« erinnert und als eine Huldigung an den Wiener Meister gedacht war. In nur zwei Tagen hatte er dieses gewaltige Adagio komponiert. Hatte er sich übernommen, seinem geschwächten Körper zuviel zugemutet?

Am 20. Juli erlitt er einen Herzanfall. Er wurde unverzüglich in das beste Krankenhaus, in das der Prominenz, eingeliefert. Die Ärzte verordneten absolute Ruhe: keine Telefonate, keine Besuche sollten ihn stören. Trotzdem arbeitete Schostakowitsch schon nach wenigen Tagen wieder, er las Korrektur der inzwischen gedruckten Sonate, die sein letztes Werk darstellt. Er erholte sich, und alles deutete darauf hin, daß er etwa Mitte August würde das Krankenhaus verlassen können – da erlitt er am 9. August abends einen Erstickungsanfall. Die »heimliche« Geschwulst hatte die Arterie zwischen Herz und Lunge blockiert, sie war schnell gewachsen. Vierzig Minuten dauerte der letzte Kampf des Künstlers. Um 19 Uhr 30 war er überstanden.

Dmitrij Schostakowitsch war still davongegangen.

Die »Prawda« brachte am 12.8.1975 die offizielle Nachricht: »Das Zentralkomitee der KPdSU, das Präsidium des Obersten Sowjet der UdSSR und der Ministerrat der UdSSR ... teilen in tiefer Trauer mit, daß am 9. August 1975 nach langer, schwerer Krankheit im Alter von 69 Jahren der große Komponist unserer Zeit, der Abgeordnete des Obersten Sowjet der UdSSR, Held der sozialistischen Arbeit, Träger des Leninpreises und Staatspreises der UdSSR, der Volkskünstler der UdSSR Dmitrij Schostakowitsch verstorben ist.«

Und auf Seite 3 brachte die »Prawda« in der gleichen Ausgabe eine Würdigung des Verstorbenen, die unterzeichnet war von Mitgliedern des Politbüros, z.B. von Breschnew, Andropow, Gromyko, Kossygin, Podgorny, von den Komponisten und Dirigenten Kabalewski, Kondraschin, Mrawinski, Chatschaturian, Chrennikow, Richter, Roshdestwenski u.a., auch von Schostakowitschs Schüler Tschaikowski. In dieser Würdigung hieß es: »... Der treue Sohn der kommunistischen Partei, der angesehene gesellschaftliche und staatliche Funktionär, der Künstler, der Bürger D.D. Schostakowitsch, widmete sein ganzes Leben der Entwicklung der sowjetischen Musik, der Bestätigung der Ideale des sozialistischen Humanismus und Internationalismus, dem Kampf für Frieden und Völkerfreundschaft ... Tapfer kämpfte D.D. Schostakowitsch gegen seine Krankheit an und setzte sein Werk bis zum letzten Tag seines Lebens fort. Er schrieb Werke höchsten philosophischen Ausdrucks und weiser Lebensbejahung: die 15. Sinfonie und das 15. Streichquartett, die besonders deutlich das Edle der Gedanken des Komponisten und seiner hervorragende Meisterschaft zeigen. Das vielseitige Schaffen D.D. Schostakowitschs ist ein bemerkenswertes Vorbild für die Treue zu den großen Traditionen der Klassik, vor allem der russischen. Er schöpfte seine Ideen aus unserer sowjetischen Wirklichkeit und eröffnete neue Wege ihres künstlerischen Ausdrucks in der Musik. Durch sein Pionierschaffen bestätigte und entwickelte er die Kunst des sozialistischen Realismus und bahnte der progressiven Musik-Kunst der Welt neue Wege ... Als ein Mensch von hoher gesellschaftlicher Pflichterfüllung, seelischer Größe und außerordentlicher Bescheidenheit stellte er sein ganzes Schaffen in den Dienst des Volkes und der sowjetischen Heimat. Er leistete einen außergewöhnlich bedeutenden Beitrag zur Bereicherung der Schätze des heimatlichen und internationalen Kulturgutes. Der Genius Schostakowitschs, sein großes Werk werden Jahrhunderte lang leben.«

Alter russischer Sitte gemäß wurde Schostakowitsch im offenen Sarg aufgebahrt, in der Halle des Moskauer Konservatoriums, dort, wo er manchen Triumph erlebt hatte. Von den Niederlagen sprach an diesem Tage niemand. Es sollen zweieinhalbtausend Menschen gewesen sein, Freunde und Bekannte, Schüler und Kollegen, die am Sarg vorüberzogen, über zwei Stunden lang, um Abschied von Dmitrij Schostakowitsch zu nehmen. Dann umstanden ein letztes Mal die nächsten Angehörigen den offenen Sarg und küßten, wie es russischer Brauch ist, dem Toten die Stirn. Maxim, der Sohn, der in Australien eine Konzerttournee abgebrochen hatte und in letzter Minute eingetroffen war, schämte sich seiner Tränen nicht.

Dmitrij Schostakowitsch aber schien alles Leid, alle Verfolgungen dieser Welt hinter sich gelassen zu haben. Völlig entspannt waren seine Züge, ja, es schien, als lächele er, als habe er, der im Leben so selten Grund zum Lachen gehabt hatte, nun lächelnd diese Welt verlassen – als freue er sich über die ewige Ruhe, die ihn erwarte.

Verhindern konnte der Tote nicht, daß sein von ihm gehaßter Widersacher Chrennikow, zusammen mit anderen Kollegen, die Totenwache hielt, daß bei der würdigen, letzten Feier, – es war ein »Staatsbegräbnis« angeordnet worden – nach Kabalewski und Chatschaturian ausgerechnet Chrennikow am Grabe die Worte sprach: »Schostakowitsch ist nicht tot – er ging in die Unsterblichkeit ein«.

Verhindern konnte der Tote auch nicht, daß er auf Moskaus Prominentenfriedhof Nowodewitschij, der Öffentlichkeit kaum zugänglich, zur letzten Ruhe gebettet wurde und nicht, wie er es sich gewünscht hatte, in seiner geliebten Heimatstadt Leningrad. Andrej Petrow sprach es aus am offenen Grab: »Schostakowitsch gehört der ganzen Welt, doch sein Herz gehört Leningrad.«[114]

Am 1. Oktober 1975, dem von der UNESCO bestimmten ersten »Internationalen Tag der Musik« wurde Schostakowitschs letztes Werk, die Sonate für Viola und Klavier, in Moskau posthum aufgeführt. Die Erstaufführung aber hatte, wie Krzysztof Meyer berichtet, bereits am 25. September, dem 69. Geburtstag von Schostakowitsch, in Leningrad stattgefunden.

Zum »Internationalen Tag der Musik« hatte Schostakowitsch noch im Juli für die Zeitschrift »Sowjetskaja Musyka« (Heft 8/1975) einen »offenen Brief« verfaßt, der zugleich seine letzte Publikation darstellt. Darin heißt es: »Dieser Tag muß ein einziger Musikgenuß sein, ein Fest der Musik, einer Kunst, die, wie kaum eine andere, Brücken schlägt, die ohne Visum die ganze Welt bereist und keines Dolmetschers bedarf ... Heutzutage macht die Musik eine schwierige Zeit durch. Sie sucht nach neuen Ausdrucksmöglichkeiten für unsere geplagte und doch so herrliche Epoche ... Es ist absolut notwendig, neue Wege zu meistern. Eine Kunst, die sich nicht mehr weiter entwickelt, wäre am Ende ihrer schöpferischen Bestrebungen.«

7. Was wird bleiben?

Mit Schostakowitschs Tod war zweifellos ein Kapitel russischer, genauer: sowjetischer Musikgeschichte abgeschlossen. Ein in seinem Umfang gewaltiges, in seiner Qualität höchst unterschiedliches Gesamtwerk hinterließ der so oft umstrittene Künstler:

15 Sinfonien, 15 Streichquartette, zwei Opern plus einer Neufassung plus einem Fragment und einem Konzept, dann 3 Ballett- und mehr als 40 Film-Musiken, eine Operette, zahlreiche kammermusikalische Werke, Suiten, Lieder, ferner Hymnen, Oratorien für Parteitage und andere politische Anlässe komponiert, auch Märsche, Bühnenmusiken.

»Was wird Bestand haben, was wird auch in zwanzig oder in fünfzig Jahren noch aufgeführt werden?« fragte ich 1981 Professor Krzysztof Meyer, und er antwortete: »Er hat eine Menge Musik geschrieben, und sehr viel von seiner Musik ist heute vergessen. Aber das ist nicht wichtig. Schostakowitsch ist ein wichtiger Bestandteil in der Musik des 20. Jahrhunderts, weil er diese Sinfonien geschaffen hat, weil er geniale Streichquartette geschrieben hat, weil er der Autor der ›24 Präludien und Fugen‹ ist, weil er diese zwei genialen Opern ... geschrieben hat. Das ist für uns wichtig. Ob er einen Marsch der Sowjetmiliz geschrieben hat oder nicht, das ist für die Musikgeschichte nicht so wichtig, das ist Gelegenheitsmusik, das ist Kompromiß-Musik, das ist ein Zeugnis der Zeit, der Epoche. Aber Schostakowitsch als Künstler ist für uns wichtig – wichtig als Autor der Sinfonien, der Kammermusik, der Klaviermusik.«[115]

Der amerikanische Professor Boris Schwarz, wie Schostakowitsch in St. Petersburg geboren, beurteilt den sowjetischen Komponisten so:

»In dem gigantischen Kampf zwischen Schostakowitsch und Stalin, zwischen der schöpferischen Freiheit und den von der Partei verfügten Einschränkungen, blieb Schostakowitsch letztlich Sieger. Als er 1936 und nochmals 1948 in die Defensive getrieben wurde, protestierte er wenig. Doch allein durch die Kraft seines schöpferischen Genies dehnte er die Grenzen des »Sozialistischen Realismus« so weit, daß es ihm schließlich gelang, sie zu sprengen, so daß seine musikalische Kreativität dadurch nicht mehr begrenzt wurde. Indem sie ihn zu ihrem Vorbild wählten, gelang es anderen sowjetischen Komponisten, dieselben Freiheiten für sich zu beanspruchen. Man kann sagen, daß Schostakowitsch dadurch, daß er die Parteibürokratie gewissermaßen überlistete, entscheidend zur Befreiung der sowjetischen Musik von veralteten, ideologischen Fesseln beitrug ... In den siebziger Jahren ... spricht Schostakowitsch eine musikalische Sprache, die ganz die seine ist, ohne Konzession und ohne Kompromisse. In diesem Zusammenhang ist sein tief bewegendes letztes Streichquartett (Nr. 15) zu erwähnen, ein elegisches Werk in sechs aneinandergereihten Adagiosätzen, das eine Stimmung nachdenklicher Trauer verströmt. Im Gegensatz zu dieser Schwermut steht die Viola-Sonate opus 147, sein letztes abgeschlossenes Werk. Die drei Sätze sind wunderbar ausgewogen und von einer Atmosphäre gedämpfter Heiterkeit getragen. Es dominiert der verschleierte Klang der Viola. Der substantiellste der drei Sätze ist das abschließende Adagio. Das Thema knüpft in einer geheimnisvollen Reminiszenz an Beethovens »Mondschein«-Sonate an, flüchtig, aber unverkennbar. Im Verlauf des Satzes taucht das punktierte Motiv in unterschiedlicher Intensivität immer wieder auf. Im Mittelpunkt des Finales steht eine lange und schwierige Kadenz, die alle Akkord- und Polyphonie-Möglichkeiten der Viola ausschöpft. Nach und nach kehrt die in sich gekehrte Anfangsstimmung wieder, und der Satz verliert sich in einem gehaltenen Viola-Ton, während das Klavier im Hintergrund in der klaren C-Dur-Tonart kaum zu hören ist. Dies ist Schostakowitschs Abschied – eine tiefe, philosophische Meditation, Gefühl ohne Sentimentalität, Resignation ohne Bitterkeit, ein Abschluß, der eines großen Künstlers würdig ist.«[116]

Resignation ohne Bitterkeit? Ein Schostakowitsch, der fast heiteren, gelassenen Antlitzes diese Welt voller Kriege, Verfolgungen, Folterungen verlassen hat? Ganz im Gegensatz zu dieser Haltung stehen Äußerungen, die Schostakowitsch in den von Volkow aufgezeichneten Gesprächen von sich gegeben hat. Und in der Tat: Blickt man auf das fast 69 Jahre währende Leben des Komponisten, so ist es ein ewiges Auf und Ab, angefüllt von den grausamen ersten Kindheitseindrücken des Bürgerkrieges und der Revolution in Petrograd 1917, von Hunger und Elend, später von Verfolgung, Diffamierung, Diskriminierung. Hat Schostakowitsch jemals vergessen können, daß er als »Volksfeind« tituliert, daß er öffentlich angeprangert wurde? Konnte er die Demütigungen durch die Parteiführung vergessen oder das schändliche Schicksal so vieler Freunde und Kollegen während der blutigen Stalin-Ära?

Er war Kompromisse eingegangen, er hatte seine Heimat so geliebt, daß eine freiwillige Emigration für ihn undenkbar gewesen war. Er war in der Revolution groß geworden, er kannte kein anderes Rußland mehr, nur das sowjetische Regime, das System der Bolschewiki war ihm vertraut, mit allen Randerscheinungen und Kehrseiten. Er hatte gemeint, seinem Vaterland zu dienen, wenn er Mitglied der Partei, wenn er Deputierter im Obersten Sowjet wurde – Zugeständnisse, die ihm manche Bewunderer und Freunde seiner Musik verübelten. War er zu weit gegangen mit seiner steten Kompromißbereitschaft, seinem Talent, sich im Notfall nicht energisch (und ohne Rücksicht auf die absehbaren Folgen) zu widersetzen, sondern auszuweichen, anzupassen, klug zu sein »wie die Schlange«, nur um zu überleben und um das zu schaffen, was ihm Herzensbedürfnis war – seine Musik?

Erschütternd sind seine Bekenntnisse, die Volkow aufgezeichnet hat:

»Es genügt nicht, die Sowjetmacht zu lieben. Sie muß auch dich lieben! ... Die meisten meiner Sinfonien sind Grabdenkmäler. Zu viele unserer Landsleute kamen an unbekannten Orten um. Niemand weiß, wie sie begraben liegen, nicht einmal ihre Angehörigen. Wo soll man Meyerhold[117] ein Denkmal setzen? Wo Tuchatschewski? Man kann es in der Musik. Ich würde gern für jeden Umgekommenen ein Stück schreiben. Doch das ist unmöglich. Darum widme ich ihnen allen meine gesamte Musik ... Ich denke ständig an diese Opfer ... Wenn ich das Fazit meines Lebens ziehe, kann ich nicht sagen, daß mein Verhalten besonders heroisch war. Gewiß, auch das bißchen, das ich tun konnte, war keineswegs leicht. Es war auch keine leichte Zeit, nicht die beste der möglichen Varianten. Aber wie Soschtschenko sagte: ›Kaum ein Mensch der heranwachsenden Generation wird unsere Zeit richtig beurteilen können. Die Informationen fehlen ...‹ Ich habe keine Kraft mehr, mein trübseliges Leben noch weiter zu beschreiben. Daran, daß es trübselig war, kann jetzt niemand mehr zweifeln. In meinem Leben gab es keine besonders glücklichen Augenblicke, keine besonderen Freuden. Es war ziemlich grau und farblos. Die Erinnerung daran macht mich traurig. Ärgerlich, das zugeben zu müssen, aber es ist nun mal die Wahrheit, die unfrohe Wahrheit ... Der Mensch ist froh, wenn er gesund und glücklich ist. Ich war viel krank, bin auch jetzt krank. Die Krankheit nimmt mir die Möglichkeit, mich an einfachen Dingen zu freuen. Das Gehen fällt mir schwer, ich muß sogar lernen, mit der linken Hand zu schreiben, für den Fall, daß die rechte endgültig versagt. Ich bin völlig unter der Fuchtel der Ärzte, erfülle alle ihre Anweisungen mit größter Demut, nehme alle verordneten Medikamente ein, auch wenn ich mich vor ihnen ekele ... Aber es gibt einfach keine Diagnose ... Amerikanische Ärzte haben mich besucht und gesagt: ›Wir bewundern Ihre Tapferkeit‹. Das war alles ... Ich fühle mich aber gar nicht wie ein wackerer Mann, ein übercouragierter. Ich bin ein schwacher Mensch – oder stehen die Dinge schon so schlecht? ... Nein, mich freut kein neuer Tag meines Lebens mehr. Ich glaubte, es würde mich ablenken, mich an meine Freunde und ... Bekannte zu erinnern ... Doch auch diese Beschäftigung hat sich als traurig herausgestellt ... Keiner von ihnen hat ein leichtes und glückliches Leben gehabt. Einige fanden ein schreckliches Ende. Andere starben unter entsetzlichen Qualen. Viele hatten ein sehr viel unglücklicheres

Leben als ich ... Und ich sah nur Tote, Berge von Toten ... und dieses Bild erfüllt mich mit abgrundtiefer Trauer.«[118]

Es ist die Stimmung, die der 14. Sinfonie Schostakowitschs entspricht. Aber auch die Zwetajewa-Lieder, die Michelangelo-Lieder geben diese »abgrundtiefe Trauer« wider. Die zwei letzten Lebensjahre erwartete Schostakowitsch, mußte er den Tod fast täglich erwarten. Als er kam, fiel aller Zwang, fiel alle Angst, fiel auch alle Traurigkeit von ihm ab. So geschah die erstaunliche Wandlung in der letzten Minute seines Lebens: fast lächelnd, heiter, gelassen trat Schostakowitsch seinen letzten Weg an.

Selten trifft die übliche Floskel: »Der Verstorbene hinterläßt eine nicht zu schließende Lücke« so genau zu wie im Fall Schostakowitsch. Er besaß internationalen Ruf. Seine Werke stehen immer häufiger auch in westlichen Konzertsälen auf dem Programm. Von den vielen anderen sowjetischen, besonders den jüngeren Komponisten nimmt man außerhalb der Sowjetunion und der von ihr beeinflußten Staaten kaum Notiz. Schostakowitschs Name aber steht für bestes russisches Musikantentum.

Welche glückliche Fügung, daß der Name Schostakowitsch durch seinen Sohn Maxim, als Dirigent, und durch seinen Enkel Dmitrij, als erfolgversprechender Pianist, der Musikwelt erhalten bleiben wird.

Und welch unglückliches Land, mit einer so reichen Kulturgeschichte, das seine begabtesten Söhne – wie Maxim Schostakowitsch, Rostropowitsch, Kondraschin, Roschdestwenskij und viele, viele andere Künstler und Künstlerinnen – außer Landes treibt. Die Sowjetunion droht arm zu werden an Künstlern von Weltrang. Der Name Schostakowitsch aber wird auch in der Sowjetunion lebendig bleiben, was zu loben ist: das Gebäude der Leningrader Philharmonie trägt seinen

Namen; am Leningrader und am Moskauer Konservatorium, wo Schostakowitsch viele Jahre unterrichtet hat, wurden Stipendien eingerichtet zur Erinnerung an ihn; ein Streichquartett trägt seinen Namen. Aus Anlaß seines 75. Geburtstages, der in der Sowjetunion wenige Monate nach der spektakulären Flucht von Sohn und Enkel des Künstlers gefeiert wurde, begann man mit der Herausgabe seines Gesamtwerkes; ebenso plante das sowjetische Fernsehen, Schostakowitschs Opern neu zu inszenieren und alle 15 Sinfonien aufzunehmen. Erfreulich ist auch die steigende Zahl der im Westen erhältlichen Schallplattenaufnahmen und die Tatsache, daß auch in deutschen Konzertsälen und Rundfunkprogrammen immer häufiger seine Lieder, Sinfonien, Streichquartette zu hören sind. Niemand bestreitet heute mehr, daß Schostakowitsch der größte Komponist der Sowjetunion ist, daß er Hevorragendes auch im Maßstab der übrigen Welt geschaffen hat; Werke, die bleibenden Wert besitzen, die vollständig zu verstehen aber erst gelingt, wenn der Hörer sich die Zwangslage, die Situation, die politische Konstellation vor Augen hält, in der der Künstler lebte und seine Werke schuf.

Schostakowitsch war ein Kind der bolschewistischen Revolution, ein in der Sowjetunion zu Ruhm und – nach vielen Anfeindungen – letztlich zu Ehren gelangter Künstler. Er war in erster Linie Patriot und dann ohne Zweifel, ein kompromißfreudiger Komponist. Deswegen den Stab über ihn zu brechen, kommt wohl niemand zu, der nicht in vergleichbarer Lage selbst ganz anders, also heroischer, wahrscheinlich aber auch die Folgen außer acht lassend und sie vermutlich nicht lange überlebend, gehandelt hat.

Jewgenij Jewtuschenko sah in einer sowjetischen Fernsehsendung zum Gedenken an Dmitrij Schostakowitsch das Positive, das Werk und den Menschen, als er sehr nachdenklich sagte:

»Generationen werden kommen und vergehen. Weit voraus, in der Unendlichkeit liegt das, was wir Ewigkeit nennen. Und dort wird es bleibende Werte auch der russischen Kultur geben. Für mich persönlich sind solche Werte zuerst und vor allem gleichbedeutend mit den Namen Puschkin und Schostakowitsch.«[119]

Anmerkungen, Quellenangaben

1 Von 1914–1924 hieß St. Petersburg offiziell Petrograd, danach Leningrad (zur Erinnerung an den 1924 in Gorki verstorbenen Führer der Revolution von 1917 in Petrograd).

2 Nach der 1918 in Rußland erfolgten Anpassung des Julianischen Kalenders an den in der übrigen Welt gültigen Gregorianischen ist es der 9. März 1917. Im folgenden sind alle Daten nach dem neuen Kalender angegeben.

3 Die unterschiedliche, zum Teil erheblich voneinander abweichende Schreibweise der Namen ist begründet durch die Schwierigkeit, kyrillische Schriftzeichen in lateinische Buchstaben zu übertragen. Die Namen werden im folgenden ausschließlich nach der im Riemann-Musik-Lexikon üblichen Schreibweise wiedergegeben.

4 in »Sowjetskaja Musyka« Heft 9/1966

5 John Reed, amerikanischer Journalist, Mitbegründer der 1. KP in den USA, war ein von Lenin sehr geschätzter Augenzeuge der Oktoberrevolution. Reed starb 1920 auf einer Informationsreise durch die Sowjetunion und wurde (als einziger Ausländer!) an der Kreml-Mauer beigesetzt, dem Ehrenfriedhof aller großen Sowjetführer. Er schrieb »Zehn Tage, die die Welt erschütterten«, deutsche Ausgabe Reinbek/Hamburg 1967.

6 in »Sowjetskaja Musyka« Heft 9/1956.

7 Fedin, Konstantin: »Gorki sredinas«, Moskau 1944.

8 Walter, Wladimir in »Teatr«, Heft 12/1923.

9 Prieberg, Fred K.: »Musik in der Sowjetunion«, Köln 1965.

10 Schneerson, Grigorij Michailowitsch: »Dmitrij Schostakowitsch« Moskau o.J.

11 Wildberger, Jacques: »Das symphonische Werk von Dmitrij Schostakowitsch«, Sendereihe SWF, Baden-Baden 1981.

12 Vortrag vom 25.3.1935 im Moskauer »Club der Meister der Kunst.

13 in »Sowjetskaja Musyka« Heft 9/1956.

14,15 Kohn, Richard (Hrsg.): »Die russische Revolution in Augenzeugenberichten«, Hamburg 1963.

16 Prieberg, Fred K. a.a.O.

17 Prieberg, Fred K. a.a.O.

18 Sollertinski, Iwan in »Rabotschij i teatr« Heft 7/1930

19 Prieberg, Fred K. a.a.O.

20 zitiert nach Prieberg, Fred K. a.a.O.

21 Meyer, Krzysztof: »Dmitri Schostakowitsch«, Krakow o.J., deutsche Ausgabe Leipzig 1979.

22 in »Sowjetskaja Musyka« Heft 5/1935.

23 Seehaus, Lothar: »Chaos statt Musik?«, ZDF-Matinee, Mainz 20.9.81, zum 75. Geburtstag von Dmitrij Schostakowitsch

24 Prieberg, Fred K. a.a.O.

25, 26, 27 Volkow, Solomon: »Zeugenaussage: Die Memoiren des Dmitrij Schostakowitsch, aufgezeichnet und herausgegeben von...« New York 1979, deutsche Ausgabe Hamburg 1979.

28 Kabalewski, Dmitrij in »Sowjetskaja Iskusstwo« v. 29.12.1937.

29 Seehaus, Lothar a.a.O.

30 Schneerson G.M. a.a.O.

31 zitiert nach Rabinowitsch, David: »Dmitrij Schostakowitsch«, Moskau 1959.

32 Patkowski, M. in »Kultura« v. 5.11.1967

33 in »Leningradskaja Prawda« v. 11.8.1942.

34 Seehaus, Lothar a.a.O.

35 Volkow, Solomon a.a.O.

36 zitiert nach Schwarz, Boris: »Musik und Musikleben in der Sowjetunion 1917 bis zur Gegenwart«, London-New York 1972, deutsche Ausgabe Wilhelmshaven 1982

37 Martynow, Iwan: »Dmitrij Schostakowitsch«, Moskau-Leningrad 1946.

38 Rabinowitsch, David a.a.O.

39 zitiert nach »Beschlüsse der KPdSU (B) zu Fragen der Literatur und Kunst« (1946–1948), Berlin 1952.

40 zitiert nach Berger, Karlhanns: »Die Funktionsbestimmung der Musik in der Sowjetideologie« Berlin 1952.

41 zitiert nach Meyer, Krzysztof a.a.O. (Quelle »Sowjetskaja Musyka« Heft 1/1948).

42 zitiert nach Meyer, K. a.a.O.

43 Martynow. Iwan a.a.O.

44 in »Sowjetskaja Musyka«, Heft 9/1948

45 Volkow, Solomon, a.a.O.

46 zitiert nach Prieberg, Fred K. a.a.O.

47 zitiert nach Meyer K. a.a.O.

48,49,50 in Seehaus, Lothar a.a.O.

51,52 zitiert nach Prieberg Fred K. a.a.O.

53,54,55,56 in Seehaus, Lothar a.a.O.

57,58,59 Volkow, Solomon a.a.O.

60 Seehaus, Lothar a.a.O.

61 zitiert nach Laux, Karl: »Die Musik in Rußland und in der Sowjetunion«, Berlin 1958

62 Seehaus, Lothar: »Pablo Casals«, Hamburg 1980

63 Meyer, K. a.a.O.

64 zitiert nach Prieberg, Fred K. a.a.O.

65 Chentowa, Sofia in »Sowjetskije Kompository«, Moskau 1975

66 Schwarz, Boris a.a.O.

67 zitiert nach Prieberg, Fred K. a.a.O.

68 Meyer, K. a.a.O.
69 Schwarz, Boris, a.a.O.
70 Volkow, Solomon a.a.O.
71 Wildberger, Jacques a.a.O.
72 zitiert nach Schwarz, Boris a.a.O.
73 in »Sowjetskaja Musyka« Heft 7/1957.
74 in »Radio i Telewizja« Heft 46/1958.
75 in »Iswestija« v. 8.1.1958.
76 zitiert nach Berger, Karlhanns a.a.O.
77 zitiert nach Prieberg, Fred K. a.a.O.
78 in »Sowjetskaja Musyka« Heft 11/1959.
79 Seehaus, Lothar a.a.O.
80 Anna Achmatowa (1889–1966) war eine hervorragende sowjetische Lyrikerin, die besonders während der Stalin-Ära zu leiden hatte, diffamiert und mundtod gemacht wurde. Schostakowitsch schätzte sie außerordentlich, mied aber in seiner typischen Scheu direkte Kontakte mit der Dichterin.
81 Meyer, K. a.a.O.
82 Schwarz, Boris a.a.O.
83 in »New York Times« v. 6.9.1962.
84 Schwarz, Boris a.a.O.
85 Schneerson, G.M. a.a.O.
86 Meyer, K. a.a.O.
87 in Danilewitsch, Lew: »Nash sowremsjennia«, zitiert nach Meyer, K. a.a.O.
88,89 Schwarz, Boris a.a.O.
90 Chentowa, Sofia a.a.O.
91,92,93,94 Seehaus, Lothar, a.a.O.
95,96,97 Meyer, K. a.a.O.
98 Schneerson, Grigorij a.a.O.
99 Meyer, K. a.a.O.
100,101 zitiert nach Meyer, K. a.a.O.
102,103 Volkow, Solomon a.a.O.
104 Chentowa, Sofia a.a.O.
105 Meyer K. a.a.O.
106 Wildberger, Jacques a.a.O.
107 zitiert nach Schwarz, Boris a.a.O.
108 Wildberger, Jacques a.a.O.
109,110 Schwarz, Boris a.a.O.
111,112 Meyer, K. a.a.O.
113 Schwarz, Boris a.a.O.
114 »Literaturnaja Gaseta« v. 27.8.1975
115 Seehaus, Lothar a.a.O.
116 Schwarz, Boris a.a.O.

117 Meyerhold, Wsewolod (1874–1940), bedeutender avantgardistischer Theaterregisseur, der 1936 in die »Schußlinie« der sowjetischen Kulturpolitik geriet, denn sein Avantgardismus verstieß gegen die (veränderte) parteiamtliche Kultur-Linie. Am 20.6.1939 wurde er verhaftet, starb in einem Straflager.

118 Volkow, Solomon a.a.O.

119 zitiert nach Seehaus, Lothar a.a.O.

Literaturhinweise

Baschet, Eric: Rußland 1904–1924 (historische Fotoreportage), Kehl 1978.

Berger, Karlhanns: »Die Funktionsbestimmung der Musik in der Sowjetideologie«, Berlin 1963.

Brockhaus, H.A.: »Dimitri Schostakowitsch«, Leipzig 1962.

Chentowa, Soja: »Schostakowitsch – pianist«, Leningrad 1964.

Chentowa, Soja: »Sowjetskija compository«, Moskau 1975.

Danilewitsch, Lew: »Dimitrij Schostakowitsch«, Moskau 1958.

Gojowy, Detlef: Schostakowitsch mit Selbstzeugnissen und Bilddokumenten, Reinbek 1983.

Harrison, Salisbury E.: »Bilder der russischen Revolution 1900–1930«, Berlin 1978.

Hofmann, Michail R.: »Dimitrij Schostakowitsch«, Paris 1963.

Kohn, Richard (Herausgeber): »Die russische Revolution in Augenzeugenberichten«, Hamburg 1963.

Laux, Karl: »Die Musik in Rußland und in der Sowjetunion«, Berlin (Ost) 1953.

Lukjanowa, N.W.: D.D. Schostakowitsch, Moskau 1980, Deutsche Ausgabe Berlin 1982.

Martynow, Iwan: »Dmitrij Schostakowitsch«, Moskau-Leningrad 1946.

Menuhin, Yehudi: »Unvollendete Reise«, München 1976.

Meyer, Krzysztof: »Dmitri Schostakowitsch«, Kraków o.J., deutsche Ausgabe Leipzig 1979.

Prieberg, Fred K.: »Musik in der Sowjetunion«, Köln 1965.

Rabinowitsch, David: »Dmitrij Schostakowitsch composer«, Moskau 1959.

Schneerson, Grigorij M.: »Dmitrij Schostakowitsch«, Moskau o.J.

Schostakowitsch, Dmitri: Erfahrungen, Leipzig 1983.

Schwarz, Boris: »Musik und Musikleben in der Sowjetunion 1917 bis zur Gegenwart«, London/New York 1972, deutsche Ausgabe Wilhelmshaven 1982.

Streller, Friedbert: »Dmitri Schostakowitsch – für Sie porträtiert«, Leipzig 1983.

Volkow, Solomon: »Zeugenaussage: Die Memoiren des Dmitrij Schostakowitsch, aufgezeichnet und herausgegeben von ...«, New York 1979, deutsche Ausgabe Hamburg 1979.

Diskographie

Schostakowitsch, Dimitri (1906–1975)
Armer Columbus op. 23 Oper (E. Dressel)
– Ouvertüre
Roshdestwensky /Leningrader Philh. Ar 201 974 366
Aus jüdischer Volkspoesie op. 79 (Dt. Alfred Kurella) Sanderling / Croonen. Burmeister, Schreier / Berliner Sinf. Orch. Wer 60 023
Concertino op. 94 für 2 Klaviere
Klavierduo Gorini-Lorenzi. MXT An6180
Schostakowitsch, Schostakowitsch. Ar XD 27 235 K
Duos für 2 Violinen Präludium / Gavotte /Walzer
Perlmann, Zukerman. EMI 065-03 787
Fabeln op. 4 Zwei Fabeln nach Krylow
– Nr. 1 Die Libelle und die Ameise f Singst u Kammerorch
Borissowa/ Staatl Sinf Orch d UdSSR. Ar 201 974 366
– Nr. 2 Der Esel und die Nachtigall f Frauenchor u Orch
Roshdestwensky / Kammerchor d Moskauer Konservat / Leningrader Philh. Ar 201 974 366
Fantastische Tänze op. 1 Nr. 1–3 für 2 Klaviere
Dokschizer, Shak. Ar K 25 819 K
Fantastische Tänze op. 5 Nr. 1–3 (1922) f Klavier
Brathe. Con Si 1014
Festliche Ouverture op. 96
Ancerl / Tschech Philh Prag. BM 43 05
Parkes / Black Dyke Mills Band. DC Cha 1 0 11
Swetlanow / Staatl Sinf Orch d UdSSR. Ar 200 539 366
Flohlied (Goethe) Orch'bearb n Beethoven
Nesterenko / Staatl Sinf Orch d. UdSSR. Ar 201 974-366
Das Goldene Zeitalter Ballett
Schostakowitsch / Orch d Bolschoi Theaters Moskau. Ar 300 602 435
– Polka
Kusma. DC Bis 149
– Suite op. 22a
Haitink / Philh Orch London. Dec 6 35 561 FA
Die Hinrichtung des Stepan Rasin op. 119 Poem (v. Jewtuschenko) f Baß, Chor u Orch
Kondraschin / Gromadsky / Akad Russ Chorkapelle / Moskauer Philh. Ar 300 597-435
Die Hornisse op. 97a Suite d UdSSR. Ar 200 539-366
Ich harrte lange dein Orch-bearb n Rimsky Korss.
Ablaberdijewa / Staatl Sinf Orch d UdSSR. Ar 201 974-366
Kammersinfonie op. 110 f Streicher (Dem Gedächtnis d Opfer d Faschismus u d Krieges)

Faerber / Württ Kammerorch Heilbronn. FSM 34 545

Katerina Ismailowa *Oper v A Preiss u D Schostakowitsch n Leskow Rostropowitsch / Wischnewskaja, Valjakka, Finnilä, Gedda, Krenn, Tear, Petkov / Ambrosian Singers / Phil Orch London. EMI 165-03 374/76*

Konzerte für Klavier und Orchester

– Nr. 1 op. 35 c-moll (C-dur) mit obl Trompete

Grinberg, Popow / Roshdestwensky / Gr Rdf. Sinf Orch d UdSSR. Ar M 86 611 K

Krainjew, Korolew / Schostakowitsch / Gr Rdf Sinf Orch d UdSSR. DG 2531 307

Ogdon, Wilbraham / Marriner / Academy of St Martin in the Fields. TIS ZRG 674 AW

Schostakowitsch, Wolownik / Samossud / Moskauer Philh. Ar XD 27 235 K

Solter, Schnackenberg / Gelmini / Orch Gelmini. RBM 3 024

– Nr. 2 102 F-dur

Schostakowitsch / Gauk / Gr Rdf.-Sinf Orch d UdSSR. Ar XD 27 235 K. Ar M 86 611 K

Konzerte für Violine und Orchester

– Nr. 1 op. 99 a-moll

Lack / Köhler / Sinfon. Orch. Berlin. FSM 9 008 D

Oistrach / Mrawinsky / Leningrader Philh. Ar XP 88 665 K

– Nr. 2 op. 129

Oistrach / Kondraschin / Moskauer Phil. Ar XP 88 665 K

Konzerte für Violoncello und Orchester

– Nr. 1 op. 107

Rostropowitsch / Ormandy / Philadelphia Orch. CBS 75 081

Nr. 2 op. 126

Feigin / Schostakowitsch / Gr. Rdf.-Sinf.-Orch d UdSSR. Ar 201 975-366

Rostropowitsch / Ozawa / Boston Symph Orch. DG 2530 653 IMS

Lieder op. 100 Nr. 1–6 (Spanische Lieder)

Sutey / Wyss. FSM A 158

Lieder op. 146 (4 Ged d Hauptm. Lebjadkin) n Dostrojewski Die Dämonen

Nesterenko / Schenderowitsch. Ar K 28 357 K

Das Märchen vom Popen und seinem Knecht Balda op. 36 (Filmmusik)

– Suite Ouv / Aufmarsch d Finsterlinge / Karussell / Basar / Traum / Finale

Roshdestwensky / Staatl Sinf.-Orch. d UdSSR. Ar 201 974-366

Die Nase Oper nach Gogol

Roshdestwensky / Ukolowa, Sasulowa, Sokolenko, Sapegina, Tarchow, Druschinin, Lomonossow, Bjelych, Akimow, Solowjanow, Sarkisow / Chor d Moskauer Kammeroper / Orch. d. Moskauer Kammeroper. Ar XF 89 502 R

– Zwischenspiel Nr. 14

Percussions Ensemble S Fink. Tho MTH 149

Präludien und Fugen op. 87 Nr. 1–24 für Klavier

– Nr. 7 A-dur

Baloghova. DC Pan 110 533

– Nr. 24 D-dur (d-moll)

Balognova. DC Pan 110 533

Präludium und Scherzo op. 11

Dolezal-Quartett. Suk Orch. DC Pan 81 110 195

Preludes op. 34 Nr. 1–24

– Auswahl

Berman. DG 2531 096

Nr. 17 As-dur

Kremer. Maisenberg. Ar 300 425 406

Quintett für Klavier und Streichquartett op. 57 g-moll

Edlina / Borodin-Quartett. Ar XK 89 424 K

Satirischer Tanz

Münchener Bläsersolisten. Colos 0 631

Sinfonien

– Nr. 1 op. 10 f-moll

Ancerl / Tschech Philh Prag. BM 4 3 05
Haitink / Philh Orch London. TIS SXDL 7515 AZ
Kondraschin / Moskauer Philh. Ar 300 597 435
Ar XP 87 623 K
Kout / Tschech. Philh Prag. DC Pan 110 604
Ormandy / Philadelphia Orch. CBS 75 081
Susskind / Cincinnati Symph Orch. FSM 9 003
Toscanini / NBC Symph Orch. RCA 26 35 105 DP

– Nr. 2 op. 14 H-dur (Dem Oktober gewidmet) m Schlußchor z. 10jähr Best d UdSSR

Kondraschin / Akad Russ Chorkapelle / Moskauer Philh. Ar 300 597 435. Ar XP 87 623 K

– Nr. 3 Es-dur (Der 1. Maij m Chor n S. Kissenow

Haitnik / Philh Chor u Orch London. TIS SXDL 7535 AZ
Kondraschin / Akad Russ Chorkapelle Moskauer Philh. Ar 300 597-435. Ar XP 87 623 K

Nr. 4 op. 43 c-moll

Kondraschin / Moskauer Philh. Ar 300 597 435
Ar XP 87 623 K

Nr. 5 op. 47 D-dur (d-moll)

Ancerl / Tschech Philh Prag. BM 4 3 06
Bernstein / New Yorker Philh. CBS 60 117
CBS 35 854
Haitink / Concertgebouw-Orch Amsterdam. TIS SXDL 7551 AZ
Kondraschin / Moskauer Philh. Ar XP 87 623 K

Maazel / Cleveland Orch. TIS T 10 067 AY
Mrawinsky / Leningrader Philh. Ar 300 688-440
Previn / Chicago Symph Orch. EMI 063-02 597 Q

Nr. 6 op. 54 h-moll

Kondraschin / Moskauer Philh. Ar 300 699-435
Ar XP 87 623 K
Temirkanow / Leningrader Philh. DG 2531 307

Nr. 7 op. 60 C-dur (Leningrader)

Haitink / Philh Orch London. Dec 6 35 561 FA
Neumann / Tschech Philh Prag. BMI 17 17/18
Swetlanow / Staatl Sinf.-Orch d UdSSR. Ar XP 87 623 K
Toscanini / NBC Symph Orch. RCA 26 35 105 DP

Nr. 8 op. 65

Kondraschin / Moskauer Philh. Ar 300 699-435
Ar XP 87 623 K

Nr. 9 op. 70 Es-dur

Haitink / Philh Orch London. TIS SXDL 7515 AZ
Kondraschin / Moskauer Philh. Ar XP 87 623 K
Neumann / Tschech Philh Prag. BMI 17 17/18
Susskind / Cincinnati Symph Orch. FSM 9 003
Swetlanow / Staatl Sinf.-Orch d UdSSR. Ar 200 539-366

Nr.10 op. 93 e-moll

Karajan / Berliner Philh. DG 2532 030
DG 139 020 IMS
Swetlanow / Staatl Sinf.-Orch d UdSSR. Ar 300 602-435. Ar XP 87 623 K

f. Klavier zu 4 Hd.)

Schostakowitsch, Weinberg. Ar XD 27 235 K

Nr. 11 op. 103 g-moll (Das Jahr 1905)

Kondraschin / Moskauer Philh. Ar 300 602-435
Ar XP 87 623 K

Nr. 12 op. 112 d-moll (Das Jahr 1917)

Mrawinsky / Leningrader Philh. Ar 203 637-405
Ar XP 87 623 K

Nr. 13 op. 113 b-moll (Babi Yar) f Bariton, Chor u Orch n 5 Ged v. Jewtuschenko

Kondraschin / Eisen / Akad Russ Chorkapelle / Moskauer Philh. Ar 300 606 435. Ar XP 87 623 K
Kondraschin / Shirley-Quirk / Chor u Sinf.-Orch d Bayer Rdf München. Ph 6514 120

Nr. 14 op. 135 f Sopran, Baß u Kammerorch

Bernstein / Kubiak, Bushkin / New Yorker Philh. CBS 74 084
Haitink / Varady, Fischer-Dieskau / Concertgebouw-Orch. Amsterdam. TIS SXDL 7532 AZ
Kondraschin / Zelowalnik, Nesterenko / Moskauer Philh. Ar 300 606-435

Rostropowitsch / Wischnewskaja, Reschetin / Moskauer Philh. Ar XP 87 623 K

Nr. 15 op. 141 a-moll (A-dur)

Kondraschin / Moskauer Philh. Ar 300 606-435

Schostakowitsch / Gr Rdf.-Sinf Orch d UdSSR. Ar XP 87 623 K

Sonaten für Klavier

– Nr. 2 op. 61 h-moll

Judina. Ar 301 982-445

Rutstein. Con ORS 82 429

Sonaten op. 17 nach Scarlatti für Orchester

Nr. 1 Pastorale d-moll nachK 9

Roshdestwensky / Staatl Sinf.-Orch d UdSSR. Ar 201 974-366

Nr. 2 Capriccio E-dur nach K 20

Roshdestwensky / Staatl Sinf.-Orch d. UdSSR. Ar 201 974-366

Sonate für Viola und Klavier op. 147

Druschinin, Muntjan. Ar K 28 357 K

Tchavdarov, Zaharieva. DC Bis 081

Sonate für Violine und Klavier op. 134

Kremer, Gawrilow. Ar K 28 752 K

Oistrach, Richter. Ar M 80 531 K

Sonate für Violoncello und Klavier op. 40 d-moll

Graf. Graf Goergen. Aul 53 554

Markevitch, Zanlonghi. MXT VG 30 136

Noras, Valsta. DC Fin 303

Rautio, Gothoni. Dca 93 716

Die Spieler Opernszenen nach Gogol

Roshdestwensky / Tarchow, Kurpe, Radiwonik, Rybassenko, Bjelych, Sarkissow / Leningrader Philh. Ar 200 370-405

Streichquartette Nr. 1–15

– Nr. 1 op. 49 C-dur

Borodin-Quartett. Ar XK 89 424 K

– Nr. 2 op. 68 A-dur

Borodin-Quartett. Ar XK 89 424 K

Nr. 3 op. 73 F-dur

Borodin-Quartett. Ar XK 89 424 K

Fine Arts Quartet. BM 4 1 08

Nr. 4 op. 83 D-dur

Borodin-Quartett. Ar XK 89 424 K

Saulesco-Quartett. DC Cap 1 024

Nr. 5 op. 92 B-dur

Borodin-Quartett. Ar XK 89 424 K

Nr. 6 op. 101 G-dur

Borodin-Quartett. Ar XK 89 424 K

Nr. 7 op. 108 fis-moll

Borodin-Quartett. Ar XK 89 424 K
Nr. 8 op. 110 c-moll(auch Kammersinf.-Fass.)
Borodin-Quartett. Ar XK 89 424 K
Voces Intimae Quartett. DC Bis 066
Nr. 9 op. 117 Es-dur
Borodin-Quartett. Ar XK 89 424 K
Nr. 10 op. 118 As-dur
Borodin-Quartett. Ar XK 89 424 K
Nr. 11 op. 122 f-moll
Borodin-Quartett. Ar XK 89 424 K
Nr. 12 op. 133 Des-dur
Borodin-Quartett. Ar XK 89 424 K
Nr. 13 op. 138 b-moll
Borodin-Quartett. Ar XK 89 424 K
Nr. 14 op. 142 Fis-dur
Beethoven-Quartett. Ar XK 89 424 K
Nr. 15 op. 144 es-moll
Beethoven-Quartett. Ar XK 89.424 K
Suk-Quartett. DC Pan 81 110 195
Suite op. 145 n Gerd Michelangelo f Baß u. Klavier. DC Pan 110 604
Tahiti-Trott op. 16 (1928) Paraphrase u Youman's Tea For Two
Roshdestwensky / Leningrader Philh. Ar 201 974-366
Swetlanow / Staatl Sinf.-Orch d UdSSR. Ar 200 539-366
Tanz der Puppen Nr. 1–7 für Klavier
– Nr. 6 Drehorgel
Timofejewa. Schw HL 00 212
Trio op. 67 e-moll (1944) f Klavier, Violine u. Violoncello. Beaux Arts Trio. Ph 6500 860
Trio Rouvier Kantorow Müller. Dca 92 110
Trios für Klavier, Violine und Violoncello Nr. 1–2
Oslo Trio. Con Si 1014
Vergnügungszug Bearb nach d Polka v. Strauß
Roshdestwensky / Moskauer Philh. Ar 201 974-366